FORMAÇÃO DE PROFESSORES E INOVAÇÃO
DESAFIOS, POSSIBILIDADES E REPERCUSSÕES NAS PRÁTICAS PEDAGÓGICAS

Editora Appris Ltda.
1.ª Edição - Copyright© 2024 da autora
Direitos de Edição Reservados à Editora Appris Ltda.

Nenhuma parte desta obra poderá ser utilizada indevidamente, sem estar de acordo com a Lei nº 9.610/98. Se incorreções forem encontradas, serão de exclusiva responsabilidade de seus organizadores. Foi realizado o Depósito Legal na Fundação Biblioteca Nacional, de acordo com as Leis nos 10.994, de 14/12/2004, e 12.192, de 14/01/2010.

Catalogação na Fonte
Elaborado por: Josefina A. S. Guedes
Bibliotecária CRB 9/870

A629f
2024
	Antich, Andréia Veridiana
	    Formação de professores e inovação: desafios, possibilidades e repercussões nas práticas pedagógicas / Andréia Veridiana Antich.
	    1. ed. – Curitiba: Appris, 2024.
	    205 p. ; 23 cm. – (Formação de professores).
	
	    Inclui referências.
	    ISBN 978-65-250-5774-3
	
	    1. Professores – Formação. 2. Currículo. 3. Inovações educacionais. 4. Prática de ensino. I. Título. II. Série.
	
	                                                           CDD – 371.829

Livro de acordo com a normalização técnica da ABNT

Editora e Livraria Appris Ltda.
Av. Manoel Ribas, 2265 – Mercês
Curitiba/PR – CEP: 80810-002
Tel. (41) 3156 - 4731
www.editoraappris.com.br

Printed in Brazil
Impresso no Brasil

Andréia Veridiana Antich

FORMAÇÃO DE PROFESSORES E INOVAÇÃO

DESAFIOS, POSSIBILIDADES E REPERCUSSÕES NAS PRÁTICAS PEDAGÓGICAS

FICHA TÉCNICA

EDITORIAL Augusto Coelho
Sara C. de Andrade Coelho

COMITÊ EDITORIAL Ana El Achkar (Universo/RJ)
Andréa Barbosa Gouveia (UFPR)
Antonio Evangelista de Souza Netto (PUC-SP)
Belinda Cunha (UFPB)
Délton Winter de Carvalho (FMP)
Edson da Silva (UFVJM)
Eliete Correia dos Santos (UEPB)
Erineu Foerste (Ufes)
Fabiano Santos (UERJ-IESP)
Francinete Fernandes de Sousa (UEPB)
Francisco Carlos Duarte (PUCPR)
Francisco de Assis (Fiam-Faam-SP-Brasil)
Gláucia Figueiredo (UNIPAMPA/ UDELAR)
Jacques de Lima Ferreira (UNOESC)
Jean Carlos Gonçalves (UFPR)
José Wálter Nunes (UnB)
Junia de Vilhena (PUC-RIO)
Lucas Mesquita (UNILA)
Márcia Gonçalves (Unitau)
Maria Aparecida Barbosa (USP)
Maria Margarida de Andrade (Umack)
Marilda A. Behrens (PUCPR)
Marília Andrade Torales Campos (UFPR)
Marli Caetano
Patrícia L. Torres (PUCPR)
Paula Costa Mosca Macedo (UNIFESP)
Ramon Blanco (UNILA)
Roberta Ecleide Kelly (NEPE)
Roque Ismael da Costa Güllich (UFFS)
Sergio Gomes (UFRJ)
Tiago Gagliano Pinto Alberto (PUCPR)
Toni Reis (UP)
Valdomiro de Oliveira (UFPR)

SUPERVISOR DA PRODUÇÃO Renata C. Lopes
PRODUÇÃO EDITORIAL Renata C. Lopes
REVISÃO Cristiana Leal
DIAGRAMAÇÃO Andrezza Libel
CAPA Eneo Lage
REVISÃO DE PROVA Raquel Fuchs

COMITÊ CIENTÍFICO DA COLEÇÃO FORMAÇÃO DE PROFESSORES

DIREÇÃO CIENTÍFICA Jacques de Lima Ferreira

CONSULTORES Amália Neide Covic (UNFESP)
Barbara Raquel Do Prado Gimenez Correa (PUCPR)
Cláudia Coelho Hardagh (UPM)
Inge Renate Frose Suhr (IFC)
Joana Paulin Romanowski (PUCPR)
Marilda Aparecida Behrens (PUCPR)
Marilia Torales Campos (UFPR)
Mercia Freira Rocha Correia Machado (IFPR)
Patrícia Lupion Torres (PUCPR)
Ricardo Antune de Sá (UFPR)
Rita de Cássia Veiga Marriott (UTFPR)
Rui Trindade (FPCEUP)
Simone Regina Manosso Cartaxo (UEPG)

*À minha mãe, que me ensinou que a humildade e a generosidade
são a base para uma vida feliz.*

*Ao meu companheiro de todas as horas, Alessandro
– alegria, amor e paz em minha vida.*

*A todas as professoras e professores que fazem da sua prática docente
um espaço de transformação, esperança e alegria!*

AGRADECIMENTOS

Foi uma longa e intensa trajetória! Agradeço a todos que, de alguma forma, contribuíram com minha constituição pessoal e profissional e, dessa forma, me auxiliaram a realizar este sonho.

Entre esses:

À minha mãe, Terezinha, pelo carinho e pela ajuda constantes ao longo de toda a minha existência.

Ao Alessandro, meu companheiro de vida, por seu amor e sua generosidade.

À minha família, pelo apoio e pelos momentos bons vivenciados.

Aos amigos especiais, que me incentivaram nessa trajetória e tornaram meus dias mais leves e alegres.

Ao professor Roberto R. Dias da Silva, pelos conhecimentos construídos e pela oportunidade que viabilizou a ampliação do meu repertório teórico.

Às professoras Mari Forster, Maria Isabel da Cunha, Marili Moreira da Silva Vieira, Eli Terezinha Henn Fabris e Betina Shuler, pela generosidade de suas contribuições em minha formação como docente e pesquisadora.

Aos egressos do curso de Letras, que aceitaram participar desta pesquisa. Em especial, às interlocutoras que integraram as entrevistas e o Grupo Focal: muito obrigada pela disponibilidade e confiança!

Ao Instituto Federal de Educação, Ciência e Tecnologia (IFRS), pela possibilidade e apoio para realizar esta pesquisa.

À Aline Evers e à Elisa Vigna, pelo profissionalismo no trabalho de revisão ortográfica e formatação do texto.

À Anelise De Carli, pela sensibilidade ao construir a identidade visual deste livro. A capa tem inspiração na obra de arte "A amendoeira em flor", pintada em 1890 por Vincent Van Gogh. A amendoeira, com suas lindas flores, representa o renascer e o anúncio da primavera. Também representa o revigorar e a esperança. Nessa lógica, me parece um convite a tomar fôlego em tempos tão desafiadores para seguir "esperançando" (FREIRE, 1989) por uma educação emancipatória, democrática e humanizadora que se configura por práticas educativas que extrapolem os processos de reprodução, avigorados pelo sistema neoliberal vigente.

Anima perceber que pessoas, em geral, e os professores, em particular, são capazes de viver nos limites, submetidos à lógica predominante nos processos sociais e educativos, mas navegando na fronteira das práticas que ficam às margens. Talvez daí possa sair uma explicação para os silêncios. Quem sabe são eles uma possibilidade de esperança. Mencionar inovação, em um contexto tão adverso, é fazer uma profissão de fé, que envolve a nossa condição de humanidade e a possibilidade de transformar os silêncios em possibilidades.

(CUNHA, 2006, p. 19)

PREFÁCIO

Nas últimas décadas, no discurso pedagógico em circulação no Ocidente, adquiriu centralidade a questão da aprendizagem ao longo da vida e do princípio do aprender a aprender. A linguagem da aprendizagem tornou-se o principal referente para explicar as experiências escolares, deixando pouco espaço para que conversássemos sobre os propósitos educacionais e as finalidades formativas. O filósofo Gert Biesta tem sido uma das principais vozes, na literatura internacional, a nos alertar sobre os limites da *learnification*, isto é, que a boa educação não pode ser considerada somente por meio de critérios individuais definidos por exames de larga escala e/ou por demandas subjetivas (socioemocionais e neuroeducacionais, mais recentemente) dos estudantes.

Em seu ensaio mais recente, "Reconquistando o coração democrático da educação", Biesta esclarece que

> [...] a linguagem da aprendizagem tem contribuído significativamente para a emergência de uma 'dieta' educacional um tanto restritiva, em que o único foco da educação se tornou o de produzir resultados mensuráveis para as aprendizagens em um pequeno número de áreas curriculares. (2021, p. 3).

A aprendizagem é uma meta bastante valiosa das práticas educativas, no entanto o filósofo auxilia-nos a delinear seus excessos ou ainda, o quanto a aprendizagem — em sua dimensão exclusiva — pode nos colocar diante do empobrecimento das teorias educacionais democráticas.

A busca desenfreada pela eficácia ou pela inovação educativas, alicerçada em métricas de desempenho, pode nos conduzir a uma "compulsão modernizadora" (SILVA, 2021), apostando em aparatos técnicos ou dispositivos tecnológicos que não conseguem nutrir a teoria educacional das questões concernentes aos sentidos e propósitos da escolarização. Mais uma vez, recorrendo ao filósofo: "[...] é uma triste situação, especialmente quando os estudantes sucumbem sob a pressão do bom desempenho em culturas em que o fracasso não é tolerado" (BIESTA, 2021, p. 4). O aprender a aprender, apesar de sua historicidade próxima ao campo progressista, atualmente precisa ser situado em uma gramática mais plural.

Bernard Charlot, no recém-lançado *Educação ou Barbárie? – uma escolha para a sociedade contemporânea*, descreve os modos pelos quais as tensões entre as pedagogias tradicional e nova são reconfiguradas atualmente, nas condições de centralidade da lógica do desempenho e da concorrência. A pedagogia que hoje predomina tem enfatizado o desejo dos estudantes — valorizando aspectos, como a criatividade, a inovação ou o trabalho em equipe. Todavia, essa questão colide com as exigências generalizadas do desempenho. As escolas, no desenvolvimento de sua pauta curricular, já não conseguem situar seus propósitos educativos na dialética entre norma e desejo que caracterizava o discurso pedagógico da Modernidade. Charlot avança nessa descrição sinalizando a ausência do debate antropológico na pedagogia contemporânea, o que nos permite assistir a uma crise de sentido.

> Em tal configuração sociocultural, a 'crise de sentido', quer dizer, a ausência de representações antropológicas funcionando como suportes de identificação, e a pressão permanente pelo desempenho e sucesso tendem a gerar estresse, angústia, depressão e às vezes cinismo e violência. Essa crise de sentido induz igualmente efeitos de ruptura. Às vezes, são abandonos na vida pessoal e profissional: larga-se tudo para viver outra vida, que tenha sentido (CHARLOT, 2020, p. 68).

A crise de sentido referida por Charlot remete-nos novamente às preocupações elencadas por Biesta acerca dos excessos argumentativos em torno da aprendizagem vitalícia. Não restam dúvidas de que a aprendizagem ocupa um lugar privilegiado no debate educacional, entretanto precisa ser reenquadrada para além das demandas do desempenho e suas exigências permanentes. Importante salientar ainda que a crítica às abordagens contemporâneas, na literatura educacional, precisa seguir apostando nas liberdades individuais e no projeto da democracia. Mais uma vez, dialogando com Biesta, esse projeto — que é sempre frágil e precário — trata-se do "constante e difícil 'dar-e-receber' para garantir que possa haver liberdade igual para todos" (BIESTA, 2021, p. 4).

Sob tais condições, gostaria de enaltecer os urgentes desafios na construção de uma agenda mais plural para a pedagogia contemporânea. Nos marcos de uma escola democrática, questão incontornável para nosso país, precisamos reingressar nas lutas políticas em torno da aprendizagem — para além da lógica da *learnification* e suas métricas de desempenho que nos assediam. Os debates sobre a escola democrática, sobretudo nos controversos tempos que hodiernamente experimentamos, requerem um renovado interesse pela dimensão pública da educação e um alargamento dos propósitos formativos que nos permitam redesenhar o novo século. Em termos educacionais, esse é o principal desafio a ser enfrentado pelo campo progressista no Brasil. Precisamos revitalizar o olhar sobre a formação de professores e professoras.

Reconhecendo esse desafio, a presente obra apresenta enorme potencialidade pedagógica para recolocar o debate sobre a inovação educativa sob novos termos, desde uma perspectiva progressista. A obra é derivada de uma tese de doutorado em Educação que eu tive o privilégio de orientar. Trata-se de uma perspectiva socialmente comprometida com a formação de professores e professoras que, de uma perspectiva democrática e com um olhar sensível e curioso, é capaz de promover uma inovação educativa que tome a escola como ponto de partida.

Boa leitura!

Roberto Rafael Dias da Silva
Doutor em Educação. Professor do Programa de Pós-Graduação em Educação da Universidade do Vale do Rio dos Sinos. Bolsista de Produtividade em Pesquisa do CNPq. Endereço eletrônico: robertods@unisinos.br

REFERÊNCIAS

BIESTA, Gert. Reconquistando o coração democrático da educação. **Educação Unisinos**, [*s. l.*], v. 25, 2021, p. 1-7. Disponível em: http://revistas.unisinos.br/index.php/educacao/article/view/edu.2021.251.01. Acesso em: 10 jul. 2023.

CHARLOT, Bernard. **Educação ou barbárie?** – uma escolha para a sociedade contemporânea. São Paulo: Cortez, 2020.

SILVA, Roberto Rafael Dias da. A compulsão modernizadora na educação das juventudes no Brasil: uma crítica curricular. *In*: KRAWCZYK, Nora; VENCO, Selma (org.). **Utopias e distopias na educação em tempos de pandemia**. São Carlos: Pedro & João Editores, 2021. p. 17-36. Disponível em: https://www.researchgate.net/publication/352523699_A_compulsao_modernizadora_na_educacao_das_juventudes_no_Brasil_uma_critica_curricular. Acesso em: 10 jul. 2023.

SUMÁRIO

INTRODUÇÃO 17

CAPÍTULO 1
MIRADA À FORMAÇÃO DE PROFESSORES PARA A EDUCAÇÃO BÁSICA EM NÍVEL SUPERIOR 25

1.1 Dos traços históricos às políticas educacionais 26
1.2 Da LDB às Diretrizes Curriculares Nacionais para a formação de professores da educação básica 31
1.3 As reformas na educação e a repercussão na formação docente: ampliando o diagnóstico do presente 43

CAPÍTULO 2
A FORMAÇÃO DE PROFESSORES: CURRÍCULO E O PROFISSIONALISMO DOCENTE 55

2.1 O currículo e suas concepções: reflexões balizadoras 56
2.2 A formação de professores: em busca do fortalecimento do profissionalismo docente 64
2.3 A formação de professores e os egressos licenciados nos IFs: um mapeamento das pesquisas realizadas 73

CAPÍTULO 3
A FORMAÇÃO DE PROFESSORES E A INOVAÇÃO EDUCATIVA EM FOCO 87

3.1 A inovação educativa como imperativo: um desafio complexo engendrado ao longo dos tempos 88
3.2 A inovação educativa: o conceito e seus sentidos 95

CAPÍTULO 4
DELINEAMENTO DOS CAMINHOS DA PESQUISA 103

4.1 Composição metodológica: natureza e tipo de pesquisa 103
4.2 Campo empírico da pesquisa 107
4.2.1 O curso de licenciatura em Letras do Campus Feliz e seus egressos 110
4.3 Instrumentos e procedimento para levantamento de dados......................117
4.3.1 Questionário..118

4.3.2 Entrevista..123
4.3.3 Grupo Focal 130
4.4 Análise dos dados: princípios da Análise de Conteúdo............................131

CAPÍTULO 5
A FORMAÇÃO DOCENTE NA PERSPECTIVA DOS EGRESSOS: DO PROCESSO FORMATIVO ÀS PRÁTICAS EDUCATIVAS COM VISTAS À INOVAÇÃO..137

5.1 O processo formativo e os desafios da profissão docente........................137
5.2 O mapeamento do processo de feitura das práticas educativas: há inovação?.....157
5.3 As repercussões do processo formativo na construção das práticas educativas inovadoras 170

À GUISA DE CONCLUSÕES..179

REFERÊNCIAS 187

LISTA DE SIGLAS..201

ÍNDICE REMISSIVO..203

INTRODUÇÃO

> *[...] Ele, o mar, estava do outro lado das dunas altas, esperando. Quando o menino e o pai enfim alcançaram aquelas alturas de areia, depois de muito caminhar, o mar estava na frente de seus olhos. E foi tanta imensidão do mar, e tanto o seu fulgor, que o menino ficou mudo de beleza. E quando finalmente conseguiu falar, tremendo, gaguejando, pediu ao pai:*
> *– Me ajuda a olhar!*
> *(GALEANO, 2005, p. 15)*

Ao tomar emprestadas as palavras de Eduardo Galeano (2005), na *condição de aprendiz*, fui levada a refletir sobre a temática deste livro que versa sobre a formação de professores. Nesse caminho, a poesia também me inspirou a "olhar" por sendas que revelaram a beleza e a complexidade do processo formativo, assim como as práticas pedagógicas desenvolvidas no cotidiano escolar. Tais práticas, conforme percebi, demonstraram possibilidades de formas de resistência diante dos dilemas impostos pelo neoliberalismo vigente que se coloca como um atravessamento na relação entre formação e profissão.

Essa temática mobiliza-me intelectualmente a pensar a educação contemporânea desde múltiplas perspectivas. Relembrando o conhecido texto de Bujes (2007, p. 17), de que "tanto a construção como o desenvolvimento da pesquisa se constituem na inquietação", a escolha pela temática e as inquietudes apresentadas justificam-se e engendram-se à minha trajetória profissional e acadêmica.

Entendo ser relevante pontuar, neste texto introdutório, que minha carreira profissional teve início na área administrativa, área em que atuei por 12 anos. Como afirma Rios (2007, p. 74), "[...] se o futuro é gestado no momento em que vivemos, nosso desafio está em organizar a sua construção da maneira como desejamos e como julgamos necessário que ele seja". O que eu desejava, no ano de 2002, era encerrar esse ciclo na área administrativa e julgava necessário buscar formação para constituir-me professora e gestar um novo futuro profissional. Agrada-me pensar que me tornei professora por opção, consciente dos desafios e das complexidades dessa profissão.

Nessa continuidade, minha trajetória docente iniciou-se, em 2003, na educação infantil em uma rede particular de ensino, onde permaneci até 2006, quando ocorreu minha posse na rede municipal de ensino. De

2006 a 2014, tive oportunidade de atuar na Educação de Jovens e Adultos (EJA), nos anos iniciais e finais do ensino fundamental, e de desenvolver o trabalho de supervisão pedagógica. Paralelamente a essa atuação, nos anos de 2007 e 2008, participei do trabalho de formação continuada de professores junto ao Núcleo de Formação Continuada de Profissionais da Educação da Universidade do Vale do Rio dos Sinos (NUPE-UNISINOS). A experiência com a prática de formação continuada, por meio de grupos de estudos, em 2009, se constituiu no meu objeto de pesquisa no mestrado.

Nesse estudo, constatei que a formação continuada impulsionou movimentos em direção à busca de práticas inovadoras. Isso porque as práticas pedagógicas das professoras participantes do grupo de estudos evidenciaram um novo fazer, demonstrando novas formas de construção de conhecimentos nos diferentes eixos da educação infantil. Nessa perspectiva, a pesquisa ainda teve como intento a abertura de possibilidades para reflexões na elaboração de programas de formação continuada para professores e, para além disso, objetivou dar visibilidade às experiências significativas que se realizam nas escolas públicas de educação infantil.

No contexto da pesquisa que deu base para a estrutura deste livro, importa destacar que permaneceu a inquietude de seguir colocando em evidência a educação pública, em virtude das complexidades enfrentadas no cenário contemporâneo. O acaloramento do processo de privatização estimulado pelo sistema neoliberal pode ressoar em consequências para a qualidade da educação e intensificar a reprodução das desigualdades sociais (DARDOT; LAVAL, 2016). Conforme Nóvoa (2017, p. 1110), o projeto político de privatização está sendo conduzido em nome da "salvação da dimensão pública" da educação. Por esse ângulo, não se trata de edificar escolas ou colégios privados, "[...] mas de tomar conta dos rumos da educação pública, através de formas de gestão privada, da contratação de empresas pelas entidades públicas ou de passagem para grupos privados de funções pedagógicas, curriculares ou formativas" (NÓVOA, 2017, p. 1110). À vista disso, seguirei atribuindo visibilidade às suas potencialidades.

Assim, minha inquietude mantém-se na área da formação de professores e na inovação, porém com foco na formação desenvolvida no ensino superior, observando-a também sob a perspectiva dos Estudos Curriculares. Tal interesse vem ao encontro do meu ingresso na Rede Federal de Ensino, em 2014, momento em que passei a atuar como docente em cursos de licenciatura no Instituto Federal de Educação, Ciência e Tecnologia do Rio Grande do Sul (IFRS) – Campus Feliz.

Esse novo desafio em minha trajetória profissional instigou-me a construir esta pesquisa, que tem como objetivo compreender a percepção dos egressos do curso de Letras sobre sua formação docente e sobre as repercussões do curso diante das possibilidades de reconfiguração de suas práticas educativas com vistas à inovação. Sendo assim, defini como problema central desta investigação a seguinte questão: qual a percepção que os egressos do curso de Letras revelam sobre sua formação docente e sobre as repercussões do curso diante das possibilidades de reconfigurar as práticas educativas com vistas à inovação?

Dessa questão, decorreram outros questionamentos auxiliares que contribuíram para o conhecimento e análise da realidade estudada:

- Como os egressos ressignificam a formação desenvolvida no curso de Letras em suas práticas educativas?
- Em que medida a formação no curso de Letras reverbera na busca pela construção de inovações educativas?

A partir desses questionamentos, tracei como objetivos específicos:

- Analisar a percepção dos egressos do curso de Letras sobre a sua formação docente;
- Compreender, sob a percepção dos egressos, como a formação do curso de Letras reverbera em suas práticas educativas;
- Identificar em que medida a formação no curso de Letras repercute na condição docente que busca construir inovações educativas.

Além dos aspectos salientados sobre o engendramento da pesquisa, à minha trajetória profissional e acadêmica, também compreendo que a investigação demonstra relevância científica ao contribuir com reflexões e conhecimentos sobre a formação de professores e o acompanhamento do desenvolvimento profissional docente de egressos dos cursos de licenciatura.

Nesse sentido, não tenho a pretensão de apontar respostas nem prescrever receitas para o tema, mas colaborar com o debate no campo educacional. Compreendendo que não se esgotam as possibilidades de pensar a formação de professores, busco desenvolver o exercício reflexivo tendo como base uma perspectiva crítica, mas que juntamente se atreve a utilizar a "esperança como recurso" (APPLE, 2017; FREIRE, 1996, 2005). Minha intenção é partir de um diagnóstico crítico do campo da formação de professores "[...] não para o desmantelar, mas para nele buscar as forças de transformação" (NÓVOA, 2017, p. 1111). Articulado a isso, perpassa a confiança no processo de construção do conhecimento que reverbera na invenção, na criatividade, na reinvenção, na "[...] busca inquieta e permanente que fazemos no mundo, com o mundo e com os outros" (FREIRE, 2005, p. 67). Uma busca esperançosa também!

Sendo assim, a presente obra está organizada em cinco capítulos. O primeiro, intitulado "Mirada à formação de professores para a educação básica em nível superior", está dividido em três partes. Os aspectos tratados nesse capítulo são relevantes para a compreensão das descontinuidades e dilemas da formação de professores que perduram no contexto atual. Assim, na primeira seção, "Dos traços históricos às políticas educacionais", mostro "alguns traços" do engendramento do processo histórico da formação de professores no Brasil. Na segunda seção, trato das políticas curriculares que balizam a formação de professores no país, a partir da Lei de Diretrizes e Bases da Educação Nacional (LDB), do ano de 1996. Desse modo, busco olhar também as Diretrizes Curriculares Nacionais para a Formação de Professores da Educação Básica do ano de 2002, assim como as que foram promulgadas em 2015 e as Diretrizes Curriculares Nacionais para a Formação Inicial de Professores para a Educação Básica de 2019, que institui a Base Nacional Comum para a Formação Inicial de Professores da Educação Básica (BNC-Formação). Para finalizar o capítulo, na terceira seção, intitulada "As reformas na educação e a repercussão na formação docente: ampliando o diagnóstico do presente", faço uma reflexão mais aproximada dos dilemas e complexidades desvelados pelas reformas educacionais em níveis internacionais que repercutem nas políticas educacionais brasileiras e na política curricular para a formação docente na contemporaneidade.

O segundo capítulo, "A formação de professores: currículo e o profissionalismo docente", está estruturado em 3 partes. Na primeira seção, "O currículo e suas concepções: reflexões balizadoras", instigada pela reflexão de Moreira (2001) de que não se pode pensar currículo sem que se pense no professor e na sua formação, trato das concepções de currículo e da sua relação com a prática curricular. Ao entender esse movimento relacional do currículo com o contexto, sujeitos, interesses e valores, o compreendo como práxis, que trama em si um enfoque processual de configuração, implantação, concretização e expressão de determinadas práticas pedagógicas e em própria avaliação, como resultado das diversas intervenções que nele se operam (SACRISTÁN, 1998).

Então, a partir dessa delimitação, na segunda seção, mobilizo reflexões sobre o fortalecimento do profissionalismo docente, entendido como a possibilidade de construção de uma "outra cultura" (MOREIRA, 2012), a qual se contraponha à performatividade que propaga um profissionalismo controlado e desloca os professores para a posição de meros executantes das orientações das políticas educativas.

Na última seção, "A formação de professores e os egressos licenciados nos IFs: um mapeamento das pesquisas realizadas", apresento o mapeamento das produções científicas publicadas nos últimos anos sobre a temática. As pesquisas que envolvem os egressos e suas percepções sobre o processo formativo revelam que esse tipo de estudo pode ser considerado um instrumento que permite a reflexão sobre a trajetória profissional e a sua relação com a formação inicial, tendo potencial para favorecer a organização e a reestruturação do processo formativo nas Instituições de Ensino Superior (IES). Nesse sentido, esta obra mostra-se como possibilidade para contribuir com a sequência do aprofundamento das reflexões sobre a formação de professores, os estudos curriculares e a inovação das práticas educativas.

No terceiro capítulo, intitulado "A formação de professores e a inovação educativa em foco", realizo uma imersão na temática da inovação. À vista disso, o capítulo está dividido em duas partes. Na primeira seção, "A inovação educativa como imperativo: um desafio complexo engendrado ao longo dos tempos", sublinho que tanto a inovação educativa quanto a renovação das práticas escolares não são desafios recentes, logo trato do imperativo de inovação que emerge no século XX e segue permeando o contexto atual, como "um novo-antigo imperativo" (AQUINO; BOTO, 2019). Mostro que o movimento inovador dos anos vinte do século passado é, por um lado, herdeiro do importante movimento pedagógico do final do século XIX e, por outro lado, base da emersão inovadora dos anos sessenta. Vista numa perspectiva histórica, a inovação educativa surge como um processo complexo de ruptura e de confronto.

Na segunda parte, apresentada como "A inovação educativa: o conceito e seus sentidos", realizo um mapeamento do conceito de inovação, assim como dos sentidos que têm sido engendrados na literatura contemporânea. A partir disso, balizo o entendimento de que a inovação das práticas educativas não se encontra ou se desenvolve na "volatilidade da moda" (CARBONELL, 2002; SANCHO-GIL, 2018) ou no "futuro superficial" (J. A. PACHECO, 2019), mas se constitui mediante uma "inquietude" instigada pelo "desejo de um trabalho bem-feito" (SENNET, 2019). Para além disso, tal movimento precisa reverberar numa ruptura paradigmática, que permita reconfigurar o conhecimento para além das regularidades propostas pela modernidade (CUNHA, 2006).

O "Delineamento dos caminhos da pesquisa" é demonstrado no quarto capítulo, em cujas seções explicito como foram engendrados os parâmetros da trajetória para a construção dos conhecimentos da pesquisa realizada. Os princípios da Análise de Conteúdo serviram como ferramenta/estratégia para a análise dos dados, que foram obtidos através de três instrumentos: o questionário, realizado com dezoito egressos, as entrevistas semiestruturadas, realizadas com oito egressas selecionadas nesse universo e ainda o Grupo Focal abrangendo essas mesmas oito egressas selecionadas.

No quinto capítulo, intitulado "A formação docente sob a perspectiva dos egressos: do processo formativo às práticas educativas com vistas à inovação", apresento as análises dos dados levantados, em três partes. Na primeira, mostro a percepção dos egressos sobre o início de suas trajetórias docentes e os desafios encontrados ao longo da profissão. Ainda nessa seção aparecem os indicativos, nas narrativas dos egressos, de que o processo formativo reverberou na reconfiguração de suas práticas em direção à inovação. Na segunda seção, aprofundo a busca por esses indicativos. Analiso então, a partir de suas narrativas, práticas educativas desenvolvidas durante ou após a formação no curso de Letras, tendo como referência as condições de inovação utilizadas por Cunha (2006). Na terceira e última seção, considerando que muitos outros fatores influenciam o desenvolvimento profissional docente e que é difícil compreender as reconfigurações/rupturas desencadeadas por uma experiência formativa pontual, mapeei, através das narrativas das egressas, as repercussões do processo formativo do curso de Letras que reverberaram em reconfigurações das suas práticas educativas com vistas à inovação.

Diante disso, foi possível identificar que o curso de Letras possibilitou a construção do conhecimento profissional docente através de uma perspectiva emancipatória que mobilizou reconfigurações nas práticas educativas em direção à inovação. Para além disso, que essas reconfigurações estão articuladas a uma trajetória formativa dialógica e reflexiva embasada em conhecimentos profissionais docentes construídos na relação entre a teoria e a prática. Paralelamente a isso, tornou-se perceptível que, no curso de Letras, foram desenvolvidas práticas educativas inovadoras que romperam com a forma tradicional de ensinar e aprender, assim como possibilitaram a reconfiguração dos saberes e a reorganização da relação entre teoria e prática. Essas experiências inovadoras, vivenciadas pelas egressas, repercutiram na reconfiguração de suas práticas em direção à inovação.

Por fim, sinalizo que essa foi a forma que encontrei de "olhar" para essa temática. No entanto, existem muitas outras possibilidades. Continuarei a "olhando" e propondo outros estudos. As transformações da sociedade definirão novos desafios para a educação e, em consequência disso, emergirão (re)estruturações e diferentes repercussões na formação de professores e, assim, outras inquietudes a serem delineadas.

Boa leitura!

CAPÍTULO 1

MIRADA À FORMAÇÃO DE PROFESSORES PARA A EDUCAÇÃO BÁSICA EM NÍVEL SUPERIOR

> *Buscar em alguns traços da história da formação de professores no Brasil a compreensão sobre como essa formação tende a ser tratada nas políticas educacionais e mesmo nos estudos a ela relativos, nos põe em condição de melhor compreender alguns dos impasses que hoje encontramos nos cursos e propostas que se destinam à formação de professores para a educação básica, no confronto com aspectos societários emergentes, importantes de se considerar em relações educativas.*
> (GATTI et al., 2019, p. 15-16)

Com essa citação, inicio a tessitura deste capítulo em que desenvolverei a temática sobre a **formação de professores**, organizando-o em três partes. Inicialmente, apresento "alguns traços" do engendramento do processo histórico da formação de professores no Brasil. Na seção seguinte, trato das políticas curriculares que balizam a formação de professores no país, a partir da Lei de Diretrizes e Bases da Educação Nacional (LDB) do ano de 1996. Por último, faço um aprofundamento do diagnóstico do presente, contextualizando o tema na contemporaneidade sob a lógica do neoliberalismo e as reformas educacionais que ocorrem mediante o processo da globalização.

Considero relevantes esses aspectos para a compreensão das descontinuidades e dilemas que perduram no contexto atual. Ao situar essa temática no campo dos Estudos Curriculares, realizo esta breve digressão histórica para compreender as especificidades emergentes da formação de professores, pois "[...] um tratamento analítico ao currículo, e às políticas de escolarização que os sustentam, passa fortemente pelo estudo de suas interfaces com os contextos mais amplos – sociais, políticos e econômicos" (SILVA, 2019, p. 72).

A intenção não é esgotar o assunto sobre a temática, pois reconheço suas múltiplas perspectivas e considero as repercussões dos movimentos político-econômicos e socioculturais que configuram o desempenho do trabalho docente. No entanto, compreender esse processo "[...] na sua dimensão evolutiva favorece o entendimento da complexidade desse campo de conhecimento e as múltiplas influências que se estabelecem sobre ele" (CUNHA, 2013, p. 1).

1.1 Dos traços históricos às políticas educacionais

Ao longo do processo histórico brasileiro, a formação de professores passou por sucessivas e consideráveis mudanças, "[...] mostrando um quadro de descontinuidade, embora sem muitas rupturas" (SAVIANI, 2009, p. 148). A questão pedagógica, que inicialmente se encontrava ausente, foi sendo tratada lentamente até ocupar posição central nas reformas a partir da década de 1930. Todavia, mesmo estando presente nas políticas e discussões, ainda se busca um encaminhamento coerente entre o conteúdo dos discursos e sua efetivação na prática. Para Saviani (2009, p. 151), em importante sistematização histórica, "[...] na raiz desse dilema está a dissociação entre dois aspectos indissociáveis da função docente: a forma e o conteúdo".

Saviani (2009, 2012), Gatti e Barreto (2009), Gatti (2009, 2010, 2013, 2014, 2018), Tanuri (2000) e Freitas (2002), por caminhos heterogêneos, descreveram minuciosamente a transformação histórica, no contexto brasileiro, tendo como base os aspectos teóricos, as propostas e a legislação sobre a formação de professores. O panorama descrito evidencia uma enorme fragmentação de propostas, revelando "[...] a precariedade das políticas formativas, cujas sucessivas mudanças não lograram estabelecer um padrão minimamente consistente de preparação docente para fazer face aos problemas enfrentados pela educação escolar em nosso país" (SAVIANI, 2009, p. 148). Além desses autores, trarei para o diálogo outros que contribuirão para o aprofundamento das reflexões sobre a temática.

No Brasil, conforme Saviani (2009) e Gatti e Barreto (2009), a preocupação com a formação de professores torna-se explícita, no final do século XIX, mediante a instauração das Escolas Normais, que correspondiam ao nível secundário e eram voltadas à formação de docentes para as Primeiras Letras. Contudo, os cursos de formação de professores (as licenciaturas) foram instituídos e generalizados para todo o país mediante "[...] o decreto-lei nº 1.190, de 4 de abril de 1939, que deu organização definitiva à Faculdade Nacional de Filosofia da Universidade do Brasil" (SAVIANI, 2009, p. 146). Criada como inferência da preocupação com a regulamentação da formação de professores para o ensino secundário — o que atualmente corresponde aos anos finais do ensino fundamental e o ensino médio —, instaura o modelo formativo conhecido como "esquema 3 + 1", ou seja, três anos para o estudo das disciplinas específicas e um para a formação didática, acolhido na organização dos cursos de licenciatura e Pedagogia.

Cabe salientar que, nesse contexto, o modelo de formação de professores em nível superior perdeu a referência das escolas experimentais, as quais ofereciam "[...] uma base de pesquisa que pretendia dar caráter científico aos processos formativos" (SAVIANI, 2009, p. 146). Além de mostrar-se inapropriado desde a sua gênese, em virtude de as licenciaturas serem consideradas apêndices dos bacharelados, os cursos de formação de professores das faculdades de filosofia "[...] eram bastante elitizados, o número de formados era muito pequeno e, por via de consequência, tais cursos não respondiam quantitativamente à demanda de preparação de novos docentes para o país" (SANTOS; DINIZ-PEREIRA, 2016, p. 289).

A partir dos anos de 1960, com as demandas da expansão industrial e do capital, "[...] na maioria dos países do mundo, a escola passa a ser pensada na perspectiva do desenvolvimento econômico e social; é o caso nos Estados Unidos, na França, no Japão, e nos países do Sudeste Asiático, no Brasil, nos países africanos, etc." (CHARLOT, 2013, p. 95). O Estado, na sua relação com a educação, torna-se Desenvolvimentista e "[...] pilota o crescimento econômico e coloca a educação a serviço do desenvolvimento" (CHARLOT, 2013, p. 39). De acordo com o autor, essa política tem amplo consenso social em virtude de suscitar novos empregos especializados, nos quais a escolaridade possibilita atuar; assim satisfaz os anseios da classe média e acende esperanças nas classes populares. Nesse contexto, o âmago da literatura educacional, dos conteúdos curriculares e da formação de professores desloca-se principalmente para os aspectos internos da escola. Conforme Tanuri (2000, p. 79), esses convergem em

> [...] "meios" destinados a "modernizar" a prática docente, para a "operacionalização" dos objetivos – instrucionais e comportamentais –, para o "planejamento, coordenação e o controle" das atividades, para os "métodos e técnicas" de avaliação, para a utilização de novas tecnologias de ensino, então referentes sobretudo a "recursos audiovisuais".

Do ponto de vista educacional, engendram-se esforços para universalizar a escola primária e, posteriormente, o ensino fundamental. Desse modo, os investimentos públicos no ensino fundamental sinalizam crescimento, e a carência de professores passa a ser desvelada. Nessa conjuntura, a provisão dos professores é propiciada mediante diversos ajustes e adaptações, como "[...] expansão das escolas normais em nível médio, cursos rápidos de suprimento formativo de docentes, complementação de formações de origens diversas, autorizações especiais para o exercício do magistério a não licenciados, admissão de professores leigos etc." (GATTI; BARRETO, 2009, p. 11).

Nesse cenário socioescolar, "[...] a contradição entra para a escola e desestabiliza a função docente" (CHARLOT, 2013, p. 98). Além de outros dilemas enfrentados, os professores sofrem novas pressões sociais, posto que os resultados escolares dos alunos são valiosos para as famílias e para o desenvolvimento futuro do país. À vista disso, vão se ampliando os discursos sobre a escola e os professores, e a sociedade tende a atribuir aos docentes as responsabilidades dessas contradições. Para Charlot (2013, p. 98), "[...] perduram até os dias atuais as funções conferidas à escola nos anos 60 e 70, os pedidos a ela endereçados, as contradições que ela deve enfrentar e, portanto, a desestabilização da função docente".

Nesse contexto, marcos legais foram engendrados e ocorreram diversas adequações no campo educacional mediante as alterações na legislação brasileira de ensino. Por meio dessas, entrou em vigência a legislação orientadora da estrutura curricular dos cursos de formação de professores que se encontrava nas Leis n.º 4.024/61, 5.540/68, 5.692/71 e n.º 7.044/82 (GATTI; BARRETO, 2009).

Assim, os governos da ditadura militar, com o propósito de atender à demanda de novos professores para as quatro últimas séries do ensino de 1º grau e para o 2º grau, entenderam por solução aligeirar a formação docente, e por meio da Lei n.º 5.692/71 instituiu-se "[...] a formação de professores em nível superior, em cursos de licenciatura curta (3 anos de duração)[1] ou plena (4 anos de duração)" (SAVIANI, 2009, p. 147). Em decorrência dessa legislação, ocorreu a modificação na denominação dos ensinos primário e médio para, respectivamente, primeiro grau e segundo grau, assim como a implementação do currículo mínimo, que contemplava "[...] o núcleo comum, obrigatório em todo o território nacional para todo o ensino de 1º e 2º graus, destinado a garantir a formação geral; e uma parte diversificada, visando à formação especial" (SAVIANI, 2009, p. 147). Além dessas etapas, os governos exerceram forte controle sobre os cursos superiores

---

[1] A extinção desses cursos ocorreu por meio da Lei de Diretrizes e Bases da Educação Nacional (BRASIL, 1996).

em geral e de formação de professores, que também deveriam se organizar por meio dos currículos mínimos, os quais definiam as disciplinas obrigatórias. Na época, conforme Santos e Diniz-Pereira (2016, p. 289), esse foi o dispositivo "[...] utilizado para padronizar não apenas os currículos dos cursos de formação de professores (licenciaturas), mas de todos os demais cursos de graduação no país". Cabe salientar que a estrutura curricular dos cursos de licenciatura privilegiava a formação em área específica, com uma complementação pedagógica ao final do curso.

Conforme Gatti e Barreto (2009) e Gatti (2010, 2014), para o período que compreende os anos de 1960 até o final de 1980, estudos já pontuavam problemas nos cursos de formação de professores no país. As diferentes reformas acabaram por aligeirar os cursos, diluindo os currículos de formação geral e tornando cada vez mais superficial a formação específica. Em relação às licenciaturas, nas diversas áreas de conhecimento contempladas no ensino básico, o licenciado encontrava-se entre duas formações e "com identidade problemática: especialista em área específica ou professor?" (GATTI; BARRETO, 2009, p. 42), questões que ainda permanecem em pauta. Os ajustes feitos na legislação eram um tanto fragmentados e não repararam esse dilema. Mediante tais reflexões e questionamentos relacionados a esse modelo de formação, estudos realizados sinalizavam a necessidade de análise e revisão nos seguintes aspectos:

> - Necessidades formativas diante da situação existente;
> - Formas de articulação e relação entre formação em disciplina específica, formação educacional geral e formação didática específica, levando em conta os níveis de ensino;
> - Novas formas de organização institucional que possam dar suporte a essas necessidades e novas formas de articulação; formação dos formadores, ou seja, de pessoal adequadamente preparado para realizar a formação de professores no nível de 3º grau;
> - Novo conceito de profissionalização dos professores baseado na proposta de um *continuum* de formação. (GATTI; BARRETO, 2009, p. 42).

Contudo, nas décadas de 1980 e 1990, as mudanças relacionadas à educação decorrem sob a perspectiva das novas lógicas neoliberais, "[...] impondo sua versão de modernização econômica e social" (CHARLOT, 2013, p. 98). As mudanças estão relacionadas às lógicas de qualidade, eficácia e diversificação, as quais conduzem a um recuo do Estado.

> Ao passo que se impõem novas lógicas socioeconômicas e se reduz o engajamento direto do Estado nos assuntos econômicos, diminuem-se as taxas de importação, abrem-se as fronteiras, estende-se a integração entre economias de vários países, integração essa que se realiza em uma lógica neoliberal e que constitui a própria globalização. (CHARLOT, 2013, p. 43).

Mediante isso, o Estado Desenvolvimentista deu lugar ao Estado Regulador, o qual permanece tendo como objetivo o desenvolvimento, no entanto "[...] ele renuncia à ação econômica direta e se dedica à regulação das normas fundamentais e à manutenção dos equilíbrios sociais básicos" (CHARLOT, 2013, p. 44). Essa alteração refletiu em demandas para a escola. Primeiramente, as novas lógicas exigem trabalhadores e consumidores mais qualificados. Por efeito, essas exigências passam a considerar o ensino superior o nível desejável de formação da população. Por consequência, crescem as exigências com a qualidade do ensino fundamental. Nesse viés, a escola precisa considerar as novas lógicas na sua própria organização, porque, além de ser questionada sobre sua qualidade, passa a ser avaliada constantemente. Para Charlot (2013, p. 45), "[...] essas lógicas novas atropelam o funcionamento tradicional da escola e a identidade dos professores".

Inserido ao contexto da globalização, ocorre o movimento da internacionalização das políticas educacionais, em que "[...] agências internacionais multilaterais de tipos monetário, comercial, financeiro e creditício formulam recomendações sobre políticas públicas para países emergentes ou em desenvolvimento" (LIBÂNEO, 2016, p. 42). Tais recomendações abarcam instrumentos de regulação das políticas públicas em virtude de acordos de cooperação, principalmente nas áreas relacionadas à educação e à saúde. Consequentemente, esse processo repercute no campo da educação, visto que:

> [...] internacionalização significa a modelação dos sistemas e instituições educacionais conforme expectativas supranacionais definidas pelos organismos internacionais ligados às grandes potências econômicas mundiais, com base em uma agenda globalmente estruturada para a educação, as quais se reproduzem em documentos de políticas educacionais nacionais como diretrizes, programas, projetos de lei, etc. (LIBÂNEO, 2016, p. 42).

No campo de atuação da educação, os organismos internacionais mais ativos são: a Organização das Nações Unidas para a Educação, Ciência e a Cultura (UNESCO), o Banco Mundial, o Banco Interamericano de Desenvolvimento (BID), o Programa das Nações Unidas para o Desenvolvimento (PNUD) e a Organização para a Cooperação e Desenvolvimento Econômico (OCDE) (LIBÂNEO, 2016).

Destaco, dessa forma, que o conceito de competência ganha potência nesse cenário e é engendrado pelas "lógicas neoliberais" (CHARLOT, 2013) e pelo movimento do processo de globalização e internacionalização. Nesse processo, o Programa de Qualidade Total, adotado pelas empresas, no Brasil, "principalmente na segunda metade da década de 80" (RIOS, 2006, p. 72), também foi relevante, posto que "[...] há uma referência à qualificação profissional, identificada com alto nível de competitividade de adequação aos critérios da racionalidade econômica e mercadológica. Então, o termo qualificação aparece ligado ou vai sendo substituído pelo de competência" (RIOS, 2006, p. 81). Esse remanejamento traz repercussões ao espaço da educação e causa impactos também na formação de professores, como esclarece a autora:

> A substituição da noção de qualificação, como formação para o trabalho, pela de competência, como atendimento ao mercado de trabalho parece guardar, então, o viés ideológico, presente na proposta neoliberal, que se estende ao espaço da educação, no qual passam a se demandar também "competências" na formação dos indivíduos. (RIOS, 2006, p. 83).

Nesse panorama, mediante mobilizações dos educadores brasileiros, sustentava-se a possibilidade de que os dilemas da formação docente seriam mais bem equacionados com a nova LDB. Avançarei nesse exercício de problematização do campo da formação de professores no Brasil no decorrer da próxima seção.

1.2 Da LDB às Diretrizes Curriculares Nacionais para a formação de professores da educação básica

Em 20 de dezembro de 1996, em um contexto de discussões, debates e proposições, foi promulgada a Lei n.º 9.394, estabelecendo as novas Diretrizes e Bases da Educação Nacional. Com as mudanças previstas nessa legislação, foram designadas alterações às instituições formadoras e aos cursos de formação de professores, bem como estabelecido o período de transição para a efetivação de sua implantação. Todavia, a estrutura curricular dos cursos permaneceu com base na legislação anterior por um tempo relativamente longo (GATTI; BARRETO, 2009).

Tais reconfigurações formativas dos docentes demandaram a estruturação de um projeto pedagógico para a formação e profissionalização de professores, considerando as modificações pretendidas na educação básica. Nessa concepção, ao passo que "[...] a reforma na educação básica se consolidava, percebia-se que a tarefa de coordenar processos de desenvolvimento e aprendizagem era extremamente complexa e exigia, já a partir da própria educação infantil, profissionais com formação superior" (SANTOS; DINIZ-PEREIRA, 2016, p. 290). Nesse aspecto, a LDB de 1996 estipula, em seus artigos 62 e 63, a exigência de nível superior para os professores da educação básica. Assim estão dispostos:

> Art. 62 – A formação de docentes para atuar na educação básica far-se-á em nível superior, em curso de licenciatura, de graduação plena, em universidades e institutos superiores de educação, admitida como formação mínima para o exercício do magistério na educação infantil e nas quatro primeiras séries do ensino fundamental, oferecida em nível médio, na modalidade Normal.
> Art. 63 – Os Institutos Superiores de Educação manterão:
> I. cursos formadores de profissionais para a educação básica, inclusive o curso normal superior, destinado à formação de docentes para a educação infantil e para as primeiras séries do ensino fundamental;
> II. programas de formação pedagógica para portadores de diplomas de educação superior que queiram se dedicar à educação básica;
> III. programas de educação continuada para os profissionais de educação dos diversos níveis. (BRASIL, 1996, s/p).

Em relação ao processo formativo docente, facultou-se às universidades a possibilidade de organização de cursos de formação de professores de acordo com seus projetos institucionais, desde que em licenciatura plena, com liberdade de incorporar ou não a estrutura dos Institutos Superiores de Educação (ISEs). Em suas disposições transitórias, constava o prazo de dez anos para que o sistema de ensino se adequasse a esta norma. Nessa época, "[...] a maioria dos professores do ensino fundamental (primeiros anos) possuía formação no magistério, em nível médio, havendo também milhares de professores leigos, sem formação no ensino médio como até então era exigido" (GATTI, 2009, p. 43).

Em 2002, ao serem promulgadas as Diretrizes Curriculares Nacionais para a Formação de Professores da educação básica — mediante a aprovação da Resolução CNE/CP n.º 1, de 18 de fevereiro de 2002 —, iniciaram-se as adaptações nos currículos de formação docente. Seu texto centraliza-se no desenvolvimento de competências pessoais, sociais e profissionais dos professores, e suas orientações balizam a atuação de professores na educação básica, em diferentes níveis. Conforme explicita o artigo 1º, "[...] constituem-se de um conjunto de princípios, fundamentos e procedimentos a serem observados na organização institucional e curricular de cada estabelecimento de ensino e aplicam-se a todas as etapas e modalidades da educação básica" (BRASIL, 2002, p. 1).

Partindo dessa perspectiva, a formação para o exercício profissional específico deve levar em conta, de um lado, a formação de competências necessárias à atuação profissional, com foco na formação oferecida e na prática esperada do futuro professor, e, de outro, a pesquisa, com foco no ensino e na aprendizagem para a compreensão do processo de construção do conhecimento. Postulam, ainda, que as aprendizagens devem ser orientadas pelo princípio da ação-reflexão-ação, tendo a resolução de situações-problema como uma das estratégias didáticas privilegiadas. Em seu artigo 6º, ao tratar dos princípios norteadores na construção do projeto pedagógico dos cursos de formação dos docentes, contempla a cultura geral e profissional, o conhecimento pedagógico e o conhecimento advindo da experiência (BRASIL, 2002).

Além disso, em seu artigo 7º, ao tratar da organização institucional da formação de professores, define, no inciso I, que a formação deve "[...] ser realizada em processo autônomo, em curso de licenciatura plena, numa estrutura com identidade própria" (BRASIL, 2002, p. 4). Tal aspecto pode ser entendido como "[...] uma resposta dos legisladores ao fato de, historicamente, no Brasil, os cursos de licenciatura funcionarem como apêndices dos cursos de bacharelado" (SANTOS; DINIZ-PEREIRA, 2016, p. 291). Entretanto, essa separação entre licenciatura e bacharelado, desde o ingresso na universidade, ainda "[...] não é um tema consensual no debate acadêmico" (SANTOS; DINIZ-PEREIRA, 2016, p. 292). Nesse viés, Gatti e Barreto (2009, p. 48) corroboram afirmando que "[...] há prevalência da histórica ideia de oferecimento de formação na área disciplinar específica com alto peso em números de disciplinas e horas-aula, praticamente sem integração com as disciplinas pedagógicas".

As diretrizes orientam, ainda, que, em qualquer especialidade, "[...] a prática deverá estar presente desde o início do curso e permear toda a formação do professor" (Art. 12, §2º), enfatizando, no artigo 14, "[...] a flexibilidade necessária, de modo que cada instituição formadora construa projetos inovadores e próprios, integrando os eixos articuladores nelas mencionados" (BRASIL, 2002, s/p). Além disso, sobreleva no artigo 11 os seis eixos articuladores para a construção da matriz curricular dos cursos de licenciatura, sendo eles: 1) dos diferentes âmbitos de conhecimento profissional; 2) da interação e da comunicação, bem como do desenvolvimento da autonomia intelectual e profissional; 3) entre disciplinaridade e interdisciplinaridade; 4) da formação comum com a formação específica; 5) dos conhecimentos a serem ensinados e dos conhecimentos filosóficos, educacionais e pedagógicos que fundamentam a ação educativa; 6) das dimensões teóricas e práticas.

Essa resolução constituiu-se no guia básico para os cursos de formação de professores, sendo referência para as demais diretrizes curriculares específicas de área. Gatti e Barreto (2009) pontuam que, embora os projetos pedagógicos dos cursos formadores de professores adotassem essa referência, nem sempre a concretizavam em seus currículos. Quanto à orientação normativa de articulação dos cursos formadores com os sistemas e escolas da educação básica, ainda é um desafio e demanda esforços para a busca desses canais institucionais de interação em uma parceria na formação dos futuros professores.

Freitas (2002), por sua vez, identifica nesse documento legal "[...] a materialização das múltiplas facetas das políticas de formação, desde a definição das competências e habilidades, passando pela avaliação de desempenho e organização curricular" (p. 136). Para tanto, elucida o processo de flexibilização curricular em movimento, considerando "[...] a adequação do ensino superior às novas demandas oriundas do processo de reestruturação produtiva por que passam os diferentes países, objetivando adequar os currículos aos novos perfis profissionais resultantes dessas modificações" (FREITAS, 2002, p. 136). Outro aspecto destacado é a individualização e a responsabilização dos professores pela própria formação.

> A responsabilização individual dos professores pela aquisição de competências e pelo desenvolvimento profissional acompanha esta concepção que orienta as diretrizes e traz em consequência um afastamento dos professores de suas categorias, de suas organizações [...]. (FREITAS, 2002, p. 154).

O entendimento das novas configurações instituídas pelas determinações legais para a formação de professores é perpassado pela ampliação da análise do trabalho docente, tomando a categoria trabalho, para compreendê-la em suas relações contraditórias,

> [...] como mercadoria e como realização humana produzida historicamente – e em suas articulações com as transformações que ocorrem no campo do trabalho produtivo, com a reestruturação produtiva e a inserção do Brasil no processo de globalização e competitividade internacional. (FREITAS, 2002, p. 167).

Passada mais de uma década, por meio da aprovação da Resolução CNE/CP n.º 2, de 1º de julho de 2015, definiram-se novas Diretrizes Curriculares Nacionais para os cursos de formação de professores no país. Conforme Gatti (2019, p. 69), a ideia base que permeia essa Resolução "[...] é o da justiça social, com respeito à diversidade e promoção da participação e da gestão democrática". No capítulo I, parágrafo 1º, expressa-se a concepção de docência estrutural do projeto de formação de professores:

> Compreende-se a docência como ação educativa e como processo pedagógico intencional e metódico, envolvendo conhecimentos específicos, interdisciplinares e pedagógicos, conceitos, princípios e objetivos da formação que se desenvolvem na construção e apropriação dos valores éticos, linguísticos, estéticos e políticos do conhecimento inerentes à sólida formação científica e cultural do ensinar/aprender, à socialização e construção de conhecimentos e sua inovação, em diálogo constante entre diferentes visões de mundo. (BRASIL, 2015, p. 3).

É possível observar que, nessas Diretrizes, é reforçada a perspectiva do reconhecimento das instituições de educação básica como espaços necessários à formação dos profissionais do magistério. No que diz respeito aos cursos de licenciatura plena, mantém o essencial das diretrizes anteriores, contudo prevê, no artigo 13, o aumento da carga horária desses cursos de no mínimo 2.800 horas para no mínimo 3.200. Também regulamenta vias alternativas de formação de professores, tais como os cursos de formação pedagógica para graduados não licenciados (Arts. 9º e 14º), assim como os cursos de segunda licenciatura (Arts. 9º e 15º). Além desses pontos, a resolução explicita, no mesmo e único documento, as diretrizes para a formação inicial e continuada de professores "[...] com a intenção de articular esses dois momentos de desenvolvimento profissional dos docentes da educação básica" (SANTOS; DINIZ-PEREIRA, 2016, p. 293). Outro aspecto novo foi a estruturação do capítulo VII, específico para tratar sobre a valorização dos profissionais do magistério, sendo esta compreendida "[...] como uma dimensão constitutiva e constituinte de sua formação inicial e continuada" (BRASIL, 2015, p. 15).

Santos e Diniz-Pereira (2016), ao analisarem as tentativas de padronização do currículo e da formação de professores no Brasil nos últimos 20 anos, consideram em suas reflexões que as tentativas ocorreram de forma mais intensa e evidente antes da aprovação da Lei 9.394/96, que estabeleceu as Diretrizes e Bases da Educação Nacional. Os autores também destacam que o maior desafio dos governos, a partir de 1980, após a redemocratização do país, "[...] tem sido assumir mais explicitamente o modelo de formação docente que se pretende adotar no país" (SANTOS; DINIZ-PEREIRA, 2016, p. 289). Diferentemente do currículo mínimo, as Diretrizes Curriculares orientam a reforma dos cursos. À vista disso, "[...] ao intencionalmente possibilitarem a diversificação e a inovação de propostas curriculares, não servem como mecanismos de padronização dos currículos" (SANTOS; DINIZ-PEREIRA, 2016, p. 294). Entretanto, ressaltam que:

> As atuais tendências de se assegurar a coerência entre as Diretrizes Curriculares Nacionais para a formação de professores e a BNCC podem representar a volta da opção pela adoção de mecanismos que garantam a padronização das propostas curriculares dos cursos de formação docente. (SANTOS; DINIZ-PEREIRA, 2016, p. 294).

Nessa perspectiva, também pondero que, hodiernamente, há processos que já viabilizam a padronização do ensino, tais como a ampliação do processo de avaliação do desempenho docente — que tem como referência os resultados dos testes de larga escala aplicados aos estudantes —, e a produção de material didático de acordo com a Base Nacional Comum Curricular da Educação Básica (BNCC). Considerando tais aspectos, o debate sobre a padronização da formação docente passa a ficar em segundo plano, visto que o professor e a atividade docente estão circunscritos em um contexto conduzido por "[...] diferentes formas de controle que, inexoravelmente, levam à padronização do seu trabalho, ou melhor, daqueles docentes e daquelas escolas que orientam seu trabalho em função das avaliações sistêmicas" (SANTOS; DINIZ-PEREIRA, 2016, p. 294).

Ainda fazendo referência ao delineamento das diretrizes, recentemente, ocorreu a promulgação da Resolução CNE/CP n.º 2, de 20 de dezembro de 2019, a qual define as Diretrizes Curriculares Nacionais para a Formação Inicial de Professores para a Educação Básica e institui a Base

Nacional Comum para a Formação Inicial de Professores da Educação Básica (BNC-Formação). Conforme declarado no art. 1º, parágrafo único, essas diretrizes "[...] têm como referência a implantação da Base Nacional Comum Curricular da Educação Básica (BNCC), instituída pelas Resoluções CNE/CP nº 2/2017 e CNE/CP nº 4/2018" (BRASIL, 2019, p. 1). O documento explicita, em sua introdução, que:

> As aprendizagens essenciais, previstas na BNCC – Educação Básica, a serem garantidas aos estudantes, para o alcance do seu pleno desenvolvimento, nos termos do art. 205 da Constituição Federal, reiterado pelo art. 2º da LDB, requerem o estabelecimento das pertinentes competências profissionais dos professores. (BRASIL, 2017, p. 1).

O artigo da Resolução demonstra que as demandas para a formação dos docentes propostas nesse documento caminham em consonância com a BNCC e o desenvolvimento de habilidades e competências profissionais. Para Aguiar e Dourado (2019, p. 35), "[...] a Base poderia se tornar o ponto nodal para uma ampla reforma da educação básica, o que abrangia a formalização e a articulação entre currículos escolares, a formação de professores, a gestão da educação e os processos avaliativos". Nessa lógica, é possível perceber que a formação de professores ganha relevância, em virtude de "[...] ser um elemento estratégico para materializar a pretendida reforma da educação básica, atendendo aos reclamos do mercado, que pugna pela formação do sujeito produtivo e disciplinado" (AGUIAR; DOURADO, 2019, p. 35).

Dando sequência à reflexão, por outro caminho analítico, Galian e Santos (2018, p. 166) sinalizam que "[...] o contexto político, econômico e social do país, marcado por uma crise institucional de grandes proporções" possibilitou novas repactuações que colocaram as decisões sobre as políticas curriculares nacionais em dois cenários possíveis: "um marcado pelos esforços em torno do amadurecimento de uma sociedade democrática e mais justa" e outro "que caracteriza uma nova ordem" que se impõe hoje, a qual pressupõe a reprodução de desigualdades sociais, concentração de renda, privilégios e exclusão. Nessa tônica, em um processo fragmentado, aligeirado e com insuficiência de discussão, foi elaborada a BNCC e, na sequência, a BNC-Formação.

Ao analisar os documentos e o contexto de disputa e interesses que levaram à elaboração da BNCC, Galian e Santos (2018, p. 172-173) mostram, ainda, que o deslocamento da dimensão do conhecimento para o desenvolvimento de competências demonstra o interesse em "[...] uma escola que tem como principal função ajudar a reunir ferramentas para enfrentar o mundo como ele é". Desse modo, o desenvolvimento dessas ferramentas seria feito por meio de "referidas habilidades" que visam inserir os estudantes nesse "mundo real", o que repercute num reposicionamento daquilo que os professores precisam ensinar e, por consequência, ressoa em sua formação. Se antes a sociedade preocupava-se com "uma formação para a vida toda", que estende suas "raízes em profundidade" e que precisaria de esforços, tempo e recursos diversos; atualmente, tem-se "uma educação para a mudança – para se adequar a ela, para tomá-la como 'natural', nunca para questionar suas bases e consequências".

Nesse viés, verifica-se a sinalização das finalidades da educação voltadas para "[...] um papel de adaptação dos sujeitos a uma ordem, a demandas – tomadas como inexoráveis – de uma sociedade marcada pelo ritmo da velocidade promovida pelos avanços das tecnologias da informação, pela competitividade e necessidade de sucesso na vida" (GALIAN; SANTOS, 2018, p. 182). Em consequência, ao levar em conta somente as demandas imediatas, sem qualquer indagação sobre outras viabilidades de trajetórias, "[...] delineia-se um conjunto de competências que, supõe-se, uma vez realizadas, farão triunfar a sociedade e os indivíduos" (GALIAN; SANTOS, 2018, p. 183).

Galian e Santos (2018, p. 184) ponderam que os textos contemporâneos, como a BNCC, determinam que ao professor "[...] caberia essencialmente o papel de agente criador das condições para que a qualidade da educação seja alcançada", e a qualidade "[...] se materializa no cumprimento dos direitos da aprendizagem e desenvolvimento, delineados na BNCC". Em vista disso, visualizo em diálogo com os autores que "[...] o estudo da BNCC deverá assumir um papel de destaque na formação inicial e continuada de professores".

Nesse sentido, entre os aspectos explicitados pelas novas diretrizes, está prevista no art. 10 a carga horária total de, no mínimo, 3.200 horas para todos os cursos superiores de licenciatura destinados à formação inicial de professores para a educação básica, os quais "[...] devem considerar o desenvolvimento das competências profissionais explicitadas na BNC-Formação, instituída nos termos do capítulo I desta Resolução" (BRASIL, 2019, p. 5). A carga horária, conforme prevê o art. 11, deverá ser distribuída em três grupos: o Grupo I, com 800 horas, compreende a base comum, com conhecimentos científicos, educacionais e pedagógicos; o Grupo II, com 1.600 horas, deve ser destinado aos conteúdos específicos das áreas, componentes, unidades temáticas e ***objetos de conhecimento da BNCC***; e o Grupo III, com enfoque na prática, deve ter, pelo menos, 400 horas de estágio supervisionado em situação real de trabalho na escola e 400 horas de práticas nos componentes curriculares dos dois grupos anteriores (BRASIL, 2019, p. 5, grifos meus).

Como pode ser observado já no primeiro capítulo, no artigo 3º da resolução mencionada, são apresentadas as competências gerais docentes que serão requeridas ao licenciado, que têm como base os mesmos princípios das competências gerais estabelecidas pela BNCC. O artigo menciona que "[...] as competências gerais docentes, bem como as competências específicas e as habilidades correspondentes a elas, indicadas no Anexo que integra esta Resolução, compõem a BNC-Formação" (BRASIL, 2019, p. 2).

À vista disso, a BNC-Formação, como salientado, estabelece dez competências gerais e 12 competências específicas, essas últimas agrupadas em três dimensões. Conforme declara o artigo 4º, essas competências "[...] se referem a três dimensões fundamentais, as quais, de modo interdependente e sem hierarquia, se integram e se complementam na ação docente. São elas: I - conhecimento profissional; II - prática profissional; e III - engajamento profissional" (BRASIL, 2019, p. 2). Tal organização pode ser acompanhada no quadro a seguir.

Quadro 1 – Competências específicas apresentadas na BNC-Formação

COMPETÊNCIAS ESPECÍFICAS		
1. CONHECIMENTO PROFISSIONAL	2. PRÁTICA PROFISSIONAL	3. ENGAJAMENTO PROFISSIONAL
1.1 Dominar os objetos de conhecimento e saber como ensiná-los	2.1 Planejar as ações de ensino que resultem em efetivas aprendizagens	3.1 Comprometer-se com o próprio desenvolvimento profissional
1.2 Demonstrar conhecimento sobre os estudantes e como eles aprendem	2.2 Criar e saber gerir ambientes de aprendizagem	3.2 Comprometer-se com a aprendizagem dos estudantes e colocar em prática o princípio de que todos são capazes de aprender
1.3 Reconhecer os contextos	2.3 Avaliar o desenvolvimento do educando, a aprendizagem e o ensino	3.3 Participar do Projeto Pedagógico da escola e da construção dos valores democráticos

| 1.4 Conhecer a estrutura e a governança dos sistemas educacionais | 2.4 Conduzir as práticas pedagógicas dos objetos de conhecimento, competências e habilidades | 3.4 Engajar-se, profissionalmente, com as famílias e com a comunidade |

Fonte: Brasil (2019)

Dessa maneira, a partir do balizamento das competências específicas, seguem as descrições detalhadas de habilidades em cada uma delas no anexo dessa Resolução nos seus três últimos quadros. Cabe destacar aqui a emergência do conceito de competência, que não é compreendido como novidade, mas um dispositivo que repercute na prática que se desenvolve socialmente e que ressoa nas políticas curriculares de formação de professores. Esse conceito está engendrado à lógica do neoliberalismo, que produziu uma "nova razão do mundo" (DARDOT; LAVAL, 2016, p. 16), a qual se tornou uma racionalidade.

Importa também relembrar que o conceito de competência tem múltiplos sentidos, o que é reconhecido pelos autores que estudam essa temática (PERRENOUD, 2000; RIOS, 2006; LAVAL, 2019). Conforme Rios (2006, p. 67), o conceito é utilizado para designar "capacidade, saber, habilidade, conjunto de habilidades, especificidade". Contudo, para além da sua significação, vale olhar as implicações de sua utilização na prática que se desenvolve socialmente. O que coloco em evidência é que a concepção no contexto atual está sendo definida considerando a demanda mercadológica. Entendo que levar em conta uma demanda tem relevância, pois é necessário ter em vista o contexto em que a formação e a prática profissional se constituem. No entanto, "[...] arriscado é confundir a demanda imediata, mercadológica, com a demanda social, que expressa as necessidades concretas dos membros de uma comunidade" (RIOS, 2006, p. 83).

Nesse âmbito, entendo que a inserção da linguagem empresarial e economicista, sustentada por uma racionalidade neoliberal, desencadeia repercussões à formação de professores e às políticas educacionais e curriculares. A presença marcada nesses documentos acerca do desenvolvimento de competências se insere em um contexto em que, segundo Laval (2019, p. 77), "[...] a noção de competência está na base dos discursos que constroem as relações de força entre os grupos sociais". Para tanto, a competência tem conexão estreita com a exigência da eficiência e flexibilidade que a "sociedade da informação" impõe aos trabalhadores.

No contexto de uma racionalidade neoliberal (DARDOT; LAVAL, 2016), termos como flexibilidade e eficiência fazem parte de uma lógica economicista que opera na produção das subjetividades e, por consequência, nos processos de formulação de políticas curriculares, inclusive as orientadoras da formação de professores. Nessa mesma direção, Laval (2019, p. 78) elucida que, "[...] definida como característica individual, a categoria *competência* faz parte da estratégia de individualização das novas políticas de gestão dos recursos humanos". Na perspectiva de processos individualizantes, o desenvolvimento de competências profissionais conduz os indivíduos a processos de responsabilização que os levam a comportar-se como uma empresa, em que buscam, cada vez mais, capacitarem-se para estarem em condições de sobreviver nesse sistema individualizante e competitivo (DARDOT; LAVAL, 2016). Nas palavras dos autores:

> O neoliberalismo define certa norma de vida nas sociedades ocidentais e, para além dela, em todas as sociedades que as seguem no caminho da "modernidade". Essa norma impõe a cada um de nós que vivamos num universo de competição generalizada, intima os assalariados e as populações a entrar em luta econômica uns com os outros, ordena as relações sociais segundo o modelo do mercado, obriga a justificar desigualdades cada vez mais profundas, muda até o indivíduo, que é instado a conceber a si mesmo e a comportar-se como uma empresa. (DARDOT; LAVAL, 2016, p. 16).

Mediante esses argumentos, considero a compreensão da constituição de um sujeito "[...] especialista de si mesmo, empregador de si mesmo, inventor de si mesmo, empreendedor de si mesmo" (DARDOT; LAVAL, 2016, p. 331), racionalidade que leva o indivíduo a agir sobre si mesmo para fortalecer-se e conseguir sobreviver nesse sistema competitivo.

Dessa forma, entendo que, assim como em outras profissões, também na docência é importante assegurar que as pessoas que a exercem (os professores) possuam competência profissional, no sentido de *saber fazer bem* (RIOS, 2006), com vistas à concepção de qualidade de educação que abrange as dimensões técnica, ética, política e estética. Todavia, ao considerar que, "[...] desde o início do século, percebe-se um sentimento de insatisfação acentuado por políticas de desprofissionalização, de ataque às instituições universitárias de formação docente e de privatização da educação" (NÓVOA, 2017, p. 1109), visualizo a pertinência da reflexão sobre a formação que está sendo oferecida aos futuros educadores para compreender tanto os pressupostos que estão sendo utilizados para viabilizar ou não a competência almejada quanto a concepção de competência vigente nesse processo.

Nesse cenário, Santos (2019, s/p) contribui para o aprofundamento da reflexão, uma vez que, em entrevista ao site jornalístico *Trem das Letras*, salienta que a BNC-Formação, ao ser elaborada sob uma perspectiva que atende à lógica economicista, a qual vem engendrada por uma racionalidade neoliberal, sustenta a ideia de que professores "bem formados" — mediante as competências estabelecidas nessas políticas — resolveriam as mazelas da educação. Conforme explica a autora:

> O documento defende equivocadamente a ideia de que os professores são os principais responsáveis pelo desempenho dos estudantes, deixando para trás décadas de estudos da sociologia da educação que mostram que os resultados escolares estão relacionados, primeiramente e mais fortemente, às condições sociocultural e econômica das famílias dos estudantes. Deste modo, este documento parte de uma premissa enganosa de que professores bem formados resolveriam os problemas da educação. (SANTOS, 2019, s/p).

Partindo desses aspectos, a BNC-Formação pondera que a reformulação dos currículos dos cursos de formação de professores reverberaria na formação de professores "bem-preparados". Para a pesquisadora, ocorre um duplo equívoco nessa concepção, pois:

> [...] parte do pressuposto de que todos os cursos mudariam seus currículos de acordo com essa proposta, ignorando as tradições e experiências acumuladas por cada instituição e as diferentes transformações e mudanças que sofre um texto quando interpretado e adaptado à realidade local. O outro equívoco é pensar que teremos professores bem preparados sem alterações nas condições de trabalho e na valorização salarial e social do magistério. Se apenas cerca de 2,4% dos jovens de 15 anos têm interesse pelo magistério, como trazer para as licenciaturas alunos que apresentem bom desempenho escolar? Sem mudanças salariais e de carreira o magistério continuará abrigando um grande número de alunos que não conseguiram ingressar em carreiras de maior prestígio. (SANTOS, 2019, s/p).

Desse modo, a visão de que os professores são os principais responsáveis pela qualidade de ensino tem sido divulgada pelos principais organismos internacionais que preconizam reformas educacionais de caráter neoliberal e adotam práticas de responsabilização e prestação de contas. Face ao exposto, torna-se relevante a reflexão mais aproximada dos dilemas e complexidades desvelados pelas reformas educacionais em âmbitos internacionais que repercutem nas políticas educacionais brasileiras e na política curricular para a formação docente na contemporaneidade. Para tal, na próxima seção, amplio o diagnóstico do presente, tomando como ponto de partida a política de formação de professores para a educação básica em vigência atualmente, a BNC-Formação.

1.3 As reformas na educação e a repercussão na formação docente: ampliando o diagnóstico do presente

> A contemporaneidade diz respeito ao tempo presente, sobretudo ao modo como cada sujeito, vivendo em sociedade, é capaz de olhar para o futuro a partir de um tempo passado, que não pode ser jamais uma forma de nostalgia de tentar construir o que se faz em termos de educação e formação, pois o futuro é o presente feito utopia. (PACHECO, J. A., 2019, p. 69).

As transformações sociais, econômicas e culturais que se desenvolvem em todo o mundo colocam novas questões para a escola e, por consequência, para os professores, que se veem diante da tarefa de estabelecer novos parâmetros e práticas, delineados pelas necessidades que o contexto atual impõe. Essas mudanças, decorrentes da lógica neoliberal, ao estabelecer sua versão de modernização econômica e social, desestabilizam a profissão docente "[...] não apenas pelas exigências crescentes dos pais e da opinião pública, mas também na sua posição profissional, na sua posição diante dos alunos e nas suas práticas" (CHARLOT, 2013, p. 99).

Para Charlot (2013), as mudanças decorrentes da lógica neoliberal podem ser resumidas da seguinte forma. Inicialmente, tornam-se predominantes as exigências de eficácia, de qualidade da ação e da produção social. Por consequência, a ideologia neoliberal impõe a ideia de que a "Lei do mercado" é o melhor meio, e até o único, para se alcançar tais demandas. Em decorrência disso, aumentam as privatizações, inclusive as do ensino, e, de modo geral, a esfera na qual o Estado atua diretamente se reduz. Nessa perspectiva, ao analisar a influência da lógica neoliberal no plano educacional, Libâneo (2009) corrobora que "[...] a educação deixa de ser um direito e transforma-se em serviço, em mercadoria, ao mesmo tempo que se acentua o dualismo educacional: diferentes qualidades de educação para ricos e pobres" (p. 18).

Face à complexidade da conjuntura do final do século XX e início do século XXI, registrada pelas ideologias neoliberais e posições conservadoras, ocorre o deslocamento na orientação dos sistemas educacionais, no sentido de "[...] fazer valer o mercado como eixo das definições políticas nesse campo" (CUNHA, 2016, p. 4). Como influência dessa condição, os imperativos das políticas econômicas foram se sobrepondo aos pressupostos que orientaram as políticas educativas,

> [...] envolvendo a reorganização e centralização dos currículos, a avaliação dos sistemas educativos, a redução dos custos e, particularmente, a proposição de uma subjetividade construída sobre uma nova retórica, que assume o mercado como referência da gestão educacional (CUNHA, 2016, p. 4).

Sob outra perspectiva, Sennett (2018) sinaliza o início de uma "cultura do novo capitalismo" marcada por processos de subjetivação, ligados à flexibilidade, ao curto prazo e à multirreferencialidade. Esse cenário é caracterizado pela meritocracia, a qual secundariza os processos de trabalho e educação caracterizados pela perícia e, paralelamente, vislumbra um contexto marcado pela volatilidade e pela flexibilidade. Sob esses aspectos, o autor argumenta que uma das principais ameaças à subjetividade e às condições de trabalho dos sujeitos refere-se ao "fantasma da inutilidade", o qual interfere no engendramento de uma nova gramática formativa e dá outro sentido para a capacitação. Esse conceito passou a ser definido como "[...] a capacidade de fazer algo novo, em vez de depender do que já se havia aprendido" (SENNETT, 2018, p. 93-94). Combinadas, essas condições propiciam o surgimento de um novo imperativo pedagógico: "[...] capacitar-se a todo momento para um mundo produtivo, em permanente mudança" (SILVA, 2015, p. 35).

Ao apresentarem reflexões sobre o cenário contemporâneo, o qual é permeado pela cultura do novo capitalismo, Dardot e Laval (2016, p. 16) sinalizam que o neoliberalismo produziu uma "nova razão do mundo", a qual se tornou uma racionalidade que direciona, orienta e, muitas vezes, determina as formas de viver, pois "[...] o neoliberalismo não destrói apenas regras, instituições, direitos. Ele também produz certos tipos de relações sociais, certas maneiras de viver, certas subjetividades". Nessa lógica, a racionalidade neoliberal influencia a produção de políticas de currículo, as demandas da formação de professores e a busca pela padronização do que deve ser ensinado e aprendido nas escolas. Para além disso, estimula uma lógica de financeirização da vida[2], pautada nos objetivos da competição, da eficiência e da produtividade (LAVAL, 2019). Conforme o autor:

> As reformas impostas à educação serão cada vez mais guiadas pela preocupação com a competição econômica entre os sistemas sociais e educativos e pela adequação às condições sociais e subjetivas da mobilização econômica geral. O objetivo das "reformas orientadas para a competitividade" (*competitiveness-driven reforms*) é, portanto, melhorar a produtividade econômica ao melhorar a "qualidade do trabalho". A padronização de objetivos e controles, a descentralização, a mutação da "gestão educacional" e a formação de professores são reformas "focadas na produtividade" (*productivity-centred*). (LAVAL, 2019, p. 37).

Nesse deslocamento para o viés economicista, de fato, há que se referir que nesse século as reformas educacionais propostas — a partir da avaliação das instituições e da ideia de qualidade associada a essa avaliação — têm constituído uma marca dos discursos políticos nacionais e internacionais. Desse modo, esses discursos vão se inserindo em considerável proporção na educação escolar e na vida das organizações educacionais "a pressão para a concretização da qualidade almejada" (LEITE, 2014, p. 18), o que suscita a percepção de que a atenção aos resultados e à consequência da valorização dos testes não se engendra apenas numa perspectiva pragmática de olhar para a educação e para o trabalho docente, mas também avança como uma espécie de neblina sobre as escolas e os professores,

> [...] tornando o presente ainda mais sombrio, com o reforço de uma perspectiva pragmática, ou seja, utilitária e orientada para o mercado, que pretende fazer do conhecimento um valor que é sujeito a regras de competição e técnica de mensuração que o tornam, pretensamente, mais objetivo, na esperança de uma quantificação que os especialistas da avaliação dizem ser uma miragem acadêmica, já que a avaliação pressupõe o reconhecimento da subjetividade. (PACHECO, J. A., 2019, p. 9).

---

[2] Conforme Silva, Silva e Vasques (2018), a financeirização da vida representa modos pelos quais a vida é regulada por meio de novas formas de governança. As novas relações com o dinheiro, os contratos de trabalho mais precários, o endividamento como modo de vida ou criação de um imaginário individualista são alguns aspectos desencadeados por essa regulação. Assim, a forma contemporânea do *homo economicus* "[...] estaria muito próxima à figura do 'homem endividado', comprometido permanentemente em investir em sua vida, capitalizando-se de maneira que se torne mais competitivo" (SILVA; SILVA; VASQUES, 2018, p. 10).

O contexto da globalização, ao intensificar as relações sociais que interligam realidades de forma que acontecimentos locais são também influenciados por outros que ocorrem em lugares distantes, exerce impacto sobre as reformas curriculares, a formação de professores e a gestão dos sistemas escolares. À vista disso, "[...] redunda numa crescente interdependência globalizada a nível econômico, político e sociocultural" (CUNHA, 2016, p. 4). Convergente nesse aspecto, Zeichner (2019) salienta que, nas últimas duas décadas, a docência, os professores e sua formação estiveram no centro das políticas educacionais em todo o mundo, e uma das principais conclusões apresentadas nas pesquisas internacionais sobre esse assunto revela que:

> O poder sobre a educação passou de um nível nacional para um nível mais global em razão da crescente influência de instituição como o Banco Mundial e a Organização para a Cooperação e Desenvolvimento Econômico (OCDE), de empresas internacionais de consultoria, como a McKinsey & Company e o grupo Boston Consulting e de uma filantropia individual e corporativa. (ZEICHNER, 2019, p. 11).

Nesse enfoque, as tendências gerais de reformas, mediante formulação de políticas educacionais afetam as políticas docentes e as práticas dos professores em vários lugares/países do mundo. As tensões entre políticas globais e contextos locais se multiplicam. Sendo possível apreender a partir da sinalização de Pacheco e Pestana (2014, p. 25), que, no processo "global de governação, de que o neoliberalismo é o sistema fundador", as reformas educativas convertem-se em "[...] reformas viajantes, sendo mais caracterizadas pelos aspetos que as unificam e tornam semelhantes do que pelos aspetos que as diferenciam".

Avançando na composição do presente estudo, importa salientar que Sahlberg (2018, p. 198), ao tratar da influência da globalização no processo de reforma educacional, aponta um paradoxo cultural que unifica e diversifica simultaneamente as pessoas e a cultura. Para o autor, por um lado, a influência da globalização "[...] unifica as políticas educacionais nacionais ao integrá-las a tendências mundiais mais amplas"; ou seja, considerando as semelhanças dos desafios nos sistemas educacionais, as agendas de soluções e de reformas educacionais também estão se tornando similares. Por outro lado, "[...] como resultado da comparação internacional dos sistemas educacionais e do aproveitamento dos estudantes por meio de indicadores comuns, as características diferenciais dos distintos sistemas educacionais estão se tornando mais visíveis."

As reformas educacionais em prática, imbricadas a "[...] uma cultura de avaliação, de prestação de contas e de responsabilização, tem como sustentáculo a estandardização dos resultados de aprendizagem" (PACHECO; PESTANA, 2014, p. 25). Esse processo, no qual impera a lógica dos testes, implica uma mudança no trabalho docente e na forma como a aprendizagem é considerada no campo das decisões curriculares. Nesse sentido, para desenvolver a melhoria da qualidade e do acesso à educação, os governos utilizam modelos de gerenciamento do mundo corporativo como "[...] concorrência entre as escolas, padronização do ensino e da aprendizagem, prestação de contas punitiva baseada em testes, pagamento pelo desempenho precariamente avaliado e tomadas de decisões orientadas por dados" (SAHLBERG, 2018, p. 201). Esse movimento internacional de mudança na educação é nomeado por Sahlberg (2018) como Global Educational Reform Movement (GERM) – Movimento Global da Reforma Educacional.

A disseminação do GERM surgiu sob uma vertente concreta da globalização na educação a partir do crescimento da troca internacional de informações políticas e práticas educacionais. Para o autor, esse "[...] não é um programa de política mundial formal, mas sim uma agenda educacional não oficial com base em um determinado conjunto de ideias para melhorar os sistemas educacionais" (SAHLBERG, 2018, p. 201) que se dissemina sob a inspiração de três fontes primárias. A primeira fonte se refere ao paradigma da aprendizagem que se tornou dominante nos anos 1980. Sob essa perspectiva, ocorre o deslocamento do foco das reformas educacionais do ensino para a aprendizagem. Entretanto, paralelamente, a "[...] necessidade de proficiência em Letramento e Numeramento também se tornou um alvo primário das reformas educacionais" (SAHLBERG, 2018, p. 202).

A segunda inspiração se dá perante a demanda do público por garantia de uma aprendizagem para todos os alunos. Conforme o autor, "[...] a campanha mundial chamada Educação para Todos influenciou a mudança do foco da política na educação do ensino de alguns para a aprendizagem para todos" (SAHLBERG, 2018, p. 202). Esse movimento repercutiu no aumento das expectativas por parte dos estudantes por meio das grades curriculares nacionais e os programas comuns. Quanto à terceira fonte de inspiração, trata-se do movimento de concorrência e de prestação de contas na educação que acompanhou a onda mundial de descentralização dos serviços públicos. Ao instigar a competição das escolas e dos professores por estudantes e recursos e, por consequência, responsabilizá-los pelos resultados, isto é, pela pontuação dos estudantes nos testes, "[...] esse movimento levou à introdução de padrões de educação, indicadores e comparativos de ensino e aprendizagem, avaliação e testes alinhados e currículo predefinido" (SAHLBERG, 2018, p. 203). Por consequência, a educação passa a ser considerada uma "commodity", ou seja, serviço ou mercadoria produzida em massa, sendo que a eficiência da realização do serviço determina o desempenho.

A partir dessas três fontes, Sahlberg (2018) destaca que ao menos cinco características comuns são mobilizadas mundialmente pelas políticas educacionais e pelos princípios de reforma que são instituídos na busca pela melhoria da qualidade na educação, prioritariamente no que corresponde ao aumento do aproveitamento escolar. A primeira característica é o aumento da concorrência entre as escolas. Nesse aspecto, a ideia básica é que a concorrência opera como "[...] mecanismo de mercado que eventualmente aumentará a qualidade, a produtividade e a eficiência" (SAHLBERG, 2018, p. 209). A segunda é a padronização na educação, a qual parte da perspectiva que todos os estudantes precisariam ser educados para alcançar as mesmas metas de aprendizagem. Essa compreensão desencadeou a ênfase em currículos prescritos para atingir objetivos de aprendizagem predeterminados e a homogeneização das políticas curriculares. A terceira característica se refere ao foco nas disciplinas essenciais no currículo, com a centralização em Leitura, Escrita, Matemática e Ciências Naturais em detrimento de outras disciplinas. A quarta característica comum do GERM trata-se da prestação de contas (*accountability*) baseada em testes, que responsabiliza os professores e as escolas pelo aproveitamento dos estudantes mediante os testes externos padronizados. A quinta destacada como uma observação mundial na reforma educacional é a escolha ou a opção de escola. Esse processo coloca os pais em posição de consumidores, levando-os a selecionar escolas para seus filhos a partir de várias opções, promovendo uma concorrência no sistema público semelhante à dinâmica do mercado. Para além disso, entende-se, nesse aspecto, a sinalização de uma via para a desregulamentação e a privatização tanto da escolarização quanto da formação de professores em vários países.

Entretanto, o autor adverte que, quando as escolas competem umas com as outras, elas cooperam menos. Afirma que, de acordo com dados da Organização para a Cooperação e Desenvolvimento Econômico – OCDE

(2012), os países que optaram pela escolha de escola perceberam um declínio nos resultados acadêmicos de aprendizagem e um aumento na segregação escolar. Além disso, tomando por base os dados do Programa Internacional de Avaliação de Estudantes – PISA (2012), observa que os sistemas educacionais que possibilitaram às escolas autonomia sobre seu currículo e avalições escolares, geralmente, apresentam melhor desempenho do que aquelas que não têm. Assim, sinaliza que na Finlândia nenhum dos elementos do GERM, apresentados anteriormente, foi assumido no processo de adoção das políticas educacionais como em muitos outros países. Mesmo assim, esse fato não impediu que não ocorresse "[...] padronização educacional, aprendizado das habilidades básicas ou prestações de contas nas escolas finlandesas, nem sugere que haja uma distinção clara entre cada um desses elementos na Finlândia em comparação com outros países" (SAHLBERG, 2018, p. 208). Contudo, essa é uma senda que instiga a possibilidade de visibilizar a construção de um bom sistema educacional que possa ser construído "[...] utilizando políticas alternativas que sejam o oposto daquelas comumente encontradas e promovidas em mercados globais de política educacional" (SAHLBERG, 2018, p. 208).

Portanto, o diálogo com Sahlberg (2018) esclarece que, ao optar por uma via diferente e contrária ao modelo proposto pelo GERM, a mudança educacional finlandesa apresenta características distintas desse, como "a alta confiança nos professores e nos diretores" no que se refere a currículo, avaliação, organização do ensino e avaliação do trabalho da escola, assim como o incentivo aos professores e estudantes a construir na escola um espaço "criativo e inspirador para ensinar e aprender". E, ainda, que o processo de ensino objetiva "[...] cultivar a renovação ao mesmo tempo em que respeita os legados pedagógicos das escolas". Nessa perspectiva, as políticas educacionais daquele país apresentam-se como o resultado do desenvolvimento sistemático e intencional de três décadas, o qual buscou construir uma "[...] cultura de diversidade, confiança e respeito na sociedade em geral e no sistema educacional em particular" (SAHLBERG, 2018, p. 214).

No que tange a tais ponderações, considero que o movimento global de reforma educacional repercutiu em relevantes consequências no trabalho dos professores e na aprendizagem dos estudantes nas escolas onde o movimento foi utilizado como principal fator de mudança, e um dos impactos mais notável é a padronização dos processos educacionais e pedagógicos. Nesse sentido, é possível compreender a forma como os discursos sobre qualidade da educação, boa docência e escola eficaz se propagam pelo mundo como dominantes que retroalimentam a lógica neoliberal mercadológica da competição e da meritocracia. Ademais, as críticas aos sistemas educacionais dos países da América do Sul e, em especial, do Brasil pelo desempenho nas provas do PISA com "[...] resultados bem abaixo dos parâmetros de rendimento dos estudantes pertencentes aos países-membros da OCDE, têm contribuído para aumentar a desconfiança da sociedade em relação às escolas e seus docentes" (OLIVEIRA, 2020, p. 98).

Ainda que tenham origens distintas, essas políticas convergem para aspectos que contribuem para a "desprofissionalização do professorado" (NÓVOA, 2017, p. 1109). Ao ser colocado em evidência o desempenho dos alunos e dos professores, tem-se o deslocamento da atenção do processo educacional para os resultados, "[...] transformando a aprendizagem em processos regulados pelos conteúdos das metas curriculares" (PACHECO; PESTANA, 2014, p. 27). A perspectiva que coloca em primeiro plano os resultados colabora para a desqualificação e precarização do trabalho docente vem

> [...] embaratecendo a profissão e fazendo crer que os testes são o principal motor das reformas a empreender e que o professor apenas precisa de ser formado no domínio dos conteúdos a ensinar e nas técnicas de ensino, pretendendo-se que sejam ignoradas as condições psicológicas e filosóficas do aprendente, a base sociológica da escola e o contexto histórico da construção do currículo nos seus diferentes contextos e níveis de decisão. (PACHECO; PESTANA, 2014, p. 26-27).

Nesse contexto, mais uma vez, junto a Santos (2017, p. 16), entendo que "[...] essa nova moeda de julgamento da educação oferece um campo de comparação, em que o valor das instituições e dos profissionais é dado somente em termos de sua produtividade, de sua performance". A boa prática que caracteriza o profissionalismo docente vai sendo substituída pela performatividade, pois "[...] a ideia de realizar um bom trabalho, dentro daquilo que é considerado uma boa prática, de acordo com o julgamento profissional, é substituída pela busca de resultados mensuráveis" (SANTOS, 2017, p. 17).

Seguindo essa direção, ao realizar estudo sobre o papel da performatividade na mudança da prática profissional e das subjetividades do professor na educação, Ball esclarece que a performatividade "[...] é uma tecnologia, uma cultura e um modo de regulação que emprega avaliações, comparações e demonstrações como meio de controle, desgaste e mudança" (2012, p. 37). À vista disso, as tecnologias políticas da reforma da educação não se constituem apenas como "[...] veículos para a mudança técnica e estrutural das organizações", mas também mecanismos para "reformar" professores e para mudar o que significa ser professor. A reforma "[...] não muda apenas o que nós fazemos, muda também quem nós somos" (BALL, 2002, p. 3). Esse autor, assim como Pacheco e Pestana (2014) e Santos (2004, 2017), sinaliza que as reformas trazem consequências na prática do ensino e na "alma do professor — na vida em sala de aula", uma vez que sentidos de "[...] conduta diversos e específicos são reformulados e o lócus de controle sobre a seleção de pedagogias e currículos é deslocado. A prática em sala de aula é cada vez mais composta de respostas às novas exigências externas" (BALL, 2012, p. 40). Por esse viés, os professores são considerados "técnicos pedagógicos" (BALL, 2012), inclusive sendo esse um dos aspectos tratados por Charlot (2013) como ponto de tensão e contradição arraigado ao ato de ensino e de aprendizagem na sociedade contemporânea, o qual caracteriza o docente como "um profissional da contradição".

Sob essa lógica, nem sempre está claro o que se espera desse profissional, que trabalha numa "[...] frustrante sucessão de números, indicadores de desempenho, comparações e competições, de tal maneira que a satisfação da estabilidade é cada vez mais ilusória, os fins são contraditórios, as motivações indistintas e o valor próprio incerto" (BALL, 2002, p. 10). Nessas circunstâncias, o princípio da incerteza se instala, viabilizando "uma insegurança ontológica" externada em questionamentos como: "Estamos a fazer o suficiente? Estamos a fazer o que é certo? Como conseguiremos estar à altura?".

Entretanto, cabe ressaltar que o profissionalismo e a identidade docente são construções que não são caracterizadas como "unitárias e fixas" (BALL, 2012), uma vez que, "[...] apesar das ambições da reforma, a natureza de propósito, o compromisso e a definição de papéis variam e têm sempre variado entre os indivíduos e é situacionalmente dependente" (BALL, 2012, p. 40). Assim, configurações diferentes oferecem possibilidades e limites diferentes ao profissionalismo docente.

Moreira (2012) traz uma relevante contribuição para a reflexão sobre a difusão dessa cultura no âmbito educacional, contrapondo-se a ela com o fortalecimento do profissionalismo docente, construído mediante uma ação autônoma, competente e criativa dos educadores, aspectos que não são contemplados pelas práticas oriundas da cultura da performatividade. Seu posicionamento aponta que, "superando a descrença e com alguma dose de esperança" (p. 45), é possível que

> [...] uma "outra cultura" [possa] vir a insinuar-se, lentamente, no âmbito do trabalho e da formação docente no país. Denomino-a de cultura da autonomia e da confiança. Para que ela se instale, muitas são as iniciativas a serem tomadas[...]. Defendo-as para que outras (e imprevisíveis relações entre políticas e práticas curriculares venham a ser possíveis. (p. 45).

A reflexão de Moreira (2012) sintetiza minha posição — como a de muitos outros educadores na atualidade. Portanto, compreendendo que não se esgotariam as possibilidades de pensar a formação de professores, busco desenvolver esse exercício reflexivo tendo como base uma perspectiva crítica, mas que se atreve a utilizar a "esperança como recurso" (APPLE, 2017). Nessa acepção, a intenção é partir de um diagnóstico crítico do campo da formação de professores, "[...] não para o desmantelar, mas para nele buscar as forças de transformação. Estamos perante um momento crucial da história dos professores e da escola pública" (NÓVOA, 2017, p. 1111). Coadunando com as ideias desse pesquisador, para efetivar esse processo, é necessário "repensar, com coragem e ousadia, as nossas práticas. Se não o fizermos, estaremos a reforçar, nem que seja por inércia, tendências nefastas de desregulação e privatização" (NÓVOA, 2017, p. 1111).

Nesse ponto de vista, entendo a viabilidade de apostar nos processos, lutas e negociações que podem ser feitos na prática, de forma que as interpretações das políticas curriculares ganhem potencial para serem construídas e reconstruídas. Ademais, é possível considerar que as políticas podem ser personalizadas, sendo ativas na "construção e reconstrução de identidades profissionais de vários atores de políticas" (BALL; MAGUIRE; BRAUN, 2016, p. 10), tornando-se "atuadas", e não apenas implementadas. Como uma senda para a realidade educacional, compreendo, a partir da pesquisa de Ball, Maguire e Braun (2016, p. 18), que "a política também é sempre apenas parte do que os professores fazem. Há mais sobre o ensino e a vida escolar do que a política". Então, quiçá, por meio de mobilizações e espaços de resistência, se potencialize a autonomia docente e a coletividade da mesma maneira que a ampliação da capacidade de reflexão e crítica, que estão, contemporaneamente, no centro de ataques e ameaças constantes.

Diante do exposto, a busca pela construção da qualidade de ensino, com vistas à escola comprometida com a formação para a cidadania e constituída por profissionais dispostos a atuar na contramão dos processos hegemônicos de regulação, engendrados pelo neoliberalismo, conduz à reflexão sobre a formação de professores numa perspectiva que considere a complexidade desse processo e os desafios do exercício docente em seu cotidiano. Percebo, em diálogo com os autores supracitados, a relevância de assumir essa condição como base para o desenvolvimento profissional dos professores.

CAPÍTULO 2

A FORMAÇÃO DE PROFESSORES: CURRÍCULO E O PROFISSIONALISMO DOCENTE

De acordo com Moreira (2001, p. 2), as reflexões sobre currículo têm de contemplar os professores e suas práticas. Partindo desse pressuposto, a concepção de currículo concebida corresponde "[...] às experiências pedagógicas em que docentes e estudantes constroem e reconstroem conhecimentos". Nessa perspectiva,

> [...] se cabe aos docentes participação ativa no processo de planejar e desenvolver tais experiências, não ocorre desenvolvimento curricular se não ocorrer simultaneamente desenvolvimento do professor e, com ele, o aperfeiçoamento das práticas escolares. Logo, não se pode pensar currículo sem se pensar o professor e a sua formação. (MOREIRA, 2001, p. 2).

Instigada pela reflexão do autor, além de refletir sobre o processo histórico da formação de professores e as políticas curriculares que a constituem, acredito ser oportuno tratar da sua relação com a prática curricular, considerando os aspectos atinentes ao currículo, ao conhecimento e à construção de práticas educativas. Para esse propósito, mantenho como horizonte o olhar para a formação de professores como "a formação para o exercício de uma profissão" (NÓVOA, 2003, 2017).

À vista disso, pondero que a formação de professores se constitui mediante um processo permeado pela construção de conhecimentos, experiências de troca e compartilhamento de saberes. Nesse cenário, o currículo se manifesta e se engendra de modo crítico e efetivo no contexto das ações educativas que são tecidas pelas práticas curriculares sob "[...] as variadas formas de organização do conhecimento escolar que perfazem os procedimentos de planejamento, ação e avaliação pedagógica" (SILVA, 2020, p. 11). Desse modo, considero-o em sua dimensão prática, articulado às condições reais de desenvolvimento e em construção permanente pelos sujeitos/atores do currículo, protagonistas do processo educacional. A articulação e o tensionamento dos conceitos destacados balizarão as reflexões deste capítulo.

2.1 O currículo e suas concepções: reflexões balizadoras

Currículo é um conceito que tem sido apresentado, ao longo dos tempos, sob diversificadas acepções. Nesta seção, não pretendo esgotar o assunto, mas sinalizar as concepções que acolherei, priorizando autores, teóricos e pesquisadores envolvidos com a educação que, por tradições teóricas heterogêneas, me auxiliarão a partir de possibilidades de pistas críticas e criativas, nas reflexões e análises.

De acordo com Moreira (2001) e Moreira e Candau (2007), as diferentes concepções associadas à palavra currículo são derivadas pelos diversos "[...] modos de como a educação é concebida historicamente, bem como das influências teóricas que a afetam e se fazem hegemônicas em um dado momento" (MOREIRA; CANDAU, 2007, p. 17). Nesse sentido, diferentes aspectos socioeconômicos, políticos e culturais convergem para a compreensão do currículo como:

> a) Os conteúdos a serem ensinados e apreendidos;
> b) As experiências de aprendizagem escolares a serem vividas pelos alunos;
> c) Os planos pedagógicos elaborados por professores, escolas e sistemas educacionais;
> d) Os objetivos a serem alcançados por meio do processo de ensino;
> e) Os processos de avaliação que terminam por influir nos conteúdos e nos procedimentos selecionados nos diferentes graus da escolarização. (MOREIRA; CANDAU, 2007, p. 18).

Como essas concepções refletem múltiplos posicionamentos, compromissos e pontos de vista teóricos, não seria coerente qualificá-las como certas ou como erradas; contudo, a partir desses aspectos, é possível entender o currículo como "[...] as experiências escolares que se desdobram em torno do conhecimento, em meio a relações sociais, e que contribuem para a construção das identidades de nossos/as estudantes" (MOREIRA; CANDAU, 2007, p. 18). Para além disso, o currículo tem sido empregado para apontar "[...] efeitos alcançados na escola, que não estão explicitados nos planos e nas propostas, não sendo sempre, por isso, claramente percebidos pela comunidade escolar. Trata-se do chamado currículo oculto" (MOREIRA; CANDAU, 2007, p. 18).

Compreendendo o currículo como um balizador central para intermediar o que acontece na escola, independentemente da concepção adotada; não há dúvidas quanto à sua relevância no contexto escolar, visto que ele é o "[...] coração da escola, o espaço central em que todos atuamos, o que nos torna, nos diferentes níveis do processo educacional, responsáveis por sua elaboração" (MOREIRA; CANDAU, 2007, p. 18). Em virtude disso, o professor tem um papel fundamental no processo curricular, sendo "[...] um dos grandes artífices, queira ou não, da construção dos currículos que se materializam nas escolas e nas salas de aula" (MOREIRA; CANDAU, 2007, p. 19). Nessa direção, ao serem construídas "indagações sobre o currículo", é possível considerar decisões, tais como: o que, como, por que ensinar este ou aquele conhecimento, bem como o que e por que deve ser aprendido. O que esclarece Silva (2011), ao pontuar que:

> O currículo é sempre o resultado de uma seleção: de um universo mais amplo de conhecimentos e saberes seleciona-se aquela parte que vai construir, precisamente, o currículo. As teorias do currículo, tendo decidido quais conhecimentos devem ser selecionados buscam justificar por que "esses conhecimentos" e não "aqueles" devem ser selecionados. (p. 15).

Pacheco (2014, p. 7), de outra perspectiva, corrobora esse ponto de vista ao descrever o currículo "[...] como um projeto de formação, que traduz a organização, seleção e transformação do conhecimento em função de um dado espaço, de um determinado tempo e de acordo com propósitos educacionais". Nesse viés, "[...] o conhecimento é o que define o currículo e faz com que a educação e a formação sejam perspectivadas como projetos que ultrapassam a mera instrução" (PACHECO, 2014, p. 9). À vista disso, o autor salienta que "[...] não se poderá analisar conceptualmente os projetos de educação e formação sem ter em conta o conhecimento que cada um tende a promover ao nível das práticas de aprendizagem" (PACHECO, 2014, p. 79).

O currículo, apesar das diferentes perspectivas, se constitui mediante práticas educativas que resultam da interação e confluência de várias estruturas: políticas, administrativas, econômicas, culturais, sociais, escolares, entre outras, as quais tem em seu âmago interesses específicos e responsabilidades compartilhadas (PACHECO, 1996, 2006, 2014). Nessa lógica, as práticas curriculares "[...] são dominadas por uma configuração estável no tempo e no espaço, pois as suas formas de legitimação e transmissão baseiam-se na instrumentação do saber através da convergência e de um padrão estável de procedimentos" (PACHECO, 2014, p. 78). Todavia, em virtude de tais configurações serem construídas mediante participação de vários atores, distanciam-se da uniformidade. O pesquisador explica que:

> As práticas curriculares dependem, de uma forma substantiva, da organização do conhecimento, primeiramente determinado pelo Estado em termos da balizagem (geralmente, em níveis e ciclos) e da periodização dos percursos escolares (em anos de escolaridade). É o conhecimento, por assim dizer, que traduz, por um lado, o que o currículo é em todos os seus processos e práticas de concepção, realização e avaliação, e, por outro, o modo como podem ser analisadas as teorias curriculares. (PACHECO, 2014, p. 78).

Com isso, entendo que a escola é estruturada por lógicas consistentes que necessitam ser compreendidas, e algumas delas reestruturadas, para que o currículo se constitua num projeto de formação "[...] criticamente construído, com identidades próprias e com compromissos democraticamente assumidos" (PACHECO, 2006, p. 258). Por essa razão, trago para o diálogo as reflexões de Ponce (2018), a qual elucida, mediante uma compreensão crítica, que o currículo possui "caráter de inacabamento", o que lhe atribui espaço "de liberdade e possibilidade". De acordo com a autora:

> Currículo é uma prática social pedagógica que se manifesta sempre em dois aspectos indissociáveis: como ordenamento sistêmico formal e como vivência subjetiva e social. Só é possível considerá-lo na síntese desses dois aspectos. Trata-se de uma prática social complexa que envolve construção histórica-social; disputas ideológicas, espaços de poder; escolhas culturais; e exercício de identidades. (PONCE, 2018, p. 793).

No que se refere ao ordenamento sistêmico formal, o currículo consiste em três elementos balizadores também considerados indissociáveis: "[...] o repertório de conhecimentos sistematizados e validados histórica e socialmente; as políticas públicas e a legislação; e as características histórico-culturais da instituição que o realiza" (PONCE, 2018, p. 793). Já quanto à vivência subjetiva e social, essa é entendida como percurso de formação; nela o currículo não apresenta neutralidade, uma vez que expressa "um projeto de sociedade, de ser humano, de cultura". Assim, distintos projetos de sociedade implicam, e resultam em, formações diferentes: "[...] formar para a democracia, para o respeito ao outro, é totalmente diverso de formar para a meritocracia, para a competitividade" (PONCE, 2018, p. 794).

Entre os aspectos indissociáveis que engendram o currículo, há de se considerar a relevância dos sujeitos, assim como "[...] todo o processo de cuidados com esses sujeitos é fundamental no desenvolvimento curricular. Desde as condições de trabalho dos professores e gestores, sua formação, até a qualidade de vida das crianças, dos adolescentes e dos jovens" (PONCE, 2018, p. 794). Destacam-se, mas não exclusivamente, os sujeitos que estão diretamente envolvidos com a prática curricular pela notoriedade que possuem no currículo em ação: os professores e os alunos e, concomitantemente, os gestores das escolas. Nesse ponto de vista, considerando que não existam tais condições, o primeiro propósito é dar "[...] possibilidades no próprio currículo escolar de que esses sujeitos imediatos se tornem conscientes de que essas condições são direitos inalienáveis de todos e de cada um, portanto deles próprios" (PONCE, 2018, p. 795). Dessa forma, o currículo tem possibilidade e potência de assumir a centralidade no debate sobre a justiça social por meio do processo educacional. No entanto, Ponce (2018), tendo como base os estudos de Rawls (2000) e Dubet (2008), salienta que esse tensionamento precisa ir além do conceito de "justiça distributiva" — a concepção que balizou a universalização do acesso à escolarização —, posto que não é suficiente, atualmente, a "igualdade de oportunidades", concebida como acesso à vaga escolar.

Essa perspectiva converge com a noção de justiça curricular vislumbrada nos estudos de Silva (2018, p. 16), que a considera na interlocução entre três dimensões: a redistribuição como acesso a formas específicas de conhecimento, o reconhecimento das diferenças dos alunos e a participação efetiva dos diferentes atores sociais. A partir de tais considerações, sinaliza que o conceito de justiça escolar "[...] pode ser um instrumento coletivo que nos permita promover a defesa da justiça escolar e da qualidade social da educação". Aprofundando a reflexão, salienta que:

> Objetivamente, seria importante que as políticas curriculares incentivassem o acesso a formas diferenciadas de conhecimento, reconhecessem as diferenças que perfazem nossas culturas e que fossem uma ferramenta aberta e plural - capaz de ouvir e atribuir voz aos coletivos escolares de nosso tempo. (SILVA, 2018, p. 16).

Nessa direção, mais uma vez, retomo a abordagem de Ponce (2018, p. 795), que também elenca três dimensões da justiça curricular a serem escrutinadas e construídas no cotidiano escolar: a do conhecimento, a do cuidado e a da convivência escolar. A primeira é "entendida como uma estratégia de produção de existência digna". Tal posicionamento tem respaldo nos estudos de Bolívar (2019, p. 844), ao avigorar que "[...] a cidadania inclui o domínio dos conhecimentos básicos e uma ampla formação cultural que permite aos cidadãos analisar, pensar e criticar propostas sociais e políticas". A segunda se refere ao cuidado com "todos os sujeitos do currículo", de forma que se possibilite "[...] o acesso ao pleno direito à educação de qualidade social, o que envolve a afirmação de direitos". A terceira qualifica como convivência escolar democrática e solidária aquela em que se fortalecem os "valores humanitários" e se constrói uma "cultura de debate democrático e de respeito ao outro". Nesse panorama educacional, o qual dá guarida e engendra a justiça curricular, o currículo pode ser concebido como:

> [...] todo o processo de ensino-aprendizagem-convivência-cuidado na construção do conhecimento significativo para a vida, que vai sendo subjetivamente apropriado pelo educando ao longo do processo e vai permitindo a ele compreender o mundo e a si mesmo de modo crítico e reflexivo. (PONCE; NERI, 2017, p. 1223 *apud* PONCE, 2018, p. 795).

Acolhendo as articulações pontuadas, entendo que a justiça curricular concerne um processo de justiça — em construção cotidiana — mobilizado pelo currículo escolar. Essa mobilização pode ser visualizada como uma possibilidade de reflexão, de construção e de criação coletiva do currículo, "[...] confiando nos sujeitos escolares e considerando as experiências democráticas e emancipatórias" (PONCE, 2018, p. 796). Surge daí minha compreensão de o quanto torna-se potente senda para a ação de resistência aos movimentos de reforma de currículos que se constituem fora da escola. Esses aspectos reforçam que "[...] o estudo das experiências exitosas da educação escolar democrática e a confiança nos sujeitos da educação, tão abalada nesses últimos tempos, são as bases para a conquista desse intento possível" (PONCE, 2018, p. 796), e vejo, nessa dimensão, pistas para visibilizar práticas educativas inovadoras.

O currículo também me remete à acepção de "território de disputas por reconhecimentos nossos e dos alunos" (ARROYO, 2011, p. 9), visto que "[...] o currículo é o núcleo e o espaço central mais estruturante da função da escola. Por causa disso, é o território mais cercado, mais normatizado. Mas também o mais politizado, inovado, ressignificado" (ARROYO, 2011, p. 13). Por esse viés, é possível observar que, na sociedade contemporânea, a diversidade de lutas, em tantas fronteiras e territórios, por direitos e ações afirmativas terminam afetando e reconfigurando a cultura e as identidades docentes. "Novos e diversos perfis de docência enriquecem e diversificam os currículos de formação" (ARROYO, 2011, p. 11). Isso implica olhar para o currículo como um espaço de disputas pelo direito à diversidade, tanto de formação quanto de entendimentos nos distintos níveis/etapas da educação escolar.

A partir dessa perspectiva, os conceitos de profissão docente e de currículo precisam ser perpassados por uma compreensão que englobe as tensões e o reconhecimento de identidades profissionais, uma vez que salienta a relevância de assumir, na constituição do docente, a contundência de que a sua ação nas práticas curriculares exige atuação: como indivíduos, como parceiros e como coletivo docente. Nesse sentido, me instiga a reflexão sobre as tensas relações em que a educação e o trabalho docente estão inseridos, visto que as condições internas e externas da profissão (políticas, diretrizes, condições de trabalho, carreira, salários, avaliações, relações sociais e interesses políticos) são resultados de novas e antigas fronteiras "onde disputamos reconhecimento como sujeitos de tantos direitos ainda negados" (ARROYO, 2011, p. 9). Assim, compreendendo o currículo como território em disputa, que direciona também o foco do olhar para a sala de aula, "espaço central do trabalho docente, das tensas relações entre mestres e alunos, sobre o que ensinar-aprender, sobre o currículo, redefinido na prática em tantas ações e tantos projetos que nossa criatividade coletiva inventa" (ARROYO, 2011, p. 9). Desse modo, o ofício de mestre "[...] se concretiza no espaço da sala de aula e no território do currículo onde inventamos resistências" (ARROYO, 2011, p. 10).

À vista do descrito, visualizo que a concepção de currículo e das práticas curriculares pode remeter a modos distintos de compreensão em virtude da complexidade dos seus processos e das práticas de decisão. Para além disso, considero que, se o currículo tem como fundamento o conhecimento e o modo como se organiza escolarmente, "não é o suficiente pensá-lo e discuti-lo social, cultural e ideologicamente" (PACHECO, 2006, p. 259), pois, em concordância com Nóvoa (2003, p. 10),

> Não basta pensarmos os saberes. Não basta preocuparmo-nos com a sua transmissão e aquisição pelos alunos. Temos, também, de nos interrogar sobre as consequências sociais desses saberes, sobre o modo como a sua mobilização contribui (ou não) para uma vida melhor. E é esta fronteira – a existência de uma teoria do conhecimento prudente[3] – que distingue, em última análise, o *currículo da modernidade* (tal

---

[3] Esse conceito é desenvolvido por Boaventura de Souza Santos (2000, 2009) ao defender um novo paradigma científico (um conhecimento prudente) que também é um paradigma social (uma vida decente), ambos repercutem em implicações éticas e, sobretudo, políticas. Nesse sentido, o autor propõe o "paradigma de um conhecimento prudente para uma vida decente" (SOUZA SANTOS, 2009, p. 60), tendo em vista que a revolução científica ocorre em uma sociedade revolucionada pela ciência. Para justificar o paradigma proposto, o autor apresenta um conjunto de teses: a) todo o conhecimento científico-natural é científico-social; b) todo conhecimento é local e total; c) todo conhecimento é autoconhecimento; d) todo conhecimento científico visa se constituir em senso comum.

como ele se organizou ao longo do século XX) do currículo da *contemporaneidade* (tal como gostaríamos que ele se organizasse no século XXI). É o debate que temos pela frente nos próximos anos.

Assim, mediante o diálogo com os autores citados, considero que nesse conceito repercutem atravessamentos de muitas dimensões que envolvem dilemas e situações. Eles me levam a compreender que é fundamental para a construção de uma escola consciente de seu papel pensar o currículo, bem como possibilitar sua efetivação, de modo que seus atores se compreendam como sujeitos ativos nesse processo, entendam a sociedade e nela possam interagir de forma crítica e emancipatória. O currículo, como eixo balizador de conhecimentos e práticas pensadas para a educação, constitui-se como um potente viabilizador de princípios e contornos para orientar as relações dos sujeitos consigo mesmo, com os outros, com a natureza e com projetos no sentido de construir um mundo mais justo e melhor.

Esse movimento relacional do currículo com o contexto, sujeitos, interesses e valores me permite compreendê-lo como práxis, que trama em si um enfoque processual de "[...] configuração, implantação, concretização, e expressão de determinadas práticas pedagógicas e em própria avaliação, como resultado das diversas intervenções que nele se operam" (SACRISTÁN, 1998, p. 101). Ou seja, de acordo com o autor, o currículo não se delimita apenas a uma estruturação de conhecimentos.

Por conseguinte, saliento que usarei lentes analíticas para escrutinar além do conteúdo expresso no "currículo oficial" (SACRISTÁN, 1998, 2013). Seguindo essa lógica, manterei como foco o "currículo real" (SACRISTÁN, 2013), vivenciado pelos egressos no curso de Letras do IFRS e aquele que constroem no cotidiano de suas práticas educativas. Para isso, parto do entendimento de que o currículo real:

> É constituído pela proposição de um plano de texto que é público e pela soma dos conteúdos das ações que são empreendidas com o intuito de influenciar [...]. Porém, o importante é o que tudo isso produz nos receptores ou destinatários (seus efeitos), algo como aquilo que a leitura deixa como marca no leitor, que é quem revive seu sentido e obtém algum significado. (SACRISTÁN, 2013, p. 26).

Acerca desse propósito, o currículo enquanto prática é um espaço privilegiado para a análise dos aspectos existentes entre as intenções planejadas e a prática educativa construída para além das menções declaradas nos documentos, posto que em suas propostas se expressam mais os desejos e as aspirações do que a realidade cotidiana. De acordo com Sacristán (2013, p. 24), "[...] o ser humano tende, por natureza, a criar um mundo desejável que lhe motiva a melhorar, a estabelecer metas para si e a imaginar ideais. A educação é em si mesma um valor desejável, embora saibamos que isso se dê por razões muito diversas". Por isso a relevância de considerar a interação entre esses dois aspectos, pois:

> A perspectiva processual e descentralizada do currículo, que propõe uma visão deste como algo que ocorre desde ser um plano até se converter em práticas pedagógicas, não tira valor ao texto do currículo. O texto curricular não é a realidade dos efeitos convertidos em significados aprendidos, mas é importante, à medida que difunde os códigos sobre o que deve ser a cultura nas escolas, tornando-os públicos. (SACRISTÁN, 2013, p. 27).

Concebo o currículo como uma possibilidade, entre muitas outras, uma vez que não é algo neutro, universal e imóvel, mas um "território de disputas" (ARROYO, 2011), controverso e conflituoso (SACRISTÁN, 2013), a respeito do qual se tomam decisões, são feitas opções e se age de acordo com as orientações que não são as únicas possíveis. As definições tomadas por esses "atores do currículo" (PONCE, 2018), após avaliá-las, não é "[...] (fundamentalmente uma tarefa técnica), pois as decisões tomadas afetam sujeitos com direitos, implicam explicita ou implicitamente opções a respeito de interesse e modelos de sociedade, avaliações do conhecimento e a divisão de responsabilidade" (SACRISTÁN, 2013, p. 23).

São essas decisões que instigam as reflexões como: o que adotamos como conteúdo e o que deixamos de lado? Essa é a parte que confere corporeidade imediata ao currículo, é seu aspecto mais visível. Para além disso, Sacristán (2013) sinaliza a necessidade de questionar sobre o valor que o currículo escolhido tem para os alunos e sociedade, bem como qual o valor permanece como opção. Como se trata do currículo real, essa maquinaria reguladora, articulada aos conteúdos, é mobilizada e impulsionada por seus diferentes atores do currículo. E, por esse ângulo, vejo a aproximação de outros questionamentos, como: "A serviço do que ou de quem está esse poder regulador, e como ele nos afeta? O que ou quem pode ou deve exercê-lo? Qual é o interesse dominante no que é regulado? Qual grau de tolerância existe na interpretação das normas reguladoras?" (SACRISTÁN, 2013, p. 23).

Desse modo, ao olhar o currículo real, o contemplarei como "processo e práxis" (SACRISTÁN, 1998, 2013), ou seja, buscarei entender o currículo realizado em práticas (as atividades que constituem as práticas educativas e as metodologias de ensino), com sujeitos concretos e inseridos em um contexto. De acordo com Sacristán (2013, p. 25), "[...] não é o currículo em si que constitui um plano escrito, mas o seu desenvolvimento. O primeiro é como se fosse uma partitura, o segundo seria a música executada. Ambos guardam uma relação entre si, embora sejam coisas distintas.". Partindo dessa analogia, mediante a partitura estruturada, poderão ser executadas músicas diferentes, ou seja, práticas educativas diferenciadas.

Por consequência, com base nessas concepções, as quais contribuíram para "o olhar" mais aproximado sobre a temática, vejo-me diante de algumas inquietações, tais como: que professores estão sendo formados mediante os currículos estruturados na contemporaneidade? Professores que aceitam a lógica mercadológica do neoliberalismo ou críticos e questionadores desse sistema e que apresentam alternativas a ele? Professores sintonizados com o contexto social existente ou com disposição para atuar na contramão dos processos hegemônicos de regulação? Que identidades docentes estão sendo constituídas?

Entendendo a complexidade desses questionamentos, e considerando as necessárias delimitações, direciono minha inquietude, mobilizando reflexões sobre a formação de professores e as alternativas de mudanças nesse processo, para que reverberem no fortalecimento do profissionalismo docente. Esse último é entendido como a possibilidade de construção de uma "outra cultura" (MOREIRA, 2012), que se contraponha à performatividade que propaga um "[...] profissionalismo controlado e relega os professores para a posição de meros executantes das orientações das políticas educativas" (PACHECO, J. A., 2019, p. 26). Portanto, esse profissionalismo que contemplo se constitui no desenvolvimento de práticas curriculares que refletem democracia, emancipação, autonomia e criatividade. Elementos que dão base para a reconfiguração das práticas educativas com vistas à inovação.

2.2 A formação de professores: em busca do fortalecimento do profissionalismo docente

A análise sobre o fortalecimento do profissionalismo docente se torna emergente para a reflexão sobre "uma outra cultura" que se contraponha à da performatividade (MOREIRA, 2012, 2020). Para isso, Moreira (2012, p. 43) defende que "[...] conhecimentos especializados e a participação em um esforço coletivo de construção de uma escola democrática e de qualidade constituem elementos para fortalecer o profissionalismo docente", acrescentando, ainda, "a autonomia e a valorização do professor". Sob esse ponto de vista, não cabe desmobilizar a teoria, nem distanciá-la da ação prática e da ação política, defendendo "[...] o investimento na formação teórica, considerando-a de grande importância para a formação e para a valorização do profissionalismo docente" (MOREIRA, 2012, p. 42). Sendo assim, um profissionalismo marcado por colaboração, emancipação e democracia não se desenvolve sem os conhecimentos necessários à profissão docente e a mobilização, no professor, da "interioridade necessária ao exercício da profissão", ou seja, "entre a relação do docente com o seu próprio eu e a sua relação externa com o mundo" (MOREIRA, 2020, p. 4).

Inquietada por essas considerações, pretendo dar mais alguns passos nesse processo reflexivo sobre o profissionalismo docente (MOREIRA, 2012). Para isso, busco também as contribuições de outros autores, como Pacheco, J. A. (2019), Nóvoa (2002, 2003, 2017, 2019), Cunha (2006), Tardif (2002) e Tardif e Lessard (2014), para pensar as práticas de formação docente e as suas necessárias mudanças. Instigo-me a visualizar possíveis sendas para a construção do fortalecimento do profissionalismo docente mediante o tensionamento das ideias de tais autores. O faço sob a compreensão de que a formação de professores não será a panaceia para os males da educação, ou seja, a responsável exclusiva pelas transformações necessárias à escola, uma vez que isso depende de um conjunto de relações. Todavia, defendo que a formação de professores pode ser um elemento de grande contribuição para essas transformações.

Em análise sobre as tendências de formação de professores, Pacheco, J. A. (2019, p. 30) apresenta ponderações sobre alternativas que introduzam mudanças na formação de professores, num contexto transnacional, o qual fixa "[...] normas para uma formação técnica e apressada, com relevo para a gestão da sala de aula e para os resultados escolares". Nesse cenário, uma alternativa profícua é a de uma formação de professores que considere a organização de um currículo cosmopolita. A perspectiva enredada nessa concepção traz imbricada a tentativa de desenvolver junto aos estudantes (os professores em formação) "[...] um conjunto de virtudes epistêmicas com as quais se faz possível entender a dinâmica das transformações globais" (PACHECO, J. A., 2019, p. 31).

Outro aspecto destacado em sua reflexão refere-se ao modo como são formados os professores, pois, tanto na formação inicial como ao longo de sua vida profissional, a formação sofre os atravessamentos das reformas educativas e curriculares. Dessa maneira, torna-se crucial repensar o conhecimento, bem como os saberes docentes, num contexto de regulação transnacional e nacional, "[...] pois a educação não é, e muito menos o ensino, uma receita de aplicação universal" (PACHECO, J. A., 2019, p. 31). É nesse contexto que o docente necessita dispor de saberes para realizar de forma qualificada seu trabalho. Atentando para a diversidade em que desenvolve sua ação, as situações que vivencia no cotidiano são muitas vezes inusitadas por atuar diretamente com seres humanos, pois a docência é "[...] uma forma particular de trabalho sobre o humano, ou seja, uma atividade em que o trabalhador se dedica ao seu 'objeto' de trabalho, que é justamente um outro ser humano, no modo fundamental da interação humana" (TARDIF; LESSARD, 2014, p. 8). As alternativas que possibilitam as formas de lidar com a diversidade de situações não estão disponibilizadas em livros e receitas como forma de aplicação universal. Os professores necessitam mobilizar seus saberes, num processo de ação dinâmica, sustentado nos saberes "[...] da formação profissional e de saberes disciplinares, curriculares e experienciais" (TARDIF, 2002, p. 36) que, por sua vez, são permeados por saberes pessoais e provenientes da educação escolar. Dessa forma,

> Eles abrangem uma diversidade de objetos, de questões, de problemas que estão relacionados com o seu trabalho. Em suma, o saber dos professores é plural, compósito, heterogêneo, porque envolve, no próprio exercício de trabalho, conhecimentos e um saber-fazer bastante diversos, provenientes de fontes variadas, e provavelmente, de natureza diferente. (TARDIF, 2002, p. 18).

Assim, na reflexão sobre a organização dos saberes, torna-se apropriada a realização de uma leitura processual de sua síntese, uma vez que o saber dos professores "[...] não é um conjunto de conteúdos cognitivos definidos de uma vez por todas, mas um processo em construção ao longo de uma carreira profissional" (TARDIF, 2002, p. 14). Os saberes docentes não são imóveis ou estáticos, eles se articulam em novas sínteses na medida em que se constituem. A construção desses saberes, cabe lembrar, sofre intervenções políticas, pessoais e profissionais. É concebível entender que é no engendramento dos saberes que a dimensão do profissionalismo docente constitui a identidade do professor, por isso a relevância de também pensá-lo sob as influências das reformas educativas e curriculares.

Seguindo essa reflexão e dando sequência às contribuições de Pacheco, J. A. (2019), uma terceira alternativa, proposta entre tantas outras possíveis, como salienta o autor, pode ser ponderada perante a noção de capital profissional, inserida nos contextos de formação inicial e contínua de professores, a qual tem inspiração nas pesquisas de Hargreaves e Fullan (2012). O capital profissional é entendido como o desenvolvimento sistemático de três formas de capital na profissão docente: o humano, o social e o decisional. Afastando-se das ideias que têm como referência a eficácia e a eficiência, se constitui, em termos de prática docente, no processo em que os professores a desenvolvem mediante a mobilização de "competência, julgamento, intuição, inspiração e capacidade de improvisação". Além disso, ao decidirem "[...] pela assunção de uma responsabilidade coletiva, de abertura ao feedback e demonstrando transparência devendo, ainda, ser considerados os contextos ou condições de ensino" (PACHECO, J. A., 2019, p. 33). Por esse viés, sinaliza outra senda ao fortalecimento do profissionalismo docente e avigora que "[...] o futuro não se compadecerá com visões estreitas da educação, da escola, da docência, nem da ausência de profissionalidade docente".

Desse modo, mesmo reconhecendo que a formação de professores é um processo complexo que não pode ser dissociado "[...] dos mecanismos formais e informais de regulação transnacional e nacional, nem tampouco de reformas educativas e curriculares, cada vez mais circunscritas a conceitos-chave que marcam o ritmo da competição escolar em busca da excelência individual" (PACHECO, J. A., 2019, p. 33), não há dúvida de que o professor é um profissional que dispõe de um capital profissional que é o balizador das suas práticas curriculares na escola e na sala de aula. Todavia, torna-se essencial assumir que se tem uma "problemática de conflito" (PACHECO, J. A., 2019, p. 33), a qual pode ser entendida a partir da metáfora do pêndulo, uma vez que "[...] oscila entre o que é considerado o conhecimento poderoso, denominado por Young (2016, 2013, 2010), e o que significa a comunidade em que o professor trabalha, numa forte ligação ao que se pressupõe a consideração da subjetividade" (PACHECO, J. A., 2019, p. 33). Nesse contexto, emerge a notoriedade da reflexão de forma conjunta e articulada sobre a educação, o currículo, a didática e a formação de professores na "interseção social com o pessoal" (PACHECO, J. A., 2019, p. 33). É, pois, na busca pela compreensão desses significados que se potencializa a valorização da ação subjetiva do sujeito na construção do currículo e na formação de professores, uma vez que "[...] o professor junto com os alunos, o conhecimento e o contexto é um dos elementos principais a valorizar na construção de um currículo orientado não para a forma, ditada pelos aspectos organizacionais, mas para o conhecimento" (PACHECO, J. A., 2019, p. 34).

Buscando aprofundar a reflexão, cabe pontuar que, de acordo com Nóvoa (2017, 2019), é necessário reorganizar o lugar da formação de professores atentando para não reforçar o movimento que procura desarticular o sistema universitário de formação de professores, dando lugar a programas empresariais que agravam a situação atual em que se encontram a educação pública e os docentes. Mesmo assim, o autor considera que, "[...] apesar de suas fragilidades, [esse movimento] têm um papel insubstituível na afirmação dos professores e da educação pública" (NÓVOA, 2017, p. 1111). A universitarização da formação docente revelou aspectos significativos nos planos acadêmicos e científicos, porém esse processo também repercutiu no esvaziamento da articulação com a profissão.

À vista disso, me instigo a pensar o profissionalismo docente e seu fortalecimento de forma articulada ao "[...] processo como cada um se torna profissional e como a própria profissão se organiza interna e externamente" (NÓVOA, 2017, p. 1119). Tal processo tem como proposta ser pensado em torno do conceito de *posição*, o que evita uma reflexão perpassada por um discurso de competências profissionais docentes ou "influenciada por um conjunto de 'qualidades essenciais'", uma vez que desloca "o foco para um espaço de posições e de tomada de posições". Ou seja, a partir desse ponto de vista, contemplo que a formação "[...] deve consolidar a posição de cada pessoa como profissional e a própria posição da profissão" (NÓVOA, 2017, p. 1106). Para esse propósito, ressalto que,

> Em primeiro lugar, é preciso compreender como se marca uma posição não apenas no plano pessoal, mas também no interior de uma dada configuração profissional. Depois, é fundamental perceber que as posições não são fixas, mas dependem de uma negociação permanente no seio de uma dada comunidade profissional. Nesse sentido, a posicionalidade é sempre relacional. Finalmente, é importante olhar para a posição como uma tomada de posição, isto é, como a afirmação pública de uma profissão. (NÓVOA, 2017, p. 1119).

A formação de professores pode ser abordada, enquanto formação profissional universitária, a partir do desdobramento do conceito de posição em cinco movimentos. Esses movimentos são: a disposição pessoal, a interposição profissional, a composição pedagógica, a recomposição investigativa e a exposição pública. Para tal, Nóvoa (2017) salienta que os movimentos têm como base o conhecimento científico e cultural, ou seja, busca integrá-los a partir da compreensão dos desafios do conhecimento na contemporaneidade — do conhecimento como ciência e como cultura — ponderando sua complexidade. Desse modo, é possível considerar que a escola possui sua centralidade em dois pilares: o conhecimento e a mobilidade social.

> O conhecimento é indissociável de lógicas pessoais e colegiais, de um conhecimento que reside também na experiência e nas comunidades profissionais que produzem e difundem. A mobilidade social tem, sobretudo, uma dimensão pessoal, mas prolonga-se por expectativas que abrangem os grupos e as comunidades em que cada um está inserido. (NÓVOA, 2017, p. 1121).

Isso posto, em relação à disposição pessoal, Nóvoa (2017, p. 1122) enfatiza que, para ser professor e aprender a profissão, requere-se um trabalho metódico, sistemático, de aprofundamento de três dimensões centrais. A primeira é o desenvolvimento de uma vida cultural e científica específica. A segunda é a dimensão ética, "a construção de um *ethos* profissional", sendo vista "em relação com a ação docente, com um compromisso concreto com a educação". A terceira é o entendimento de que a atuação profissional se efetivará em um ambiente de incerteza e imprevisibilidade, uma vez que no cotidiano escolar "[...] somos chamados a responder a dilemas que não têm resposta pronta e que exigem de nós uma formação humana que nos permita, na altura certa, estarmos à altura das responsabilidades". Dessa maneira, porque vivemos em sociedades "do espetáculo, da competição, do consumo e do conhecimento" (NÓVOA, 2003, p. 10), serão necessárias novas disposições por parte dos professores, respectivamente, relacionais, organizacionais, reflexivas e deliberativas.

É nessa lógica que propõe a construção de uma "teoria da pessoalidade no interior mesmo de uma teoria da profissionalidade" (NÓVOA, 2003, p. 4). Não se trata de retornar a uma visão romântica do professorado (a conceitos vocacionais ou missionários), mas:

> Trata-se da necessidade de elaborar um conhecimento pessoal (um autoconhecimento) no interior do conhecimento profissional e de captar (capturar) o sentido de uma profissão que não cabe apenas numa matriz técnica ou científica. Toca-se aqui em qualquer coisa indefinível, mas que está no cerne da nossa identidade profissional. (NÓVOA, 2003, p. 5).

Dessa forma, é fundamental que se reforce "[...] a pessoa-professor e o professor-pessoa". Esse fortalecimento que está em processo de construção pode contribuir para a "reconstrução de sentidos no seio de uma profissão que está fragmentada" (NÓVOA, 2003, p. 4).

Ao tratar da interposição profissional, se refere ao necessário contato do aprendente "com a profissão, o conhecimento e a socialização" no cenário profissional, uma vez que, se "[...] não é possível formar médicos sem a presença de outros médicos e sem a vivência das instituições de saúde. Do mesmo modo, não é possível formar professores sem a presença de outros professores e sem a vivência das instituições escolares" (NÓVOA, 2017, p. 1122). É nessa perspectiva que o currículo dos cursos de formação de professores precisa ser estruturado/organizado, de modo a possibilitar experiências que permitam ao licenciando tecer a sua posição como profissional, ou seja, "aprender a sentir como professor". No trabalho colaborativo encontramos a potencialidade para a aprendizagem e é no seu cenário democrático que se estruturam os percursos formativos.

Sendo assim, emerge a reflexão sobre qual conhecimento é relevante para formar um professor, posto que "[...] não há dois professores iguais. Cada um tem de encontrar a sua maneira própria de ser professor, a sua composição pedagógica" (NÓVOA, 2017, p. 1125). Segundo o autor, essa tessitura é construída com os outros e engendrada pelo conhecimento profissional docente, podendo ser chamada também de "tacto pedagógico". Por isso, entendo a necessidade de reforçar a existência desse "terceiro conhecimento", pois, sem o seu devido reconhecimento, "[...] a formação de professores acaba por se fechar numa dicotomia redutora entre o conhecimento das disciplinas e o conhecimento pedagógico".

Esse "terceiro gênero de conhecimento" pode ser compreendido por meio de três aproximações distintas. A primeira, entendida como "a capacidade de compreender a essência do ensino, e sobre ela falar", sendo também "uma maneira de viver profissional e, por isso, constitui-se no interior de uma dada comunidade docente" (NÓVOA, 2017, p. 1127). A segunda tem embasamento no conceito de tacto pedagógico, o qual trata de "compreender o senso, a inteligência ou a compostura pedagógica" que definem os professores no exercício da sua ação. A terceira refere-se à ideia de discernimento, ou seja, a "capacidade de julgar e decidir" no cotidiano profissional. Portanto, ser professor não é apenas trabalhar com o conhecimento, "é lidar com o conhecimento em situações de relação humana", num cenário de incerteza e imprevisibilidade. Esse terceiro conhecimento faz parte do patrimônio da profissão e precisa ser colocado em evidência na formação de professores porque consiste nele "[...] a capacidade de integrar uma experiência reflectida, que não pertence apenas ao indivíduo, mas ao coletivo profissional, e dar-lhe um sentido pedagógico" (NÓVOA, 2017, p. 1127).

Ao tratar da recomposição investigativa, realça o sentido da "[...] reflexão profissional própria, feita da análise sistemática do trabalho, realizada em colaboração com os colegas da escola" (NÓVOA, 2017, p. 1128). Essa reflexão ocorre mediante a realização de estudos e pesquisas com análise das realidades escolares e do trabalho docente. Esse aspecto é central não só para a formação de professores, mas também para a renovação e recomposição das práticas pedagógicas. Para isso, a pesquisa precisa traduzir-se em escrita, "[...] com professores assumindo a autoria dos trabalhos publicados. Uma profissão precisa registrar o seu patrimônio, o seu arquivo de casos, as suas reflexões, pois só assim poderá ir acumulando conhecimento e renovando as práticas" (NÓVOA, 2017, p. 1129). Todavia, alguns aspectos precisam ser considerados na pesquisa sobre o trabalho pedagógico para não ocorrer um "deslize, inconsequente, na retórica do professor como investigador ou do professor reflexivo" (NÓVOA, 2002, p. 24). Dessa forma, o trabalho pedagógico:

> Não é uma prática "individualizada", mas sim um processo de escuta, de observação e de análise, que se desenvolve no seio de grupos e de equipes de trabalho; exige tempo e condições que, muitas vezes, não existem nas escolas; sugere uma relação forte entre as escolas e o mundo universitário, por razões teóricas e metodológicas, mas também por razões de prestígio e de credibilidade; implica formas de divulgação pública dos resultados. (NÓVOA, 2002, p. 24).

Nessa esteira, faço a articulação com o quinto movimento, denominado exposição pública, no qual é avigorada a importância de compreender a escola como um espaço "público de discussão, de colaboração e de decisão" (NÓVOA, 2017, p. 1130), pois a profissão docente "[...] não acaba dentro do espaço profissional, continua pelo espaço público, pela vida social, pela construção do comum". Por intermédio dessa lógica, ser professor é conquistar "[...] uma posição no seio da profissão, mas também tomar posição, publicamente, sobre os grandes temas educativos e participar na construção das políticas públicas". Nesse propósito, o fortalecimento do profissionalismo docente se daria mediante "uma consciência crítica" (NÓVOA, 2017, p. 1131) a ser trabalhada desde a formação inicial.

É possível perceber que a aprendizagem da docência é reiteradamente um processo que envolve diversos fatores, desde os políticos até os organizacionais e curriculares. Além disso, é preciso considerar que "[...] a complexidade do ser professor se constrói na base de uma diversidade de saberes, necessariamente articulados e ligados à teoria e à prática educacionais, que de modo algum podem ser hierarquizados" (PACHECO, J. A., 2019, p. 41).

Dessa forma, a compreensão sobre o que significa ser professor pode ser desvelada tanto no quadro legal e curricular quanto nos modos de ser e estar na profissão, à medida que esse ponto de vista assenta em perspectivas distintas de encarar o papel dos docentes no desenvolvimento "[...] do currículo e as suas funções no contexto da escola e do sistema educativo, com repercussão no modo de entender sua formação e avaliação" (FLORES, 2014, p. 853). Para além disso, é necessário ponderar que as mudanças sociais, culturais e políticas têm repercutido no trabalho dos professores e que esses profissionais têm respondido de diferentes formas a esses desafios, nos mais diversos contextos, com implicações ao nível do profissionalismo docente e das suas identidades.

Portanto, cabe salientar que, ao tratar sobre o profissionalismo docente, outros conceitos se mostram imbricados, como profissão, profissionalização e profissionalidade; cada um deles com suas especificidades. Recorri, então, à concepção plural, buscando compreender suas dimensões numa perspectiva dialética e integradora, incluindo não só a preocupação com o "saber fazer bem o trabalho" (RIOS, 2006) em um contexto cada vez mais desafiador, mas mantendo também as ideias de profissão, profissionalidade[4] e profissionalismo em interação. O entendimento do profissionalismo docente, bem como o modo como tem sido afetado,

> [...] requer não só a compreensão do trabalho dos professores e do modo como estes se veem enquanto profissionais (e como os outros os veem), como também a consideração do contexto – social, político e cultural – que se inscreve, dado que se trata de um conceito que não é estático, mas antes dinâmico e contextualizado. (FLORES, 2014, p. 856).

Diante do exposto, os questionamentos que agora me inquietam podem ser delimitados à questão mobilizadora da minha pesquisa. Por isso, busquei mapear o que tem sido pesquisado sobre a formação de professores e os egressos dos cursos de licenciatura nos Institutos Federais de Educação, Ciência e Tecnologia (IFs). Então, na próxima seção, apresento a revisão das produções científicas publicadas, contemporaneamente, sobre essa temática.

---

[4] Conforme Cunha (2006, p. 24), o conceito de profissionalidade "[...] se traduz na ideia de ser a profissão em ação, em processo, em movimento".

2.3 A formação de professores e os egressos licenciados nos IFs: um mapeamento das pesquisas realizadas

Nesta seção, "garimpo" o que tem sido pesquisado nos últimos anos sobre os cursos de licenciatura dos IFs e seus egressos. Nesse movimento investigativo, sem a pretensão de dar conta da totalidade dos estudos que versam sobre a temática, pretendo perceber as aproximações e os distanciamentos com a pesquisa em questão e, para além disso, mapear algumas das dimensões que perpassam esses estudos. A delimitação do período teve como critério circundar um número significativo e abrangente de publicações.

Com esse propósito, inicialmente realizei a busca em dois bancos de dados: Banco Digital de Teses e Dissertações[5] (BDTD) e o catálogo de teses e dissertações da Coordenação de Aperfeiçoamento de Pessoal de Nível Superior (Capes), especificando o período de 2014 a 2020, por meio dos descritores "Instituto Federal" e "egressos". A partir deles, foram elencadas 122 pesquisas, sendo 84 dissertações e 38 teses. No Gráfico 1, a seguir, apresento o percentual de teses e dissertações dentre os trabalhos buscados.

Gráfico 1 – Percentual de teses e dissertações a partir dos descritores "egressos" e "Instituto Federal"

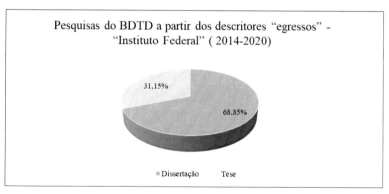

Fonte: a autora

Nessa imersão, foi possível verificar que, por serem instituições com diversas modalidades de ensino, os IFs possuem um campo vasto para estudos. A exemplo disso, as teses e dissertações encontradas abordam questões

---

[5] O Banco Digital de Teses e Dissertações é um portal nacional, desenvolvido e coordenado pelo Instituto Brasileiro de Informação em Ciência e Tecnologia (IBICT), que integra os sistemas de informação de teses e dissertações existente no país.

sobre os egressos dos diferentes cursos ofertados, tais como ensino médio, cursos técnicos, educação profissional integrada ao ensino médio, Mestrado Profissional, cursos superiores tecnológicos, licenciaturas e demais cursos superiores. Na intenção de delimitar o foco para a formação de professores, retomei a busca nesses mesmos bancos de dados, com os seguintes descritores: "Instituto Federal", "licenciatura", "formação de professores" e "egressos". Nessa segunda investida, foram apontadas 23 pesquisas, sendo 15 dissertações e oito teses. Dessas, selecionei 14 (oito dissertações e seis teses). A leitura dos títulos, dos resumos e, em alguns casos, o acesso à investigação na sua íntegra possibilitaram-me categorizar os cursos contemplados nas pesquisas. Diante disso, destaco maior abrangência de estudos nos cursos da área de Matemática e Ciências, os quais são definidos para essa instituição de ensino como campos prioritários no atendimento da demanda de formação de professores. Registro que algumas pesquisas contemplam mais de um curso em suas análises. Além disso, percebi, no levantamento a partir desses descritores, que ainda não constam pesquisas que abrangem, especificamente, o curso de licenciatura em Letras e seus egressos. Para melhor visualizar o levantamento, organizei o Gráfico 2 apresentado na sequência.

Gráfico 2 – Percentual de teses e dissertações a partir dos descritores "Instituto Federal", "licenciatura", "formação de professores" e "egressos"

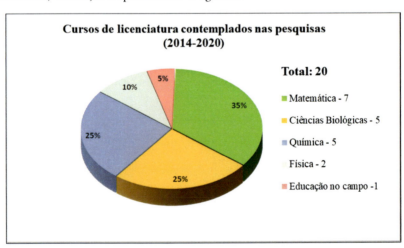

Fonte: a autora

Da análise dos dados nas 14 pesquisas, selecionei oito para uma investida mais detalhada, sendo três dissertações e cinco teses. Em um terceiro movimento investigativo, além dos dois bancos de dados apresentados anteriormente, realizei buscas no Scientific Electronic Library Online (SciELO) e nos anais das Reuniões Anuais da Associação Nacional de Pós-Graduação e Pesquisa em Educação (ANPEd) dos anos de 2015, 2017 e 2019, nos seguintes grupos de trabalhos (GTs): GT 8 de Formação de Professores, GT 4 de Didática e no GT 9 de Currículo. Nesses dois últimos bancos de dados, selecionei duas publicações. Para esse momento, procurei me ater às publicações que se referiam à formação de professores nos IFs e seus egressos ou que os contemplavam como seus interlocutores, bem como os que abrangiam em suas dimensões analíticas o desenvolvimento profissional docente dos egressos em articulação às questões curriculares dos cursos de licenciatura. Considerando todas as etapas do processo investigativo, ao fim, selecionei dez publicações: três dissertações, cinco teses, um artigo no SciELO e um trabalho da ANPEd, conforme descrito nos Quadros 2 e 3, a seguir.

Quadro 2 – Trabalhos selecionados

Nº	Autoria	Título	Nível (D/T)	IES	Ano
1	WINGLER, Silvani da Silva	Instituto Federal de Educação, Ciência e Tecnologia: análise de processos sociais de egressos do ensino superior	Dissertação	Universidade Federal do Espírito Santo	2018
2	OLIVEIRA, Denise Lima de	O Instituto Federal do Tocantins e a formação de professores: caminhos, contradições e possibilidades	Tese	Universidade Federal de Goiás	2019
3	FLACH, Ângela	Formação de professores nos institutos federais: Estudo sobre a implantação de um curso de licenciatura em um contexto de transição institucional	Tese	Universidade do Vale do Rio dos Sinos-UNISINOS	2014

Nº	Autoria	Título	Nível (D/T)	IES	Ano
4	ESTRELA, Simone da Costa	Política das licenciaturas na educação profissional: o *ethos* docente em (des) construção.	Tese	Pontifícia Universidade Católica de Goiás	2016
5	SILVA NETO, Oscar	A formação dos professores de matemática no Instituto Federal Catarinense	Dissertação	Universidade Federal do Rio Grande do Sul – UFRGS	2015
6	LEÃO, Marcelo Franco	Licenciatura em química do IFMT na modalidade EAD: análise dos saberes docentes construídos nesse processo formativo	Tese	Universidade Federal do Rio Grande do Sul – UFRGS	2018
7	LINO, Cleonice Moreira	Do retrovisor ao para-brisa: a construção da subjetividade identitária do professor	Dissertação	Universidade Nove de Julho	2018
8	KAFER, Giovana Aparecida	Formação continuada de professores de Ciências e Matemática: uma proposta de formação interdisciplinar para o Instituto Federal Farroupilha	Tese	Universidade Franciscana – UNIFRAN	2020

Fonte: a autora após consulta ao banco de dados da BDTD e da Capes

Quadro 3 – Artigos selecionados

Nº	Autoria	Título	Ano	Banco de dados
1	PAUL, Jean-Jacques	Acompanhamento de egressos do ensino superior: experiência brasileira e internacional	2015	SciELO Caderno CRH
2	FLACH, Angela; FORSTER, Mari Margarete	Formação de professores nos institutos federais: uma identidade por construir	2015	ANPEd GT 08

Fonte: a autora após a pesquisa nos bancos de dados da SciELO e da ANPEd

Passo, então, a apresentar os principais achados das pesquisas selecionadas a partir de duas dimensões: os egressos e a relevância da sua participação nas pesquisas e a formação de professores nos IFs.

As pesquisas sobre os egressos revelam que esse tipo de estudo pode ser considerado um instrumento que permite a reflexão sobre a trajetória profissional e sua relação com a formação inicial, tendo potencial para favorecer a organização e a reestruturação do processo formativo nas Instituições de Ensino Superior (IES). Para Paul (2015), trata-se de considerar essas pesquisas como "uma tomada de consciência" sobre a contribuição das informações desveladas pelos egressos para a estratégia de formação das IES. Nas palavras do autor:

> Em um mercado de trabalho com exigências que evoluem constantemente, as IES devem repensar regularmente a sua oferta de formação e sua pedagogia. Se as pesquisas junto aos egressos não constituem a única fonte dessa reflexão, elas podem representar um elemento essencial para que ela ocorra. É por isso que um melhor conhecimento de seus processos e de suas contribuições pode vir a ser uma ajuda importante para melhorar o funcionamento das instituições. (PAUL, 2015, p. 324).

Cabe salientar que este estudo não envolve uma política de acompanhamento de egressos, no entanto, como os professores licenciados do curso de Letras — que passou a ser ofertado no ano de 2015, no Campus Feliz do IFRS — serão meus interlocutores, algumas investigações como as de Wingler (2018), Lino (2018), Estrela (2016) e Leão (2018) contribuíram para avigorar o quanto a participação desses egressos representa fonte de dados relevantes para a compreensão do processo formativo e, consequentemente, da avaliação do ensino ofertado. Segundo Estrela (2016, p. 155), "[...] a oferta de Licenciaturas nos Institutos Federais é recente. Exige, portanto, estudos e debates aprofundados com a participação de toda a comunidade acadêmica". Nesse sentido, reforça-se o quanto é "[...] importante manter vínculo com os egressos, a fim de ampliar e fortalecer a integração entre a instituição e os diversos movimentos ocorridos nas comunidades e na vida social" (WINGLER, 2018, p. 68). Para além disso, essa mobilização reflexiva também possibilita "[...] retratar a forma como a sociedade em geral percebe e avalia as instituições" (WINGLER, 2018, p. 67).

Além desses aspectos, as pesquisas que envolvem os egressos dos cursos de licenciatura contribuem para potencializar estudos sobre o desenvolvimento profissional dos professores (LEÃO, 2018). Nesta pesquisa, entendo que esse processo dar-se-á numa dinâmica de reflexão e partilha em que pesquisadora e sujeitos da pesquisa se constituem em colaboração, "[...] admitindo que há novos modos de olhar para a riqueza que existe no interior das escolas" (PACHECO, 2004, p. 385), sem deixar de questionar o significado de ser professor em um contexto marcado "[...] pela transitoriedade dos discursos e pela desconstrução de uma imagem social da escola, mormente a partir do momento que se deslegitima a educação como um direito cultural e se promove como um produto de mercado (PACHECO, 2004, p. 385).

Lino (2018) desenvolveu sua pesquisa sobre formação docente considerando a subjetividade reveladora do processo de identificação do sujeito com sua profissão. Segundo a autora, a educação é construída "[...] por seres humanos e para seres humanos e, por assim ser, está entrelaçada com a natureza da subjetividade desses seres" (LINO, 2018, p. 67). Organizou seu estudo buscando identificar os processos delineadores da identidade docente a partir da formação profissional revelada pela subjetividade na atuação dos professores egressos do curso de licenciatura em Matemática do Instituto Federal de Educação, Ciência e Tecnologia do Piauí (IFPI) – Campus Floriano.

Sua pesquisa qualitativa se estruturou por meio de um estudo de caso, e, para o levantamento dos dados, realizou entrevistas narrativas com 11 egressos do IFPI. Conforme a autora, as narrativas desses participantes lhe viabilizaram "[...] encontrar elementos de identidade capazes de levar a uma compreensão das trajetórias de formação, de conhecimento e de aprendizagem dos sujeitos" (LINO, 2018, p. 66). Entre seus principais achados, além de pontuar os percalços e avanços desencadeados ao longo do processo formativo dos egressos do curso de licenciatura em matemática daquela instituição, registra a contribuição dos programas de iniciação à docência para o processo da identidade com a profissão, assim como a subjetividade identitária intervém na intencionalidade da prática docente.

De forma aproximada, Wingler (2018) buscou analisar percursos desencadeados por alunos egressos do ensino superior, modalidade presencial e a distância, na figuração do Instituto Federal de Educação, Ciência e Tecnologia do Espírito Santo (IFES) – Campus Cachoeiro de Itapemirim. Entre os objetivos específicos de sua tese, consta a análise da percepção dos egressos acerca do currículo concluído, tendo por referencial teórico a Sociologia Figuracional de Norbert Elias. Em suas considerações, destaca a avaliação positiva aos cursos e à instituição formadora, pois

> [...] a maioria dos respondentes (61,4%) informou que o curso "atendeu às suas expectativas", considerando equilibradamente o curso como "ótimo" (44,6%) e "bom" (47%), tendo os conhecimentos teóricos avaliação positiva em torno de 82,7%, dos quais 33,3% consideraram "ótimo" e 49,4% "bom". (WINGLER, 2018, p. 159).

Entre outros apontamentos, a autora sinaliza que, embora haja muitos desafios a serem superados, a expansão dos IFs vem possibilitando acesso ao ensino superior "[...] àqueles que eram excluídos do processo educativo, por não terem condições de se deslocar para regiões metropolitanas, a fim de se inserirem nas universidades públicas ou custear os estudos em instituições privadas" (WINGLER, 2018, p. 155). Reitera que não defende a educação superior baseada em uma perspectiva assistencialista, sem qualidade na formação ofertada; todavia, em seu estudo, constatou que "[...] esse nível de ensino precisa ser avaliado e reformulado, para atender ao propósito da democratização, ou seja, a esse 'novo' público que dele faz uso" (WINGLER, 2018, p. 155). Portanto, confirma que, para os constantes ajustes, é imprescindível ouvir os egressos, considerando suas vivências.

Dessa forma, compreendo que tais estudos colaboraram para substanciar o entendimento sobre a relevância da participação dos egressos como interlocutores, avigorando meu intento de delinear o estudo mediante um processo de construção colaborativa de conhecimentos que, intrinsicamente, promoverá o processo formativo em ambas as partes, "criando uma cumplicidade de dupla descoberta" (CUNHA, 1997, p. 187). Doravante, sigo dando sequência ao processo de análise redimensionando meu foco à *formação de professores nos Institutos Federais* e como essa *formação tem sido considerada na perspectiva dos egressos*, pois algumas publicações selecionadas trazem contribuições relevantes para essa dimensão estrutural do estudo.

Por esse ângulo, Oliveira (2019), em sua pesquisa sobre a formação de professores, analisa os pressupostos políticos que norteiam a concepção da formação de professores do Instituto Federal do Tocantins (IFTO), a partir da investigação dos caminhos que conduziram a implantação dos cursos de licenciatura nessa instituição, no contexto da expansão da Rede Federal de Educação Profissional e da criação dos IFs, assim como as contradições advindas desse processo.

A investigação teve como foco o curso de licenciatura em Matemática, implementado no Campus Palmas, no segundo semestre de 2009, logo após o processo de transição da institucionalidade. Foram mobilizados procedimentos variados de pesquisa, tais como: revisão de literatura sobre o tema e suas correlações; ampla pesquisa documental de dispositivos produzidos pelos órgãos reguladores da educação e de instrumentos elaborados no âmbito da Rede Federal, do IFTO e do próprio curso; entrevistas semiestruturadas com os gestores da instituição e aplicação de questionário aos alunos do curso de Matemática. A partir da análise dos dados, concluiu que:

> Os IFs assumiram papel estratégico no cenário das políticas de educação superior, contribuindo para a democratização do acesso a esse nível de ensino, sobretudo pela diversificação da oferta de cursos, e adquirindo relevância no conjunto de avanços da política de expansão e democratização da educação superior [...]. (OLIVEIRA, 2019, p. 206).

Oliveira (2019, p. 227) pontua que essa política foi marcada por contradições, "[...] visto que a falta de tempo hábil para refletir sobre a nova institucionalidade e a celeridade dos processos para a criação dos cursos, sobretudo os de licenciatura, se originaram do próprio crescimento da Rede Federal". Para isso, esclarece que se recorreu à estrutura física preexistente e à área de conhecimento com maior número de professores para facilitar a oferta. Ademais, a autora salienta que a licenciatura predomina na oferta entre os cursos superiores no IFTO, todavia esse aspecto não representa um claro compromisso institucional com a formação de professores, "[...] visto que os documentos institucionais analisados não reportavam à política de formação de professores praticada na instituição ou à concepção de formação de professores que norteia seus cursos de licenciatura" (OLIVEIRA, 2019, p. 228). Entretanto, a pesquisa evidencia o reconhecimento do papel estratégico que a instituição ocupa no Tocantins, tanto pelo alcance territorial como pela garantia de acesso à educação básica e superior de qualidade.

Flach (2014) colabora para a reflexão sobre outro aspecto relevante a ser considerado nessa dimensão, que é o processo de consolidação dos cursos de licenciatura nessas instituições, os IFs. Conforme a autora, a abertura de cursos dessa modalidade representa uma novidade para muitas dessas novas instituições, que ainda não possuem experiências consolidadas nesse cenário. Sua pesquisa teve como objeto de análise as experiências formativas desenvolvidas no curso de licenciatura em Física do IFRS. Para a pesquisadora, os IFs, podendo ser considerados instituições novas, que estão iniciando suas experiências com a formação de professores, enfrentam desafios para consolidar a oferta de novos cursos. Em suas palavras: "é necessário formar quadro docente, montar laboratórios, e até mesmo superar possíveis resistências institucionais em relação a este perfil de atuação, que tanto se distancia da tradição, até então existente, na rede federal de educação profissional e tecnológica" (FLACH, 2014, p. 182).

Sua análise demonstra que há fragilidades a serem superadas no que se refere à consolidação do curso estudado, e um desses elementos diz respeito à articulação com a educação básica. Conforme sinaliza, os IFs possuem a oferta de cursos voltados a essa modalidade de ensino, e as diretrizes para a formação de professores nessas instituições destacam que esse aspecto é um dos diferenciais nesse novo lócus de formação de docentes, pois a própria instituição oferece a possibilidade de distintas aproximações entre essas duas modalidades de ensino. Contudo, a autora pontua ter constatado no estudo que ofertar cursos de educação básica não é uma garantia de que isso efetivamente se constitua em um diferencial, pois averiguou uma dificuldade de interlocução entre os cursos de licenciatura e aqueles voltados à educação básica em funcionamento na instituição.

Outro elemento destacado pela pesquisadora é o processo de consolidação do curso junto à comunidade, o qual está relacionado ao propósito de interiorização dos IFs. Seu estudo revelou que há distintas possibilidades de incremento na formação dos estudantes, mas percebeu que a comunidade que recebe essa nova instituição ainda necessita aprimorar seu entendimento sobre a real dimensão do que podem representar as oportunidades trazidas a partir do cenário de atuação dos IFs. De toda forma, a autora destaca que as experiências desenvolvidas no curso de formação de professores estudado, apesar dos diversos desafios relatados pelos sujeitos entrevistados, denotam que há possibilidades "[...] que se delineiam para esta modalidade de ensino, o que evidencia que as primeiras experiências que foram desenvolvidas estão sendo significativas e trazem diferenciais positivos, com uma formação pautada no profissionalismo dos futuros docentes" (FLACH, 2014, p. 7).

Nessa direção, Estrela (2016) também manteve como lócus de pesquisa a formação de professores nos IFs. Em sua tese, intitulada "Política das licenciaturas na educação profissional: o *ethos* docente em (des)construção", analisou o *ethos* docente na licenciatura em Ciências Biológicas do Instituto Federal Goiano – Campus Rio Verde. Além de revisitar a história dos IFs, da formação docente no Brasil e a inserção das licenciaturas em instituições técnicas, objetivou compreender o *ethos* da formação de professores em uma instituição que, historicamente, dedica-se à educação profissional. Para esse fim, pesquisou as contradições ou convergências no *ethos* docente sob a ótica dos egressos.

Sua pesquisa, inicialmente, retoma que os IFs foram criados pela Lei n.º 11.892, de 29 de dezembro de 2008, que, em seu artigo 7º, inciso IV, alínea "b", institui a obrigatoriedade na oferta de licenciaturas. De acordo com essa legislação, os IFs devem destinar, no mínimo, 50% das vagas para educação profissional técnica de nível médio e, no mínimo, 20% das vagas para "[...] cursos de licenciatura, bem como programas especiais de formação pedagógica, com vistas na formação de professores para a educação básica, sobretudo nas áreas de ciências e matemática, e para a educação profissional" (BRASIL, 2008, s/p).

Essa imposição derivou das políticas públicas educacionais da época, a exemplo do Plano de Desenvolvimento da Educação (PDE), que teve como balizador o relatório do Conselho Nacional de Educação (CNE), intitulado a "Escassez de professores no ensino médio: propostas estruturais e emergenciais". A autora explica que as licenciaturas foram concebidas nos IFs como medida emergencial para o possível apagão do ensino médio. Dessa forma, os estudos sobre a formação de professores no âmbito dos IFs "emergem como um objeto relevante na atualidade", pois são instituições consideradas "inovadoras em termos de propostas político-pedagógica" e "[...] oferecem um ensino que vai do nível médio até a pós-graduação e por atuar em diversas modalidades, a exemplo dos tecnólogos, bacharelados e licenciaturas" (ESTRELA, 2016, p. 18).

A abordagem utilizada na sua pesquisa foi a quanti-qualitativa, e a metodologia contempla a análise dos dados empíricos colhidos em questionário envolvendo 11 professores-formadores e 12 egressos. Seu estudo demonstrou que os IFs estão ampliando as áreas de oferta das licenciaturas, além das áreas consideradas prioritárias. Para mais, que existem potencialidades e fragilidades na licenciatura pesquisada, as quais influenciaram a constituição do *ethos* docente. Dentre elas, cita como potencialidade o regime de dedicação exclusiva e a alta titulação dos professores formadores e, como fragilidades, a ênfase do conhecimento específico em detrimento do pedagógico, uma vez que professores especializados no conhecimento específico ministram disciplinas pedagógicas.

Silva Neto (2015) também contribui para o diálogo na medida em que realizou um estudo de caso sobre a formação de professores tendo como foco o curso de licenciatura em Matemática do Instituto Federal Catarinense (IFC) – Campus Camboriú, em Santa Catarina. Ressalta que, desde 2008, os IFs ofertam cursos de formação de professores para a educação básica e que nessa perspectiva surge a necessidade de se pesquisar como esses cursos foram concebidos, o perfil esperado para os egressos e como se dá a integração entre as disciplinas. Para tanto, desenvolveu o estudo da legislação que trata sobre o tema das licenciaturas, da formação de professores e dos cursos superiores de Matemática no Brasil. Foram investigados os documentos relativos ao curso, especialmente a matriz curricular e suas alterações. Além da análise documental, realizou entrevistas com professores, licenciandos e egressos. Na sua análise, conclui que a proposta curricular do curso estudado inicialmente "[...] foi construída sob a pressão da urgência, de modo centralizado e marcado pelas visões conflitantes dos grupos envolvidos no processo" (SILVA NETO, 2015, p. 5). No entanto, a reformulação do currículo, motivada pela necessidade de atendimento à legislação, foi estruturada pelos professores do campus tendo como base para a análise, a experiência inicial de implementação do curso. Por fim, registra que percebeu, mesmo de forma não sistematizada, "[...] a tentativa de articulação entre as disciplinas específicas, as disciplinas pedagógicas e a prática" (SILVA NETO, 2015, p. 5).

A pesquisa de Kafer (2020) contribui para o aprofundamento reflexivo desse aspecto. A autora analisa de que modo a interdisciplinaridade e o paradigma da complexidade contribuem na qualificação da formação de professores no Instituto Federal Farroupilha (IFFar) para efeito de elaboração de uma proposta de curso de pós-graduação lato sensu visando explorar, na sua essência, a interdisciplinaridade. O contexto dessa pesquisa qualitativa, do tipo estudo de caso, foram os cursos de licenciatura em Ciências Biológicas, Física, Química e Matemática do IFFar. Utilizou como instrumentos para a coleta de dados: questionário aplicado aos egressos dos cursos e análise de documentos, tais como as Diretrizes Curriculares Nacionais para a Formação de Professores de Educação Básica, em nível superior, curso de licenciatura, graduação plena; Diretrizes Curriculares Nacionais para a formação inicial em nível superior e para a formação continuada, além dos Projetos Pedagógicos de Curso (PCC) das licenciaturas participantes da pesquisa.

A partir da sua análise, destaca "[...] que na formação inicial os saberes específicos de cada curso são privilegiados, em detrimento aos saberes interdisciplinares promovidos entre as diferentes áreas" (KAFER, 2020, p. 6). A autora aponta que os PPCs dos cursos demonstram preocupação com a temática da interdisciplinaridade, mas que não há efetivo desenvolvimento desse enfoque nas propostas curriculares analisadas. Todavia, salienta ter sido possível verificar que os egressos desses cursos conseguem, em parte, visualizar os conhecimentos de sua área de formação e relacioná-los a outras áreas. Destarte, constatou que os egressos entendem a importância de participar de um processo de formação continuada com um enfoque interdisciplinar, pois compreendem que, enquanto professores e pesquisadores, a interdisciplinaridade deve estar relacionada à atitude pedagógica.

Nesse ponto de vista, a pesquisa de Leão (2018) contribui ao analisar os saberes docentes construídos ao longo do processo formativo do curso de licenciatura em Química do Instituto Federal de Mato Grosso (IFMT), na modalidade EaD (Educação a Distância). Mediante um estudo de caso, investigou o único curso de Química ofertado nessa modalidade em toda região Centro-Oeste do Brasil. Como instrumentos de coleta de dados, foram utilizados formulários eletrônicos com acadêmicos em formação, professores formadores, tutores presenciais e egressos do curso. A investigação contou, ainda, com a análise documental do PPC. Em suas considerações, destaca-se a construção da identidade dos egressos em relação à formação pedagógica recebida para atuarem na educação básica.

> De modo geral, as manifestações dos egressos indicam que, mesmo havendo algumas limitações a serem superadas no decorrer deste curso de Licenciatura em Química em EaD, esta formação inicial tem contribuído para a construção da identidade docente e automaticamente com a educação básica local, uma vez que está formando profissionais habilitados para atuar como professores de Química. (LEÃO, 2018, p. 196).

Além desse apontamento, sinaliza dois aspectos relevantes que surgiram a partir da análise do início da carreira docente dos egressos e de suas primeiras experiências profissionais:

> Um relacionado à reflexão dos professores de química investigados que tiveram a oportunidade de examinar seu percurso formativo e sua prática pedagógica; outro relacionado a avaliação dos aspectos formativos para que o curso reforce aspectos que estão dando certo e ajuste aqueles que poderiam ser mais efetivos". (LEÃO, 2018, p. 196).

Essa perspectiva ganha potência ao somar-se aos destaques dos autores anteriores nas diferentes áreas de conhecimento, em que ponderam sobre a relevância da participação dos egressos como interlocutores nas pesquisas. A participação é relevante, portanto, para buscar compreender a sua percepção sobre a sua formação e as repercussões do curso no desenvolvimento profissional docente, assim como para que o curso em evidência seja repensado e atualizado dentro das necessidades observadas. Segundo Flach e Forster (2015, p. 14), "cada curso tem uma trajetória própria a ser construída", a qual lhe possibilitará a construção de uma identidade na instituição, por isso, após um período em que se encontra mais consolidado, "[...] permite fazer reflexões mais consistentes acerca do papel do curso, seus propósitos e inclusive, sua identidade".

Desse modo, a pesquisa que me propus a realizar mostra-se como possibilidade de contribuir para a sequência do aprofundamento das reflexões sobre a formação de professores, os estudos curriculares e a inovação das práticas educativas, principalmente para a instituição que está em contínuo processo de consolidação dos cursos de licenciatura.

À vista disso, o conceito de inovação se torna particularmente relevante para a compreensão do objeto desta pesquisa. Assim, passarei a dialogar com estudiosos dessa temática, disposta a ampliar saberes e construir referenciais para sustentar minhas reflexões.

CAPÍTULO 3

A FORMAÇÃO DE PROFESSORES E A INOVAÇÃO EDUCATIVA EM FOCO

> *Na luta pelas nossas independências era preciso ter esperança para ter coragem. Agora é preciso coragem para ter esperança.*
> *(COUTO, 2005, s/p)*

A imersão na temática da inovação, um tema polissêmico e desafiador, que há muito me instiga e inquieta, se dará a partir do diálogo teórico com Cunha (1998, 2006), Cardoso (1997), Carbonell (2002, 2017), Hargreaves e Fink (2006), Hernández et al. (2000), Pacheco, J. A. (2019), Pacheco (2019), Sancho-Gil e Hernandez (2011) e Sancho-Gil (2018). Esses autores contribuirão para a fundamentação da análise do presente estudo com o intuito de compreender a percepção dos egressos do curso de Letras sobre sua formação docente e as repercussões do curso frente às possibilidades de reconfigurar as práticas educativas com vistas à inovação.

Nesse sentido, coaduno com a perspectiva de Cunha (2006) ao pontuar que:

> Anima perceber que pessoas, em geral, e os professores, em particular, são capazes de viver nos limites, submetidos à lógica predominante nos processos sociais e educativos, mas navegando na fronteira das práticas que ficam às margens. Talvez daí possa sair uma explicação para os silêncios. Quem sabe são eles uma possibilidade de esperança. Mencionar inovação, em um contexto tão adverso, é fazer uma profissão de fé, que envolve a nossa condição de humanidade e a possibilidade de transformar os silêncios em possibilidades. (p. 19).

Assim, inspirada nas palavras de Mia Couto (2005) e Cunha (2006), entendo que tratar da temática da formação de professores de maneira articulada aos estudos curriculares e às práticas educativas inovadoras, em um contexto pandêmico afetado por tantos atravessamentos que envolvem a profissão docente, a vida pessoal e o próprio humanismo, é um imenso desafio. Ao mesmo tempo, pesquisar sobre a inovação buscando compreender o processo emancipatório de professores que rompem com a lógica tradicional das práticas educativas me mobiliza a seguir acreditando na possibilidade da construção da educação da melhor qualidade e na potência da educação pública. Segundo Pacheco (2019, p. 10), em um cenário de tantos desafios e complexidades, "[...] num tempo de pós-verdades, em que o medo e a ignorância imperam, mais se faz sentir a necessidade de inovar, de refundar a educação".

Nessa direção, inicialmente, tratarei neste capítulo do imperativo de inovação que emerge no século XX e segue permeando o contexto atual, como "um novo-antigo imperativo" (AQUINO; BOTO, 2019). Na sequência, busco averiguar suas possibilidades e potencialidades, bem como realizar um mapeamento do conceito e dos sentidos que têm sido engendrados na literatura contemporânea, os quais acolherei para a análise dos dados levantados.

3.1 A inovação educativa como imperativo: um desafio complexo engendrado ao longo dos tempos

É preciso sublinhar que tanto a inovação educativa quanto a renovação das práticas escolares não são desafios recentes. O movimento inovador dos anos 1920 do século passado, é por um lado, herdeiro do importante movimento pedagógico do final do século XIX e, por outro, base da emersão inovadora dos anos 1960. Vista numa perspectiva histórica, a inovação educativa "[...] surge como um processo complexo de apropriação e de ruptura, de adesão e de confronto" (NÓVOA, 1988, p. 6). Nessa direção, Aquino e Boto (2019) a caracterizam como "um novo-antigo imperativo".

De acordo com Sancho-Gil e Hernandez (2011, p. 476), ao explicar o verbete "inovação", no dicionário especializado de Educação, o século XX poderia ser definido como o "século do desejo da mudança para melhorar, em princípio, os sistemas educativos". Ademais, mediante uma perspectiva histórica e temporal, nomeiam o período decorrente do final do século XIX e início do século XX, como o do contexto da "inovação humanista", sendo essa destacada como a mais significativa, pelo volume de bibliografia produzida e por estarem presentes nos contextos e práticas educativas, hodiernamente.

Tais proposições inovadoras estão articuladas ao movimento da Escola Nova, na Europa ou Educação Progressista, nos Estados Unidos. Integram esses movimentos autores como: John Dewey, Édouard Claparède, Maria Montessori, Ovide Decroly, William H. Kilpatrick, Adolphe Ferriére, Jean Piaget, Celestin Freinet, entre outros, que compartilham uma quantidade de princípios pedagógicos, no entanto possuem bases ideológicas diferenciadas. Para além disso, o alcance de suas proposições e realizações práticas também não se assemelha. Todavia, o movimento inovador proposto por esses autores tem um ponto fundamental em comum: trata-se de iniciativas humanistas, "[...] direcionadas ao conjunto do sistema educativo, situando a criança no centro do ensino, elas lutam não só contra a intelectualização e a abstração do conteúdo dos programas de ensino, mas também contra uma escola distante da vida cotidiana e do ambiente natural" (SANCHO-GIL; HERNANDEZ, 2011, p. 477). Ambos também têm como base a ideia fundamental de que a educação colabora, de maneira significativa, para o progresso individual e coletivo.

Além dos primórdios da inovação humanista, os autores destacam outros movimentos, como: as inovações antiautoritárias,[6] a inovação centrada na escola[7] e as inovações técnicos-racionais, às quais farei menção adiante. Apesar dos destaques dos movimentos de inovação educativa, é possível perceber que as concepções de base — sobre o ensino e as práticas pedagógicas — passaram por um número bem reduzido de mudanças significativas. Conforme argumentam, nas escolas são mantidas uma estrutura "organizacional e simbólica, praticamente imutável" (SANCHO-GIL; HERNANDEZ, 2011). Por consequência disso,

> Em geral, o ensino tradicional, centrado no docente, permanece como o modelo predominante da escola primária e secundária, mesmo que existam versões híbridas de práticas, centradas sobre os educandos, essencialmente, no nível da escola primária.
> No secundário, o ensino permaneceu, em grande parte, centrado no professor e, no que se refere aos conteúdos, organizado em torno das matérias. (SANCHO-GIL; HERNANDEZ, 2011, p. 476).

---

[6] Essa proposição se fortaleceu, na década de 1960, com a emergência do espírito de inovação que acompanhava o questionamento do saber convencional, bem como a reivindicação de uma escola para todos. As propostas vinham no sentido de repensar o tempo e o espaço, as matérias escolares e a duração dos cursos de uma escola pública. Pontos já abordados pela Escola Nova, mas para esses reformadores, de forma superficial.

[7] Esse movimento teve como precursor os estudos de Lawrence Stenhouse (1975), que teorizou e sistematizou a concepção de um programa emancipador, destinado a favorecer o desenvolvimento do pensamento educativo e da experimentação na área do ensino. Na sua proposta *Humanities Curriculum Project*, apresenta suas ideias em torno de uma visão do processo educativo como espaço de trocas vitais e culturais; do ensino como pesquisa; e da aprendizagem como processo de deliberação e colaboração. Reiterando os apontamentos de Sancho-Gil e Hernandez (2011, p. 479), o *Humanities Curriculum Project*, assim como o movimento de desenvolvimento de um programa próprio ao centro escolar e de pesquisa na ação, advindos do trabalho de Stenhouse, "[...] exerceram uma intensa influência sobre o pensamento pedagógico que orientou as inovações educativas dos últimos vinte e cinco anos do século XX".

Ainda nesse cenário histórico, na segunda parte do século XX, entre as décadas de 1960 e 1990, em diversos países ocidentais e, precipuamente, nos Estados Unidos, um número considerável de inovações educativas foram desenvolvidas, podendo ser denominadas "técnico-racionais" (SANCHO-GIL; HERNANDEZ, 2011).[8] Muitas delas surgiram concomitantemente às reformas do ensino que foram instituídas por governos "[...] a fim de atualizar, modernizar e, em seguida, adequar os sistemas educativos e as demandas de mudanças da sociedade" (SANCHO-GIL; HERNANDEZ, 2011, p. 481). A globalização repercutiu na aceleração das influências implícitas às inúmeras reformas implementadas, especialmente pelos organismos internacionais, como: a OCDE, a UNESCO e o Banco Mundial (LIBÂNEO, 2016; CHARLOT, 2013; SAHLBERG, 2018; CUNHA, 2016; BALL, 2012), desencadeando um deslocamento dos sistemas educacionais, no sentido de fazer valer a perspectiva mercadológica e utilitarista como eixo principal das definições nesse campo.

Nesse cômputo, as reformas definidas pelos governos nem sempre estiveram/estão em consonância com os estudos e as ideias inovadoras dos pesquisadores e estudiosos da educação. Assim, as instituições de ensino, os docentes e seus formadores têm sido

> [...] coarctados em sua capacidade de pensar e agir pela legislação que, frequentemente, acaba reduzindo sua autonomia e responsabilidade profissionais; mas ela impede, sobretudo, uma transformação em profundidade do ensino que esteja em condições de responder às necessidades de uma comunidade estudantil cada vez mais heterogênea. (SANCHO-GIL; HERNANDEZ, 2011, p. 481).

Mediante esse cotejamento, entendo que a inovação educativa, assim como outros conceitos da educação, está enredada a uma trama de múltiplas

---

[8] Conforme Sancho-Gil e Hernandez (2011), esse movimento se constitui por duas iniciativas que, embora tiveram alcance e profundidade diferentes, implicaram influências no campo da educação desde a década de 1960. A primeira delas mobilizada pelo "triunfo da máquina e o ardente desejo de eficácia de controle", sendo fundamentada pelo grupo de especialistas que estavam empenhados na elaboração dos modelos de instrução, assim como no desenvolvimento de recursos e de materiais de ensino, baseados nas tecnologias de informação e da comunicação. A segunda, intitulada como a fase da "inovação de cima para baixo destinada a favorecer a aprendizagem da ciência e da tecnologia", ocorreu com a primeira demanda institucional explícita de inovação que foi desenvolvida pela National Science Foundation, nos Estados Unidos. Essa organização, que se constitui por cientistas, psicólogos e educadores, teve o propósito de transformar, de maneira radical, o ensino de ciências e da matemática nas escolas. O governo destinou para esse programa US$ 200 milhões, até medos da década de 1970. Entretanto, os autores sinalizam que tais profissionais não avaliaram tudo o que pressupõe a realização de uma mudança educativa e que o processo inovador havia chegado a termo mediante uma estratégia inadequada para produzir mudanças. Dessa forma, não consideraram os seguintes aspectos: os professores filtram e adaptam, habitualmente, as proposições dos reformadores.

aproximações, uma vez que é condicionada "[...] pela ideologia, pelas relações de poder no controle do conhecimento, pelos contextos socioculturais, pelas conjunturas econômicas e políticas, pelas políticas educativas e pelo grau de envolvimento dos diversos agentes educativos" (CARBONELL, 2002, p. 18).

Aqui, cabe destacar que reforma não é o mesmo que inovação. A pluralidade e as nuances diferenciadas que aparecem em torno da noção de inovação implicam não só suas definições, como também o campo de denominações às quais se associa. Em determinados contextos, correlaciona-se à reforma, à melhoria, à mudança, à renovação pedagógica. Todavia, conforme sinalizam os estudos de Carbonell (2002) e Hernandez et al. (2000), a reforma é uma mudança em grande escala, refere-se à estrutura do sistema educativo em seu conjunto, enquanto a inovação se dá em nível mais concreto e limitado, ocorrendo nas escolas e nas salas de aula. Além disso, a inovação e a mudança na escola têm sua "[...] própria dinâmica e autonomia e acontecem à margem e/ou apesar das reformas" (CARBONELL, 2002, p. 22). A fundamental distinção encontra-se na sua incidência, e não tanto na sua extensão/amplitude. Uma reforma pode mudar a legislação ou os objetivos do ensino, mas talvez não introduza uma mudança na prática educativa desenvolvida em sala de aula. Nessa perspectiva, o que se torna essencial para definir a inovação é "[...] o sentido da mudança favorecida em um determinado contexto educativo" (HERNÁNDEZ et al., 2000, p. 27).

A partir dessa abordagem, é possível compreender a complexidade do processo de inovação educativa, os atravessamentos para sua adoção e os desafios de realizar uma avaliação das suas práticas que ultrapasse o reducionismo. Nessa ótica, "[...] não pode ser considerada em termos algorítmicos, mas como uma tarefa complexa, em que os processos interpretativos são uma constante" (HERNÁNDEZ et al., 2000, p. 29). Por essa razão, não bastam a prescrição e o financiamento das inovações para que elas sejam aceitas e assumidas nas escolas, uma vez que:

> Um processo de inovação é muito complexo e parece cada vez mais claro que, se não tem conexão com as construções conceituais e o modo de atuar dos professores, se não conta com aceitação necessária e as decisões práticas adequadas, seus objetivos acabam por se diluir e perder seu sentido. (HERNÁNDEZ et al., 2000, p. 31).

À vista disso, compatibilizo com os ideais defendidos que visibilizam a necessidade de investigações que busquem compreender os processos de construção das inovações educativas por parte dos professores, que eles mesmos propõem ou que são instigadas pela equipe gestora da escola (CARBONELL, 2002; HERNÁNDEZ *et al.*, 2000; SANCHO-GIL; HERNÁNDEZ, 2011). Ademais, assumo como ponto de partida uma atitude investigativa que mantém a crítica aos parâmetros estipulados pelo neoliberalismo que impactam nas práticas educativas e nos modelos curriculares, mas que também olha para além das mazelas expostas a respeito da educação e da formação de professores. Busco contemplar, portanto, os fatores mobilizadores de práticas educativas, bem como o conhecimento que os diferentes participantes produzem em torno delas. Isso denota que considero "[...] o caráter recorrente de algumas das propostas que foram produzidas em outros lugares e contextos, mas significa também tratar de identificar algumas formas de representar a inovação que seguem um processo peculiar em sua proposição e desenvolvimento na prática" (HERNÁNDEZ *et al.*, 2000, p. 35). Desse modo, reconheço junto a Nóvoa (2009, p. 4), que, na educação do século XXI, "[...] precisamos de vistas largas, de um pensamento que não se feche nem nas fronteiras do imediato, nem na ilusão de um futuro mais-que-perfeito".

No cenário mais atual, no início do século XXI, Sancho-Gil (2018, p. 15) identificou a constituição e os desafios da emergência de um "imperativo de inovação", engendrado nos diversos níveis da educação. Seu estudo traz contribuições relevantes para o aprofundamento desta reflexão, pois defende a pertinência dos movimentos de inovação educativa, considerando-a numa perspectiva complexa e transformadora. Todavia, sinaliza os limites de inovar por modismos pedagógicos ou de aderir a orientações das multinacionais que operam no mercado digital.

> O que isso implica é que devemos estar alertas, devemos entender os fenômenos que nos cercam, devemos analisar o que temos que preservar, o que temos que erradicar, o que temos que transformar, o que temos que salvar, o que temos que sonhar e projetar, e tudo o que isso acarreta. Deve haver um processo de melhoria contínua que não saia de moda e nos permita continuar aprendendo. (SANCHO-GIL, 2018, p. 15).

Dessa maneira, entendo que ir além da inovação como "moda" demanda a exigência de uma transformação "gradual, sustentável e significativa da prática educacional e dos objetivos educacionais" (SANCHO-GIL, 2018, p. 15). A partir desse ponto de vista, Sancho-Gil (2018) pondera a necessidade de considerar cinco elementos-chave:

- os professores e os alunos: como aprendem e quais são suas necessidades;
- o tipo de conhecimento considerado importante ensinar para que os educandos o percebam como pessoalmente e socialmente valioso;
- as tecnologias educacionais que precisam ser usadas ou desenvolvidas no intuito de alcançar os objetivos traçados;
- as experiências de aprendizagem, as quais serão implementadas para ocorrer o envolvimento dos alunos e o senso de aprendizagem;
- os sistemas de avaliação necessários para esclarecer o aprendizado alcançado.

De acordo com a autora, o caminho de construção da inovação educativa não é uma tarefa fácil, visto que se trata de uma "perspectiva educativa, uma visão política e pedagógica" (SANCHO-GIL, 2018, p. 19) que precisa levar em conta as diferentes facetas que constituem cada contexto específico. Contudo, sinaliza a relevância dos movimentos de inovação educativa que repercutem em uma transformação profunda da prática, indo além da "inovação como moda" (SANCHO-GIL, 2018). Nessa direção, buscando sustentar e ampliar essa perspectiva, compreendi, a partir das pesquisas de Hargreaves e Fink (2006, p. 43), que, longe da obsessão pela eficácia competitiva de algumas reformas recorrentes, as mudanças e inovações educativas que necessitamos para a "aprendizagem profunda e duradoura" dos estudantes requerem a construção de práticas educativas engendradas aos "processos sustentáveis, democráticos e justos".

Mediante esses apontamentos, e dialogando mais uma vez com Carbonell (2002, p. 25), atento-me ao enfoque de que "[...] as inovações se centram mais no processo que no produto; mais no caminho que no ponto de chegada [...] não se ocupam tanto com o resultado final em si como dos múltiplos pequenos resultados, objetivos e subjetivos, que vão se sucedendo e se encadeando". A partir dessa ponderação, é perceptível também a necessidade de se levar em conta o fator tempo para o desenvolvimento e a avaliação, pois seus efeitos, em muitos casos, são percebidos a longo prazo. Aqui, encontra-se um dos paradoxos para a inovação e mudança, pois na contemporaneidade a pressão política e social impõe a exigência de respostas de impacto, assim como "remendos e soluções parciais que respondam ao imediato" (CARBONELL, 2002, p. 26).

Com base nos estudos de Carbonell (2002, 2017), que defende uma inovação educativa para além dos modismos pedagógicos e que não se volta para "o acessório e as aparências", mas que mergulha nos aspectos importantes de uma "nova formação compreensiva e integral", destaco, no quadro a seguir, alguns elementos, componentes e objetivos do processo de inovação educativa.

Quadro 4[9] – Elementos, componentes e objetivos do processo de inovação educativa

	A inovação:
1	e a mudança são experiências pessoais que adquirem um significado particular na prática, já que devem atender tanto aos interesses coletivos quanto aos individuais.
2	permite estabelecer relações significativas entre diferentes saberes, de maneira progressiva, para adquirir uma perspectiva mais elaborada e complexa da realidade.
3	procura converter as escolas em lugares mais democráticos, atrativos e estimulantes.
4	estimula a reflexão teórica sobre as vivências, experiências e interações da classe.
5	rompe com a clássica cisão entre concepção e execução, uma divisão própria do mundo do trabalho e muito arraigada na escola mediante o saber do especialista e o não saber dos professores, que são considerados aplicadores das propostas que lhes são ditas.
6	amplia o âmbito da autonomia pedagógica das escolas e do professorado.
7	apela a razões e fins da educação e à sua contínua reformulação em função dos contextos específicos e mutáveis.
8	é empreendida a partir do intercâmbio e da cooperação como fonte de contraste e enriquecimento.
9	procura traduzir ideias na prática cotidiana de forma articulada à teoria, conceitos considerados indissociáveis.
10	faz com que aflorem desejos, inquietações e interesses ocultos ou que habitualmente passam despercebidos nos alunos.
11	facilita a aquisição do conhecimento e a compreensão daquilo que dá sentido ao conhecimento.
12	é conflituosa e gera um foco de agitação intelectual permanente.
13	considera que não há instrução sem educação, algo que, talvez por ser óbvio e essencial, frequentemente é esquecido.

Fonte: a autora após a pesquisa em Carbonell (2002, p. 21)

---

[9] Essa relação de elementos está exposta de maneira sintética e sem nenhuma ordem de preferência.

Esses elementos da inovação educativa nem sempre convergem, às vezes emergem timidamente e, em outras vezes, surgem de forma potente. É possível entender que o processo de inovação, além de complexo, não se mostra linear. Existem fases distintas com algumas turbulências e alguns momentos de calmaria; momentos e sequências controladas e incontroladas; propostas que avançam coerentemente para uma mesma direção e outras que perdem força e se subdividem em diversas outras atividades. Em razão dessas circunstâncias, Carbonell (2002) explica por meio de metáfora que o processo de inovação educativa se "assemelha à imagem de um largo rio acidentado".

Ampliando essa reflexão, volto-me aos principais atores da força mobilizadora do processo de inovação: as professoras e os professores. Por consequência, alguns questionamentos me rondam: como construir práticas educativas inovadoras nesse contexto neoliberal em que as inovações partem "de cima para baixo" (CARBONELL, 2002; SANCHO-GIL, 2018; HERNÁNDEZ *et al.*, 2000) a partir de propostas vindas de reformas governamentais? Como construir inovações educativas que não façam apenas o atendimento aos "modismos pedagógicos" (CARBONELL, 2002; SANCHO-GIL, 2018)? De que maneira os professores encontram sendas para romperem com a lógica hegemônica da concorrência e do rendimento escolar? A formação de professores pode contribuir para que encontrem essas sendas? Como?

Para seguir e aprofundar a reflexão, preciso olhar para o conceito de inovação e seus sentidos, junto a autores e pesquisadores que me mobilizarão a visualizar possibilidades de alternativas para a construção de práticas educativas inovadoras. Tais autores sinalizam práticas menos individualizantes, mais democráticas, cooperativas e humanizadoras.

3.2 A inovação educativa: o conceito e seus sentidos

Além do cenário pandêmico, a escola passa por inúmeros desafios, tais como a globalização, a mídia e as políticas neoliberais que acabam influenciando diretamente os projetos pedagógicos e as práticas em sala de aula. O neoliberalismo, como um projeto hegemônico que regula a economia em escala global, incide em diversos âmbitos da sociedade. Nas políticas educativas e curriculares, ele se traduz em um discurso monopolizado em que a economia manda na educação, em prejuízo da cultura e da política, para medir o funcionamento das escolas e o rendimento escolar. Por outro lado, configura-se em uma redução do papel do Estado na escola, abrindo portas à privatização e à impotência da escola pública (CARBONELL, 2002).

Outro desafio que se pode destacar é a incerteza devido à produção acelerada de conhecimento e às mudanças imprevisíveis desse mundo globalizado. Segundo Carbonell (2002, p. 18), "[...] a incerteza é um elemento constitutivo da sociedade atual que, como contrapartida, busca continuamente referentes de segurança e certeza. Daí a importância de correr riscos e não temer o erro, fontes inestimáveis de aprendizagem e progresso". Desse aspecto emerge a necessidade de aprender a vivenciar um contexto inseguro, uma vez que o mundo do trabalho e a vida cotidiana convocam a convivência com experiências de mudanças rápidas e frequentes, que desencadeiam um maior risco de fracasso, consequentemente conduzindo-nos a períodos de incerteza e de rápida adaptação (CARBONELL, 2002; SENNET, 2018).

No entanto, esses desafios que retomei podem ser considerados entraves/dificultadores de práticas inovadoras, embora seja possível ponderar que não são determinantes de inviabilidade dessas práticas. Os valores dominantes que transmitem o individualismo, a competitividade, a meritocracia, a uniformidade e a mercantilização cultural implicam atravessamentos à constituição das subjetividades, mas o neoliberalismo "[...] não é um mecanismo de relógio e está sujeito a múltiplas contradições, dificuldades" (CARBONELL, 2002, p. 18). Isso porque o local pode empreender alternativas e iniciativas que escapam ao controle neoliberal. É nessa perspectiva que Carbonell (2002) aponta a escola como um espaço de confronto e resistência à reprodução dos valores dominantes, em que é possível trazer à tona práticas educativas inovadoras.

Quanto ao contexto de incertezas, há o risco de que a imprevisibilidade oscile para o relativismo. Se levado às últimas consequências, o relativismo pode ser desmobilizador e conduzir "[...] ao retorno aos valores educativos mais tradicionais e imobilistas e, em suma, a manter a ordem social estabelecida" (CARBONELL, 2002, p. 18). Contudo, existem conhecimentos, objetivos e valores educativos que viabilizam saber que tipo de educação possibilita a construção de índices de liberdade, democracia e justiça social. Paralelamente, é possível apontar que conhecimentos contribuem para uma formação mais sólida e que práticas educativas inovadoras "facilitam uma aprendizagem mais atraente, eficaz e bem-sucedida" (CARBONELL, 2002, p. 19).

Seguindo tal perspectiva, a inovação não é uma simples renovação, reforma ou uma mudança qualquer. Conforme explica Cardoso (1997, s/p):

> A inovação pedagógica traz algo de "novo", ou seja, algo ainda não estreado; é uma mudança, mas intencional, e bem evidente; exige um esforço deliberado e conscientemente assumido; requer uma ação persistente; tenciona melhorar a prática educativa; o seu processo deve poder ser avaliado; e para se poder constituir e desenvolver, requer componentes integrados de pensamento e de ação.

Nesse sentido, questiono o que poderia ser considerado algo "novo" na prática educativa. Rios (2002) contribui esclarecendo que se trata de ir em busca do que é inovador, do que não é apenas novidade, mas original. A originalidade e a inovação seriam encontradas na "[...] busca da origem, daquilo que é provocador, estimulador, de irmos adiante e organizarmos de forma diferente o nosso trabalho" (RIOS, 2002, p. 157).

A partir disso, compreendo a importância do olhar crítico que incomoda, desinstala e exige mudanças. Esse olhar, para o qual muitas vezes não estamos preparados, implica humildade para reconhecer nossos limites na busca de novos conhecimentos e coragem para enfrentar os riscos de assumir a atitude crítica. Esta, por sua vez, pode ser impulsionadora de rupturas no processo de ensinar e aprender. Para Cunha (2009), a inovação requer:

> [...] uma ruptura necessária que permita reconfigurar o conhecimento para além das regularidades propostas pela modernidade. Ela pressupõe, pois, uma ruptura paradigmática e não apenas a inclusão de novidades. Nesse sentido, envolve uma mudança na forma de entender o conhecimento. (p. 182).

A inovação entendida como ruptura paradigmática requer a reconfiguração dos saberes e o "reconhecimento da necessidade de trabalhar no sentido de transformar" (CUNHA, 2006, p. 18) e de mobilizar a "inquietude em energia emancipatória" (SOUZA SANTOS, 2000, p. 346). À vista disso, é preciso considerar, também, que a inovação se realiza em um contexto histórico e social, uma vez que "[...] existe em um determinado lugar, tempo e circunstância, como produto de uma ação humana sobre o ambiente ou o meio social" (CUNHA, 2009, p. 182).

Pacheco (2019, p. 50), conjuntamente, colabora com elementos relevantes de seus estudos ao ponderar que, no campo da educação, a inovação "[...] será um processo transformador que promova a ruptura paradigmática, mesmo que parcial, com impacto positivo na qualidade das aprendizagens e no desenvolvimento harmônico do ser humano". Desse modo, pressupõe não a "mera adoção de novidades, inclusive as tecnológicas", mas mudanças na forma de compreender o conhecimento. Então, cabe aqui o entendimento de que é "[...] preciso harmonizar a introdução das novas tecnologias com a reinvenção da escola [...]. Se tal não acontecer, sem novas tecnologias ou com novas tecnologias, a velha *escola da aula* poderá continuar produzindo ignorância, exclusão, infelicidade" (PACHECO, 2019, p. 115). Não se trata de tentar melhorar um modelo educacional "herdado da primeira revolução", mas de conceber e desenvolver "uma nova construção social da aprendizagem".

A inovação também é criatividade e "quase sinônimo de adaptação" (PACHECO, 2019, p. 51), pois tudo o que foi inventado transitou por um processo de recriação do já existente, modificando-o em novas formas e qualidades. Por isso, que o "[...] lado positivo da inovação está precisamente na sua direção em relação ao futuro e no modo como apresenta o que é novo e diferente [...]" (PACHECO, J. A., 2019, p. 7). Esse processo inclui transitoriedade, novidade e diversidade. Dessa forma, a escola, organizada por um projeto curricular que atua como elo de gerações, vê-se instigada a responder a esse desafio constantemente,

> [...] tornando-se fundamental analisar os pressupostos de uma teoria da inovação curricular que problematize não só a aprendizagem, mas também o conhecimento. Por isso, o currículo e o conhecimento são indissociáveis, tornando-se crucial procurar respostas para esta interrogação identitária do campo de estudos que foi ganhando estatuto epistemológico nas ciências sociais e humanas e nas ciências da educação: Que conhecimento é o mais valioso? (PACHECO, J. A., 2019, p. 8).

Nesse ponto de vista, a formação de professores é um eixo que merece atenção, considerando que "[...] a capacidade de inovar do professor é um dos pontos centrais da sua formação" (PACHECO, J. A., 2019, p. 8), reconhecendo-se que tem um papel fundamental nas mudanças educativas e na projeção social da escola.

Cabe ressaltar, também, o que Carbonell (2002) problematiza quando aborda os fatores que dificultam e os que favorecem a promoção da inovação na escola. Quanto às dificuldades, o autor traz questões importantes, como: as resistências e as rotinas dos professores; o individualismo e o corporativismo interno; o pessimismo e o mal-estar docente; os efeitos das reformas; os paradoxos do duplo currículo; o divórcio entre a pesquisa universitária e a prática escolar. Já quanto aos fatores que favorecem, destaca: equipes docentes sólidas e comunidade educativa receptiva; redes de intercâmbio e cooperação, assessores, colaboradores críticos e outros apoios externos;

a proposta da inovação e a mudança dentro de um contexto territorial; o clima ecológico e os rituais simbólicos; a institucionalização da inovação; a consciência de que "quando a inovação não avança, retrocede"; a vivência, a reflexão e a avaliação.

De modo geral, esses fatores contribuem para a reflexão, e, para que eu possa caracterizar e compreender uma prática educativa como inovadora, tomarei como referência as condições e os indicadores de inovação utilizados por Cunha (2006) que, por sua vez, inspirou-se em Sousa Santos (1998, 2000) e em Lucarelli (2000, 2004). Esses indicadores, os quais destaco a seguir, envolvem a:

- *Ruptura com a forma tradicional de ensinar e aprender* e/ou com procedimentos inspirados nos princípios positivistas da ciência moderna;
- *Gestão participativa*, por meio da qual os sujeitos do processo inovador são protagonistas da experiência, desde a concepção até a análise dos resultados;
- *Reconfiguração dos saberes*, com a anulação ou diminuição das clássicas dualidades entre saber científico/saber popular, ciência/cultura, educação/trabalho etc.;
- *Reorganização da relação teoria/prática*, rompendo com a clássica proposição de que a teoria precede a prática, dicotomizando a visão de totalidade;
- *Perspectiva orgânica no processo* de concepção, desenvolvimento e avaliação da experiência desenvolvida;
- *Mediação* entre as subjetividades dos envolvidos e o conhecimento, envolvendo a dimensão das relações e do gosto, do respeito mútuo, dos laços que se estabelecem entre os sujeitos e o que se propõem a conhecer;
- *Protagonismo*, compreendido como a participação dos alunos nas decisões pedagógicas, valorização da produção pessoal, original e criativa dos estudantes, estimulando processos intelectuais mais complexos e não repetitivos.

Assim sendo, com base nos estudos de Cunha (2006), considero que as atitudes emancipatórias também exigem conhecimentos, competências técnicas e sociais que configurem um saber fazer que extrapole os processos de reprodução do conhecimento. Isso significa que a "[...] competência situa-se, justamente, em agir diferentemente para cada situação, a partir da leitura da cultura e das condições de produção do conhecimento que se estabelecem entre o professor e seus estudantes" (CUNHA, 2006, p. 17).

Os processos de ensinar e aprender que apresentam perspectivas de emancipação são mobilizadores de intervenções direcionadas às rupturas que atuam na direção da mudança e não são "[...] medidos pelo tamanho e abrangência, mas sim pela profundidade e significado que tem para os sujeitos envolvidos" (CUNHA, 2006, p. 9). Assim, mostram certo desafio na verificação do seu dimensionamento, algo que, segundo a autora, necessita de um período de maturação para produzir efeitos, os quais "poderão ser múltiplos e heterogêneos".

Dessa maneira, percebendo que, do ponto de vista formativo, "[...] as pessoas aprendem muito sobre si mesmas na medida em que se dedicam ao seu trabalho" (SILVA, 2015, p. 101), é possível considerar a metáfora da artesania (SENNETT, 2019) uma ferramenta para refletir sobre a inovação das práticas educativas engendrada ao processo de construção do profissionalismo docente. Levando em conta a relação entre o "pensar" e o "fazer", tal construção é vislumbrada como "o desejo de um trabalho bem-feito por si mesmo" (SENNETT, 2019, p. 19). Ao olhar pela lente da "artesania", tendo em conta que a "habilidade artesanal seria uma produção derivada da inquietude do artífice" e mobilizada nas vivências do cotidiano escolar, encontro mais uma senda para pensar a inovação e o processo formativo.

Portanto, as ponderações dos autores balizam meu entendimento de que a inovação das práticas educativas não se encontra ou se desenvolve na "volatilidade da moda" (CARBONELL, 2002; SANCHO-GIL, 2018) ou no "futuro superficial", mas no "futuro profundo" (PACHECO, J. A., 2019, p. 145). Para além disso, se constitui mediante uma "inquietude" instigada pelo "desejo de um trabalho bem-feito" (SENNET, 2019), que, acima de tudo, reverbera numa "ruptura paradigmática" que exige a reconfiguração de saberes em uma perspectiva emancipatória (CUNHA, 2006).

A perspectiva emancipatória por mim acolhida se ancora nos estudos de Cunha (2006, 2009, 2016), para a qual não há a "[...] negação da história, mas sim a tentativa de partir desta para fazer avançar o processo de mudança, assumindo a fluidez das fronteiras que se estabelecem entre os paradigmas da competição" (CUNHA, 2006, p. 19). Ao partir dessa concepção, há o entendimento da possibilidade de ruptura com a lógica dominante que impõe, não raras vezes, "a homogeneização como paradigma" (CUNHA, 2006).

As reflexões apresentadas até aqui me possibilitaram o aprofundamento teórico sobre a formação de professores articulado às questões curriculares e à inovação educativa, as quais contribuirão para as análises dos dados. Essas tessituras reflexivas perpassaram a literatura produzida, os documentos legais e curriculares vigentes nas políticas de formação de professores e o estudo do conhecimento produzido em pesquisas e periódicos.

CAPÍTULO 4

DELINEAMENTO DOS CAMINHOS DA PESQUISA

> *Só existe saber na invenção, na reinvenção, na busca inquieta, impaciente, permanente, que os homens fazem do mundo, com o mundo e com os outros. Busca esperançosa também.*
> (FREIRE, 2005, p. 67)

Neste capítulo, apresento como foram engendrados os parâmetros da trajetória para a construção dos conhecimentos e saberes desta pesquisa. A metodologia de um trabalho de pesquisa é um caminho de reflexão e ação para abordar a realidade investigada, indicando "[...] as conexões e a leitura operacional que o pesquisador fez do quadro teórico e de seus objetivos de estudo" (DESLANDES, 2008, p. 47). Assim, "[...] não é apenas uma questão de rotina de passos e etapas [...], mas de vivência de um problema, com pertinência e consistência em termos de perspectivas e metas" (GATTI, 2007, p. 53).

Nessa lógica, busco contemplar a abordagem metodológica que trouxe suporte e balizou os desafios desta prática investigativa, destacando aspectos relativos ao modo de aproximação ao campo empírico, às interlocutoras, os instrumentos para o levantamento dos dados e a operacionalização da análise desses dados. Para tanto, procuro manter como base uma perspectiva crítica e criativa, mas que também se atreve a utilizar a "esperança como recurso" (APLLE, 2017; FREIRE, 1996, 2005), pois a esperança "[...] baseada na ação impede tanto a acomodação pragmática à realidade quanto a fuga para idealismos incapazes de interferir na história" (STRECK, 2008, p. 172).

4.1 Composição metodológica: natureza e tipo de pesquisa

Segundo Gatti (2007, p. 57), "pesquisar é avançar fronteiras". Nessa perspectiva, o ato de pesquisar se constitui a partir da inquietude da busca pelo conhecimento sobre um certo assunto, visando à criação de um "[...] conhecimento que ultrapasse nosso entendimento imediato na explicação ou na compreensão da realidade que observamos" (GATTI, 2007, p. 9). A tessitura de uma pesquisa apresenta características peculiares para que se possa "[...] ter uma certa segurança quanto ao tipo de conhecimento gerado". Portanto, esse conhecimento está vinculado a critérios de escolha e interpretação de dados, mas "[...] não são únicos nem universais [...], cada pesquisador com seu problema tem que criar seu referencial de segurança", pois "[...] o conhecimento científico se fez e se faz por meio de uma grande variedade de procedimentos e a criatividade do pesquisador em inventar maneiras de bem realizar os seus estudos" (GATTI, 2007, p. 11). A partir desse ponto de vista, a pesquisa pode ser "[...] construída artesanalmente por um artífice através do trabalho intelectual" (DESLANDES, 2008, p. 31). Contudo, torna-se oportuna a reflexão sobre a sugestão de Mills (1980) de perseguir as virtudes do artesão intelectual, paciente e detalhista, que evita assim o "fetichismo do método e da técnica", para que possa utilizá-los artesanalmente adequando-os e reinventando os caminhos próprios da sua investigação. Portanto, é possível compreender a relevância de articular os dados da pesquisa com sólidos conhecimentos epistemológicos e referenciais teórico-conceituais substantivos.

Em educação, a pesquisa se reveste de algumas características específicas. Conforme explica Gatti (2007, p. 12), "[...] pesquisar em educação significa trabalhar com algo relativo a seres humanos ou com eles mesmos, em seu próprio processo de vida". Esse campo de estudos envolve a interação complexa de vários fatores imbricados à existência humana, "[...] desde o nosso corpo até as nossas ideologias, num conjunto único, porém em constante processo simultâneo de consolidação, contradição e mudança" (GATTI, 2007, p. 13). Nesse âmbito de preocupação e cuidado, os pesquisadores em educação optam "[...] entre os múltiplos caminhos que os aproximam da compreensão desse fenômeno, escolhendo, também, um ângulo de abordagem" (GATTI, 2007, p. 14).

Assim, optei por alinhar-me a outros estudos, delineados pela perspectiva qualitativa de pesquisa. Ao considerar que esta pesquisa tem como objetivo compreender a percepção que os egressos do curso de Letras do IFRS, do Campus Feliz, revelam sobre sua formação docente e sobre as repercussões do curso diante das possibilidades de reconfigurar suas práticas educativas com vistas à inovação, o uso dessa abordagem possibilitará a compreensão do "[...] universo de significados, motivos, aspirações, crenças, valores e atitudes, o que corresponde a um espaço mais profundo das relações, dos processos e dos fenômenos que não podem ser reduzidos à operacionalização de variáveis" (MINAYO, 2008, p. 21). Desse modo, uma abordagem compreensiva e interpretativa amplia o potencial da análise, pois na pesquisa qualitativa:

> Seu propósito fundamental é a compreensão, explanação e especificação do fenômeno. O pesquisador precisa tentar compreender o significado que os outros dão às suas próprias situações. Tarefa esta realizada segundo uma compreensão interpretativa da primeira ordem de interpretação das pessoas, expressa em sua linguagem, gestos etc. Trata-se de um processo de compreensão em geral, com dois níveis. O primeiro é o da compreensão direta ou apreensão imediata da ação humana sem qualquer inferência consciente sobre a atividade. No segundo nível, que é mais profundo, o pesquisador procura compreender a natureza da atividade em termos do significado que o indivíduo dá à sua ação. (SANTOS FILHO, 2002, p. 43).

Visualizo que a interpretação significativa é obtida perante um processo de mobilização "[...] constante entre as partes e o todo, em que não há ponto absoluto de partida nem de chegada. A compreensão de uma ação particular requer a compreensão do significado-contexto no qual ela se dá e esta compreensão depende daquela da ação particular" (SANTOS FILHO, 2002, p. 43).

A pesquisa qualitativa "[...] não chega ao mundo da educação como uma moda e nem ao acaso" (BRANDÃO, 2003, p. 89). Ela começa a ser utilizada e desenvolvida de formas e em momentos diferentes por educadores e pesquisadores em educação. Emerge, então, quando, pouco a pouco, se passa a dar atenção às previsíveis e imprevistas relações interpessoais vividas entre palavras e outros gestos de pessoas que passam a ser percebidas como atores de múltipla vocação cultural. Segundo Brandão (2003, p. 91), a opção pela pesquisa qualitativa não se dá numa simples troca de formalidades: do "objetivo" para o "subjetivo"; da "opção sujeito-objeto" para a comunicação entre "dois sujeitos interativos através de suas diferenças"; da "análise da quantidade" para a "compreensão da qualidade". Esse deslocamento se encontra na tomada de consciência do pesquisador, quando, na busca pelo entendimento de seus questionamentos, mobiliza-se a "sair do 'lado da estrutura formal' para o 'lado da relação e do acontecimento vivenciado'". É assim que, nesse processo, a interpretação contemplará "[...] uma compreensão fundada na aventura assumida da intersubjetividade" (BRANDÃO, 2003, p. 91).

Bogdan e Biklen (1994) complementam que, na pesquisa qualitativa, a fonte direta de dados é o ambiente natural; a forma de registro é descritiva; o interesse principal são os processos, e não os produtos ou resultados; os dados são analisados, na maioria das vezes, de forma indutiva, e o significado é de grande importância. Também destacam que o "[...] processo de condução de investigação qualitativa reflete uma espécie de diálogo entre os investigadores e os respectivos sujeitos da pesquisa" (BOGDAN; BIKLEN, 1994, p. 51).

Considerando tais concepções, as quais se mostraram entrelaçadas às escolhas metodológicas da minha investigação, destaco que minha intenção não é trazer respostas definitivas para o tema discutido, mas colaborar com o debate no campo educacional, com o propósito de ir ao encontro do que tem sido o objetivo constante de reflexões e práticas em universidades e escolas, ou seja, "[...] a melhoria da qualidade da educação que estamos construindo no Brasil" (RIOS, 2002, p. 155). Penso também que, ao compreender que não há pesquisa neutra (BRANDÃO, 2003), meu papel como pesquisadora "[...] não é só o de quem constata o que ocorre, mas também o de quem intervém como sujeito de ocorrências" (FREIRE, 1996, p. 85). Constatando, torno-me capaz de, ao olhar para mim mesma e para o campo empírico, ter a possibilidade de construir novos saberes, educando e me educando. Isso porque a investigação pode, ao mesmo tempo que produz conhecimentos, propiciar a formação. Conforme explica Cunha (2017, p. 2),

> A pesquisa, para além da sua função social de produtora de conhecimento com vistas às demandas da sociedade, tem um significativo papel formador, especialmente quando se compreende formação numa dimensão reflexiva e permanente. Seu sentido pedagógico situa-se na capacidade de estimular o pensamento dos sujeitos, de mantê-los em constante estado de aprender a aprender e a saber pensar para poder intervir no mundo de forma responsável. Mais do que métodos, a pesquisa requer e proporciona atitudes que, auxiliando a autonomia intelectual dos sujeitos, é capaz de auxiliar na sua cidadania.

Dessa maneira, tomo como base que a pesquisa como formação origina-se do estímulo ao pensamento crítico e à sua dimensão social. Assim, pode-se compreender que a produção do conhecimento é tarefa social e coletiva. Daí a necessidade de diálogo e interlocução com os outros na produção do conhecimento, pois a pesquisa como diálogo "[...] se contrapõe ao modelo tecnicista de educação que, em muitas circunstâncias, propiciou a transposição do modelo estratégico das economias globais para o campo educativo definindo seus fins e objetivos em termos de resultados pragmáticos e produtivos" (CUNHA, 2017, p. 2).

Nessa perspectiva, para o processo de construção de novos conhecimentos e no intento de alcançar os objetivos traçados nesta pesquisa, foram utilizados diferentes elementos de estudo que viabilizaram a tessitura dessa experiência investigativa. Para tanto, os princípios da Análise de Conteúdo serviram como ferramenta/estratégia para a análise dos dados, que foram obtidos por meio de três instrumentos: o questionário, as entrevistas semiestruturadas e o grupo focal.

À vista disso, entendo ser relevante apresentar, primeiramente, o campo empírico da pesquisa e, na sequência, os instrumentos e o procedimento para o levantamento dos dados, seguidos da explicitação sobre como se deu a sua análise.

4.2 Campo empírico da pesquisa

O Instituto Federal de Educação, Ciência e Tecnologia do Rio Grande do Sul (IFRS) é uma instituição federal de ensino público e gratuito que se propõe a fornecer ensino humanizado, crítico e cidadão. Foi instituído pela Lei n.º 11.892, de 29 de dezembro de 2008. Conforme tal legislação, o IFRS é uma autarquia federal vinculada ao Ministério da Educação (MEC) que goza de prerrogativas com autonomia administrativa, patrimonial, financeira, didático-científica e disciplinar, pertencendo à Rede Federal de Educação Profissional e Tecnológica.

Oferece cursos gratuitos em 16 municípios do Rio Grande do Sul. As unidades desse Instituto são: Campus Alvorada, Campus Bento Gonçalves, Campus Canoas, Campus Caxias do Sul, Campus Erechim, Campus Farroupilha, Campus Feliz, Campus Ibirubá, Campus Osório, Campus Porto Alegre, Campus Restinga (Porto Alegre), Campus Rio Grande, Campus Rolante, Campus Sertão, Campus Vacaria, Campus Veranópolis e Campus Viamão. A reitoria da instituição está localizada no município de Bento Gonçalves.

Figura 1 – Composição dos campi do IFRS

Fonte: a autora a partir do mapa dos campi disponibilizado no site do IFRS

No total, são cerca de 22 mil alunos e 217 opções de cursos gratuitos, sendo eles: técnicos de nível médio, de graduação, especialização e mestrados profissionais. Também são ofertados cursos de extensão e de programas do governo federal. A instituição tem aproximadamente 1.192 professores e 918 técnicos-administrativos[10].

Conforme dados divulgados em abril de 2021, pelo MEC, o IFRS possui conceito 4 no Índice Geral de Cursos (IGC), em uma escala crescente que vai até 5. O indicador refere-se à avaliação do ano de 2020. Também cabe destacar que a instituição está classificada entre as melhores universidades do mundo no ranking do Centro de Classificações Universitárias Mundiais (CWUR). No ano de 2021, conquistou, pela terceira vez consecutiva, a colocação nessa listagem que contempla instituições do mundo inteiro.

---

[10] Dados disponibilizados pela instituição em: https://ifrs.edu.br/. Acesso em: 10 ago. 2021.

A partir da Lei n.º 11.892, de 29 de dezembro de 2008, em seu artigo 7º, inciso IV, alínea "b", instituiu-se a obrigatoriedade da oferta de licenciaturas. De acordo com essa legislação, os IFs devem destinar, no mínimo, 20% das vagas para "[...] cursos de licenciatura, bem como programas especiais de formação pedagógica, com vistas na formação de professores para a educação básica, sobretudo nas áreas de Ciências e Matemática, e para a Educação Profissional" (BRASIL, 2008, s/p).

No Quadro 5, a seguir, apresento os cursos de licenciatura ofertados pelo IFRS:

Quadro 5 – Cursos de licenciatura ofertados pelo IFRS

Cursos de Licenciatura Ofertados pelo IFRS	
CURSO	**CAMPUS**
Licenciatura em Ciências Agrícolas	Sertão
Licenciatura em Ciências Biológicas	Sertão, Vacaria
Licenciatura em Ciências da Natureza – Biologia e Química	Porto Alegre
Licenciatura em Física	Bento Gonçalves
Licenciatura em Letras Português	Bento Gonçalves
Licenciatura em Letras Português e Espanhol	Restinga
Licenciatura em Letras Português e Inglês	Feliz, Osório
Licenciatura em Matemática	Bento Gonçalves, Canoas, Caxias do Sul, Ibirubá, Osório
Licenciatura em Pedagogia	Alvorada, Bento Gonçalves, Farroupilha, Porto Alegre, Vacaria
Licenciatura em Química	Feliz

Fonte: a autora após a pesquisa no site do IFRS em dezembro de 2020

Como esta pesquisa tem como campo empírico de estudo a formação de professores do curso de licenciatura em Letras de um desses campi, na próxima seção, apresento o Campus Feliz e a Licenciatura em Letras – Português e Inglês ofertada nesse espaço de aprendizagem.

4.2.1 O curso de licenciatura em Letras do Campus Feliz e seus egressos

O Campus Feliz está localizado na cidade de Feliz, a qual integra a região do Vale do Rio Caí, no Rio Grande do Sul, composta por aproximadamente 20 municípios. Essa região destaca-se na fruticultura, principalmente de cítricos, morango e amoras, assim como na produção de cerâmica tradicional. O município de Feliz pertence à mesorregião metropolitana de Porto Alegre e à microrregião de Montenegro. Compreende uma área de 96 Km²; sendo que a população do município[11], em 2019, era de 13.547, conforme estimativa do IBGE (PDI, 2021-2023).

Figura 2 – Imagem do IFRS – Campus Feliz

Fonte: arquivo do Facebook do IFRS – Campus Feliz

Conforme explícito no histórico do Projeto Pedagógico do Curso – PPC (2016)[12] de Letras – Português e Inglês, as atividades dessa instituição iniciaram, em 2008[13], com as aulas no curso técnico em Administração[14].

---

[11] Dados disponíveis no site da prefeitura da cidade de Feliz: https://www.feliz.rs.gov.br/web/. Acesso em: 20 jan. 2021.

[12] Projeto Pedagógico do Curso (PPC) superior de licenciatura em Letras – Português e Inglês do Campus Feliz – documento que apresenta os quesitos necessários à formação que possibilitará a construção de conhecimentos relacionados ao ensino e à aprendizagem de língua materna e estrangeira. Nele, além de outros elementos relevantes, consta a caracterização do Campus, o histórico do curso e sua concepção político-pedagógica. O PPC (2016) é resultado da primeira reformulação deste documento, que foi aprovado inicialmente em agosto de 2014. Para a reformulação, organizou-se uma comissão de professores que integravam o colegiado do curso para desenvolverem estudos e estruturarem as reformulações necessárias, conforme a legislação nacional vigente.

[13] Nesse momento, sob responsabilidade do Centro Federal de Educação Tecnológica – CEFET de Bento Gonçalves com denominação de Unidade de Feliz. Após a instituição da Lei de n.º 11.892 do ano de 2008, com a criação dos IFs, o primeiro passa a ser denominado de Instituto Federal de Educação, Ciência e Tecnologia – IFRS Campus Bento Gonçalves. No ano de 2009, a Unidade de Feliz passou a ser responsabilidade do IFRS Campus Bento Gonçalves, tornando-se, assim, Núcleo Avançado de Feliz.

[14] O curso deixou de ser ofertado em 2011 e, nesse mesmo ano, passou a ser oferecido o curso Superior Tecnológico de Processos Gerenciais.

Em 1º de fevereiro de 2010, ocorreu a inauguração oficial do Campus Avançado de Feliz, e, no dia 24 de maio do decorrente ano, foi lavrada no cartório da cidade de Feliz a doação da área urbana de terras (61.203,11m²) e três prédios de alvenaria para o IFRS, onde está estruturado o campus atualmente. A construção dessa unidade buscou priorizar aspectos arquitetônicos que empregam materiais e técnicas com o menor impacto ambiental, de forma a interagir e moldar-se ao meio ambiente, respeitando suas especificidades.

Pouco mais de três anos depois da inauguração, em 23 de abril de 2013, a instituição deixou o estatuto de unidade avançada e se tornou o Campus Feliz. Com isso, passou a ter orçamento próprio e conseguiu ampliar a estrutura física, o número de técnicos administrativos e de docentes e aumentou a oferta de cursos para a população (PDI, 2014-2018).

Atualmente, essa instituição oferece os seguintes cursos: Técnico em Meio Ambiente Integrado ao ensino médio, Técnico em Química Integrado ao ensino médio, Técnico em Informática Integrado ao ensino médio, Técnico em Meio Ambiente, Superior de Tecnologia em Análise de Desenvolvimento de Sistemas, Superior de Tecnologia em Processos Gerenciais, Licenciatura em Letras – Português e Inglês, Licenciatura em Química, Especialização Lato Sensu em Gestão Escolar, Especialização – MBA em Gestão Empresarial e Empreendedorismo, Mestrado Profissional em Tecnologia e Engenharia de Materiais (esse último em estrutura multicampi, integrando os campi de Caxias do Sul, Farroupilha e Feliz. No segundo semestre do ano de 2021, o campus possuía 649 alunos matriculados.

Como meu foco de estudos abrange o curso de Licenciatura em Letras desse campus, volto minha atenção, neste momento, para as especificidades desse curso de formação de professores. Saliento que minha escolha por realizar a pesquisa considerando empiria essa instituição, o curso de Licenciatura em Letras – Português e Inglês e os egressos desse curso não se deu de forma aleatória. Como explicitado já na introdução, atuo como docente nessa instituição, de modo que essa opção desvela meu comprometimento enquanto formadora de professores. Integrei, desde o primeiro semestre, o colegiado do curso escolhido, sendo a única professora da área da Pedagogia a atuar nesse campus até meados de 2018. Para além disso, pondero meu engajamento e compromisso enquanto pesquisadora da formação de professores que busca dar visibilidade à profissão docente e à educação pública, gratuita e de qualidade, em um momento de tantos ataques às instituições da rede federal de ensino.

Para a estruturação e oferta do curso de Licenciatura em Letras – Português e Inglês, no Campus Feliz, inicialmente em 2012, sob coordenação e viabilização dos docentes, foi organizada uma pesquisa para o levantamento de demandas de cursos junto aos 14 municípios integrantes do Vale do Rio Caí. Naquele levantamento, 739 pessoas responderam aos questionários. Entre elas, estudantes, professores e trabalhadores dos setores primário, secundário e terciário. Quanto aos resultados, identificaram-se seis licenciaturas que mais despertaram interesse em potenciais alunos, dados que podem ser verificados no Quadro 6.

Quadro 6 – Demanda de interesse por cursos de licenciatura (Pesquisa de demandas – 2012)

Interesse por Cursos de Licenciatura	
CURSO	%
Licenciatura em Matemática	20,71
Licenciatura em Ciências Biológicas	18,69
Licenciatura em Letras	18,69
Licenciatura em Pedagogia	18,43
Licenciatura em Química	9,09
Licenciatura em Física	7,83
Licenciatura em História	1,26
Licenciatura em Educação Física	1,01
Outras	4,29

Fonte: a autora após pesquisa no PPC (2016) do curso de Letras, Campus Feliz, em junho de 2021

Além desse levantamento, no primeiro semestre de 2013, mediante coordenação e realização dos docentes, implementou-se outra pesquisa de demandas, naquela ocasião tendo como foco o interesse dos docentes (de todos os níveis da educação básica) e discentes (concluintes do ensino médio) por cursos de licenciatura. Totalizaram 1.170 respondentes dos municípios que compõem o Vale do Caí. Destes, 65% eram mulheres e 35% homens.

Em relação ao interesse dos entrevistados por cursos de licenciatura, destaco os três com maior manifestação: em primeiro lugar, Licenciatura em Pedagogia (18,38%), equivalendo a 215 entrevistados; na segunda posição,

Licenciatura em Matemática (13,08%), com 153 entrevistados; e em terceiro lugar, Licenciatura em Letras, abarcando 140 entrevistados. Para além desses aspectos, cabe destacar que 400 entrevistados (34,19%) revelaram não ter interesse por cursos de licenciatura. No Quadro 7, apresento o panorama geral desses dados.

Quadro 7 – Respondentes interessados por Cursos de Licenciatura (Pesquisa de demandas – 2013)

Interesse por Cursos de Licenciatura		
CURSO	**RESPONDENTES**	**%**
Licenciatura em Pedagogia	215	18,38
Licenciatura em Matemática	153	13,08
Licenciatura em Letras	140	11,97
Licenciatura em Biologia	129	11,03
Licenciatura em Química	85	7,26
Licenciatura em Física	48	4,10
Não tem interesse	400	34,19
Total	**1.170**	**100**

Fonte: a autora após pesquisa no PPC (2016) do Curso de Letras, Campus Feliz em junho de 2021

Como pode ser observado, os cursos que tiveram maior percentual de interesse na pesquisa de demandas de 2012 e 2013 foram os de Pedagogia e Matemática. No entanto, já eram ofertados por outros campi do IFRS que se localizam na microrregião de Feliz, como o Campus Bento Gonçalves — que já ofertava a Licenciatura em Pedagogia e Matemática — e o Campus Caxias do Sul — que disponibilizava o curso de Matemática. Ambos se distanciam por volta de 50 Km da cidade de Feliz.

O aspecto relevante considerado para a escolha pela oferta desse curso é o fato de que ainda não era oferecida, na região mencionada, a graduação em Letras – Português e Inglês. Conforme o PPC (2016) do curso de Letras, as alternativas que se encontravam disponíveis para cursá-la, naquele ensejo, eram:

- Na cidade de Novo Hamburgo, em um centro universitário privado, o qual se localiza a 43 km de Feliz;

- No Vale do Rio dos Sinos, na cidade de São Leopoldo, em distância aproximada de 50 Km de Feliz, sendo o curso também ofertado em instituição privada;
- Na capital do estado do Rio Grande do Sul, em um raio de 100 km, havia a opção de estudar em Porto Alegre, onde também era ofertado o curso em duas instituições, uma pública e uma privada.

Nesse sentido, a oferta do curso no campus Feliz oportuniza o acesso de alunos que não tenham "[...] condições de custear uma instituição particular" (PPC, 2016, p. 17) ou que se deparam com os entraves financeiros e/ou logísticos do transporte coletivo[15] para cursar a instituição pública na capital. Para além disso, conforme expresso no documento, tendo como base os dados do Censo Escolar da Educação Básica, no ano de 2013, havia 3.403 professores com formação em Letras atendendo escolas da 2ª Coordenadoria Regional de Educação, e 433 não possuíam licenciatura. No que abrange essa Coordenadoria, as escolas do Vale do Caí contavam com 687 professores lecionando, parte desses sem a licenciatura.[16] Desse modo, considerando a quantidade de professores necessários para lecionar nessa área de conhecimento e levando em conta sua substituição, ao longo dos anos, por consequência de aposentadorias e outras razões, percebeu-se uma "demanda importante de formação na microrregião", bem como que o egresso de nosso curso poderia "contribuir para a melhoria constante da educação de sua região" (PPC, 2016, p. 11). Assim, a proposta curricular do curso foi organizada mediante o objetivo de "[...] formar professores que tenham consciência de seu papel social e da necessidade de profissionais da educação serem pessoas em processo contínuo, autônomo e permanente de formação" (PPC, 2016, p. 18).

Ao considerar tais aspectos, cabe registrar que a atuação de um licenciado em Letras, com habilitação em Português e Inglês, abrange o ensino de: 1) língua materna no ensino fundamental do 6º ao 9º ano; 2) língua materna, literatura e produção textual no ensino médio; e 3) ensino de Língua Inglesa da educação infantil até o ensino médio, assim como em cursos livres de idiomas. O trabalho desse profissional é bastante amplo nas instituições educacionais, e os componentes curriculares ministrados por docentes dessa área envolvem carga horária significativa.

---

[15] Ao realizar o curso na capital, existe a possibilidade de ter que residir lá, em virtude de o transporte coletivo ser escasso e esparso entre Porto Alegre e os municípios do Vale do Rio Caí.

[16] Ao realizar a pesquisa no PPC (2016) do curso de Letras, não constava o número exato de professores que não tinham cursado a licenciatura.

Dado esse contexto, o curso de Licenciatura em Letras – Português e Inglês entrou em funcionamento, no ano de 2015, com o preenchimento das 16 vagas do processo seletivo de 2015, além dos interessados nas demais 16 vagas ofertadas pelo Sistema de Seleção Unificada (SISU). Nos anos posteriores, o número de vagas e as formas de ingresso permaneceram os mesmos. No segundo semestre do ano de 2021, havia 99 alunos matriculados no curso. Seu funcionamento ocorre na modalidade presencial, no turno da noite, integraliza oito semestres[17] e totaliza uma carga horária total de 3.216 horas-relógio.

O curso constitui-se de um conjunto de componentes curriculares, distribuídos por semestres e regidos por uma sequência não obrigatória, exceto para os que tiverem pré-requisitos. A organização do currículo elaborado propõe uma amplitude de componentes curriculares e conteúdos que abrangem as diversas áreas dos estudos em Letras, como: Linguística, Língua Portuguesa, Língua Inglesa e Literatura. Além disso, houve a preocupação com a valorização dos aspectos humanistas e dos estudos que envolvem a educação e sua especificidade histórica. No Quadro 8, a seguir, apresento as dimensões dos componentes curriculares e sua devida carga horária.

Quadro 8 – Estrutura das dimensões dos componentes curriculares e a carga horária do curso de Licenciatura em Letras – Português/ Inglês IFRS – Campus Feliz

DIMENSÕES DOS COMPONENTES CURRICULARES DO CURSO DE LETRAS – PORTUGUÊS/INGLÊS		CARGA HORÁRIA (horas-relógio)
Componentes curriculares de caráter Científico-cultural	Obrigatórias	2167
	Optativas	33
Prática de ensino		400
Estágio curricular supervisionado		416
Atividades acadêmico-científico-culturais		200
Carga horária total do curso		**3216**

Fonte: a autora após pesquisa no PPC (2016, p. 35) do Curso de Letras, Campus Feliz, em junho de 2021

---

[17] Conforme expresso no PPC (2016) do curso de Letras, o prazo máximo para a conclusão do curso é de 16 semestres letivos, o que corresponde ao dobro do tempo normal para sua integralização.

Segundo explicita o PPC (2016), e como destacado anteriormente, esse curso tem como principal objetivo a formação de profissionais habilitados a atuar como professores de língua portuguesa, língua inglesa e suas respectivas literaturas em instituições de educação básica, tanto do setor público quanto do privado. À vista disso, busca a formação de um profissional "[...] cidadão, consciente da diversidade cultural e socioeconômica nos ambientes escolares, competente, capaz de articular teoria à prática, contribuindo para a educação integral dos alunos da Educação Básica" (PPC, 2016, p. 18).

Da forma como estão organizadas, as atividades e disciplinas curriculares visam possibilitar a formação ao egresso licenciado em Letras de maneira que seja capaz de analisar, descrever e explicar a estrutura e o funcionamento da língua e desempenhar o papel de multiplicador, formando leitores intérpretes e produtores de textos diversos. Também é objetivo do curso formar licenciados capazes de orientar e mediar o ensino, elaborar e executar projetos para o desenvolvimento dos conteúdos curriculares, bem como produzir ou avaliar recursos didático-pedagógicos pertinentes à sua área de formação. Para além disso, envolvendo todas essas habilidades, o licenciando precisa desenvolver um compromisso ético e responsável em sua prática docente.

A proposta curricular elaborada para o curso de Licenciatura em Letras do Campus Feliz está estruturada com base em pressupostos filosóficos e pedagógicos explicitados em documentos que regimentam a instituição, tais como: o Plano de Desenvolvimento Institucional (PDI)[18], o Projeto Pedagógico Institucional (PPI) e a Organização Didática[19] do IFRS (OD IFRS), além de considerar a legislação educacional brasileira vigente. No que tange à formação profissional, o curso objetiva "[...] a promoção do conhecimento científico e da inovação tecnológica, pertinentes aos desafios postos à sociedade contemporânea e à formação para o trabalho, numa concepção emancipatória, tendo em vista a sua função social" (OD IFRS, 2016, p. 6). Ademais, conforme propõe o PPI, o ensino nos cursos

---

[18] Plano de Desenvolvimento Institucional (PDI) é o documento elaborado para um período de cinco anos. Nesse caso, foi considerado o documento vigente dos anos de (2014-2018). Trata-se de um instrumento de planejamento estratégico e gestão que contém a missão, a visão, os valores, as estratégias e ações para atingir metas e objetivos planejados pelas instituições de ensino. O PDI serve para orientar a instituição no alcance de suas metas e objetivos planejados nas áreas de ensino, pesquisa, extensão, administração e desenvolvimento institucional. Além disso, nesse documento consta integrado o Projeto Pedagógico Institucional (PPI), o qual baliza as ações educativas e busca promover o ensino de graduação do IFRS, articulado aos demais níveis de ensino da instituição.

[19] Organização Didática (OD) do IFRS – documento que dispõe sobre as normas e procedimentos acadêmicos dos cursos em seus diferentes níveis, formas e modalidades, de acordo com o previsto no Estatuto e Regimento Geral do IFRS, nos dispositivos da legislação educacional vigente e demais ordenamentos institucionais.

de graduação do IFRS está ancorado ao ideário da gestão democrática e à reflexão crítica e ética (PDI, 2014-2018). O curso de Licenciatura em Letras elaborou a proposta curricular assumindo o desafio da construção de um processo de ensino que implementasse o exercício e o desenvolvimento da "[...] autonomia, da liberdade para pensar, criticar, criar e propor alternativas que se traduzem na possibilidade de apresentar soluções próprias para os problemas enfrentados nesse nível de ensino" (PPC, 2016, p. 25). Essa concepção curricular vem ao encontro da proposta prevista no PDI (2014-2018), corroborando o intento de buscar desenvolver uma sólida formação, com bases éticas e humanísticas, articulando os conhecimentos teóricos e práticos específicos com a formação geral.

Cabe relembrar que, para esta pesquisa, usarei lentes analíticas para escrutinar além do conteúdo expresso no "currículo oficial" (SACRISTÁN, 1998, 2013). Seguindo essa lógica, manterei como foco o "currículo real" (SACRISTÁN, 2013), vivenciado pelos egressos no curso de Letras. Dessa forma, buscarei entender o que reverberou do currículo oficial "nos receptores ou destinatários (seus efeitos)" (SACRISTÁN, 2013).

No meu estudo, estão incluídos alunos que concluíram esse curso nos anos de 2018 e 2019. Esses egressos licenciados integram as duas primeiras turmas do curso de Licenciatura em Letras do Campus Feliz, ingressantes em 2015 e 2016. No levantamento realizado junto à direção de ensino da instituição, registrou-se, no ano de 2018, a quantidade de nove egressos, dentre esses um do gênero masculino. Na turma formada de 2019, 11 licenciadas egressas. Considero ser relevante registrar que 15 alunos que ingressaram nessas turmas seguiram no curso e formaram-se posteriormente.

Na sequência, passo a apresentar os instrumentos e o procedimento para o levantamento dos dados referentes a esse campo empírico descrito.

4.3 Instrumentos e procedimento para levantamento de dados

Segundo Mazzotti e Gewandsznajder (2002, p. 163), "[...] as pesquisas qualitativas são caracteristicamente multimetodológicas, isto é, usam grande variedade de procedimentos e instrumentos de coleta de dados". O leque de elementos coletados é amplificado para que seus significados possam ser interpretados, o que demonstra a preocupação com o rigor com o que se pretende conduzir a investigação na intenção de atingir os critérios relativos à credibilidade.

Seguindo esses princípios e orientações, passo a descrever os instrumentos e os procedimentos utilizados para que se acompanhe o caminho percorrido durante a pesquisa. Os instrumentos e procedimentos apresentados na sequência foram selecionados com o intuito de me aproximar da realidade que motivou meus questionamentos e de estabelecer a interação com os sujeitos da pesquisa, visando compreender a percepção que os egressos do curso de Letras revelam sobre sua formação docente e sobre as repercussões do curso diante das possibilidades de reconfigurar as práticas educativas com vistas à inovação.

4.3.1 Questionário

Conforme Triviños (2001, p. 66), "[...] o questionário é utilizado quando o pesquisador deseja recolher informações variadas, amplas, de um número considerável de sujeitos". Por isso, utilizei esse instrumento como meio para uma primeira (re)aproximação com os egressos. O objetivo era registrar dados mais específicos, com o preenchimento de alternativas, e possibilitar a narrativa dos interlocutores sobre o processo formativo vivenciado no curso de Letras. Com essas finalidades, o questionário foi elaborado para abranger o universo dos 20 egressos que compunham as turmas iniciais do curso de Letras, nos anos de 2015 e 2016. Sua realização viabilizou o primeiro levantamento de dados sobre suas percepções em relação ao processo formativo vivenciado, sobre o ingresso na profissão docente, além de reflexões sobre as práticas educativas por eles desenvolvidas e a formação continuada.

Para a realização do questionário, primeiramente, entrei em contato via WhatsApp com os 20 egressos explicando o objetivo e confirmando a forma de seu envio (WhatsApp ou e-mail). Feita a combinação com todos, após ter sido testado, reconstruído e ajustado, o questionário foi enviado, na primeira semana de junho de 2021, ficando definido o prazo de duas semanas para o preenchimento das respostas. No arquivo do questionário elaborado no Google Forms, constava o Termo de Livre Consentimento (TLC), informando-os da utilização dos dados e do conteúdo das narrativas.

O questionário, elaborado com perguntas fechadas e abertas, buscou não induzi-los a enquadrar suas percepções e sentimentos em alternativas apenas preestabelecidas. Possibilitei-lhes liberdade para responderem e narrarem com suas próprias palavras, criando o campo de perguntas abertas. Dos 20 questionários encaminhados, 18 retornaram com as questões respondidas. Com os dados em mãos, realizei dois movimentos. No primeiro momento, trabalhei com as respostas fechadas, na intenção de fazer um levantamento mais abrangente dos dados e, posteriormente, fui os delimitando, buscando focar a seleção das interlocutoras participantes da entrevista. No segundo momento, organizei uma tabela que intitulei de Tabela parcial 1, em que todas as narrativas foram aproximadas. Nas colunas horizontais, inseri as respostas de cada egresso, e nas linhas verticais constavam todas as respostas referentes a cada uma das questões. A partir daí, realizei a análise das respostas e elenquei as dimensões das unidades de sentido.

Esse instrumento, ao viabilizar a aproximação e o contato com os egressos, me possibilitou, a partir dos dados coletados, construir conhecimentos que favoreceram um resgate do processo formativo vivenciado. Posteriormente, as respostas também contribuíram para a compreensão das categorias de análise, assim como para a seleção das interlocutoras que atendiam aos critérios estipulados para participarem das entrevistas individuais e do grupo focal. Passo, então, a apresentar os dados desvelados nesse mapeamento inicial, os quais caracterizam os egressos, sua formação e a atuação profissional.

Quanto à idade dos egressos, a faixa etária fica em torno dos 23 a 35 anos, como pode ser visto no gráfico a seguir.

Gráfico 3 – Idade dos egressos em 2021/2

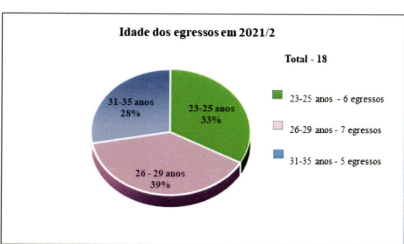

Fonte: a autora

Dos 18 egressos participantes, metade teve como formação no ensino médio o curso Normal, destinado à formação de docentes para a educação infantil e para os primeiros anos do ensino fundamental, todas do gênero feminino. A outra metade cursou o ensino médio de formação geral. Com relação à formação dos participantes, 61% (11) iniciaram o curso de Letras no ano seguinte à conclusão do ensino médio, 11% (2) se formaram em Pedagogia antes de iniciar o curso de Letras, 17% (3) iniciaram outros cursos superiores, como Administração (2) e Medicina (1), e os interromperam, optando, posteriormente, pelo curso de Letras; e 11% (2) decidiram, após a conclusão do ensino médio, por cursos profissionalizantes em sua área de atividade profissional na época, buscando estruturar-se financeiramente para o ingresso no ensino superior, o que ocorreu num período de dez anos quando ingressaram no curso de Letras.

Outro aspecto a ser pontuado se refere à atuação profissional dos alunos durante o processo formativo no curso de Letras. Como se trata de um curso ofertado no turno da noite, mais de 80% dos estudantes trabalhavam durante o dia, a maioria atuando na área da Educação, como pode ser visto no Gráfico 4.

Gráfico 4 – Atuação profissional durante o curso

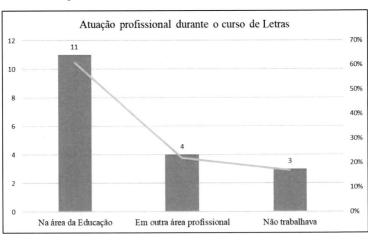

Fonte: a autora

No que concerne a outras áreas profissionais, essas abrangiam a indústria alimentícia, a segurança do trabalho, o trabalho técnico em enfermagem e o comércio. Conforme expresso nos dados, com a conclusão da graduação, ocorreram alterações em suas trajetórias profissionais. Dos que atuavam na educação, 82% (9) ampliaram suas horas de trabalho, e apenas 18% (2) permaneceram na mesma área e com a mesma carga horária. Dos que não atuavam na área da Educação, 50% (2) passaram a trabalhar na sua área de formação, e 67%(2) daqueles que não trabalhavam durante o curso estão atuando como docentes em sua área de conhecimento. Penso ser relevante sinalizar que apenas 17% (3) dos egressos não estão atuando na área da Educação como docentes, por motivos distintos: bolsa de estudos remunerada para a realização de mestrado (1), rescisão do contrato emergencial com a rede de educação em virtude da pandemia (1) e opção por permanecer em outra área de trabalho em razão da estabilidade financeira (1).

Na sequência, apresento um gráfico comparativo que mostra as diferentes etapas da Educação nas quais os egressos estão desempenhando suas atividades docentes atualmente.

Gráfico 5 – Atuação profissional na área da educação em 2021

Fonte: a autora

Buscando um olhar mais aproximado da carreira docente, percebi que, dos 15 egressos, 47% (7) atuam na rede municipal de ensino, 33% (5) trabalham na rede estadual e 20% (3), na rede privada de ensino. Quanto à forma de inserção no trabalho docente atual, a maioria (47%) ingressou mediante concurso público. Esses dados podem ser visualizados no Gráfico 6, a seguir.

Gráfico 6 – Forma de inserção na carreira docente

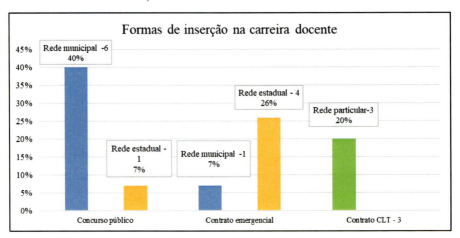

Fonte: a autora (2021)

Conforme Triviños (2001, p. 86), "[...] através do questionário, o investigador pretende alcançar, seguindo os objetivos do estudo, ideias que possam orientar o emprego de outros instrumentos, como a entrevista semiestruturada [...]". Nessa perspectiva, a partir dos dados emergentes do questionário, organizei o próximo instrumento de coleta de dados (as entrevistas semiestruturadas). Para tanto, estruturei os critérios para selecionar as interlocutoras participantes. Considerei essencial na escolha das entrevistadas estar atuando na profissão docente e ter dois anos ou mais de experiência na área de formação em Letras. Com base nesses critérios, foram definidas as oito egressas-interlocutoras desta pesquisa, sendo quatro da turma que se formou em 2018 e quatro da turma de 2019.

Como poderá ser observado no Quadro 10, a seguir, organizado como ferramenta de apoio para a seleção das interlocutoras, as oito egressas tiveram experiências na docência antes de se formarem no curso de Letras, visto que o tempo de atuação docente varia de quatro a 11 anos de experiência. Já no que se refere ao tempo de atuação na área de formação em Letras, 75% (6) atuam de dois até menos do que três anos, e 25% (2) trabalham de três até menos de quatro anos. A atuação na área de Letras talvez revele algumas características e desafios de professoras iniciantes[20].

---

[20] Segundo André (2013), não há um consenso sobre o que definiria um professor iniciante, no entanto salienta que "[...] muitos autores se baseiam no tempo de docência e defendem que os três primeiros anos são considerados os mais difíceis para quem está começando. Segundo eles, essa é a razão de existir um estágio probatório, descrito na literatura como os 'anos de sobrevivência', período em que o jovem tenta permanecer na profissão" (s/p).

Convém, então, destacar que as características do início da docência não se relacionam apenas ao tempo de experiência docente, mas também podem variar segundo as alterações e mudanças nas circunstâncias de ensino. Dessa maneira, é possível que as características e os desafios do início da carreira se manifestem quando os professores mudam para outro nível de ensino, outra escola ou região (MARCELO GARCIA, 1999). Para além disso, os estudos e as pesquisas realizados por Marli André e coautores (2014, 2017) também se referem aos professores iniciantes como "[...] professores com até 3 anos de experiência docente e àqueles que, mesmo tendo iniciado há mais tempo, venham a ingressar em outra rede ou situação de ensino" (LIMA, 2021, p. 113).

Quadro 9 – Quadro organizado para a seleção das interlocutoras participantes da entrevista semiestruturada

Nº de Egressas	Tempo (em anos) de atuação docente na área da Educação	Tempo de atuação docente na área de Letras	
		De 2 anos até menos de 3 anos	De 3 anos até menos de 4 anos
2	4 anos	1	1
3	6 anos	2	1
1	7 anos	1	-
2	11 anos	2	-

Fonte: a autora

Na próxima seção, discorro sobre o processo da entrevista semiestruturada e apresento com mais detalhes cada uma das interlocutoras.

4.3.2 Entrevista

A entrevista, por sua natureza interativa, "[...] permite tratar de temas complexos [...] explorando-os em profundidade" (MAZZOTTI; GEWANDSZNAJDER, 2002, p. 168). No entanto, as autoras ponderam que para isso não é necessário que se apresente uma estrutura e ordem rigidamente estabelecidas para as perguntas. De acordo com Bogdan e Biklen (1994, p. 134), "[...] a entrevista é utilizada para recolher dados descritivos na linguagem do próprio sujeito, permitindo ao investigador desenvolver intuitivamente uma ideia sobre a maneira como os sujeitos interpretam aspectos do mundo".

As entrevistas são fundamentais quando se deseja mapear práticas, crenças e valores de universos sociais específicos (DUARTE, 2004). Nesse caso, se forem realizadas adequadamente,

> [...] permitirão ao pesquisador fazer uma espécie de mergulho em profundidade, coletando indícios dos modos como cada um daqueles sujeitos percebe e significa sua realidade e levantando informações consistentes que lhe permitam descrever e compreender a lógica que preside as relações que se estabelecem no interior daquele grupo, o que, em geral, é mais difícil obter com outros instrumentos de coleta de dados. (DUARTE, 2004, p. 215).

Na esteira dessas ideias, as entrevistas realizadas de forma adequada e rigorosa fornecem material empírico denso o suficiente para ser utilizado como fonte de investigação, demandando preparo teórico e competência técnica por parte do pesquisador. Portanto, realizar entrevistas não é tarefa banal (DUARTE, 2004), uma vez que viabiliza situações de contato, ao mesmo tempo formais e informais, de modo a "[...] provocar um discurso mais ou menos livre, mas que atenda aos objetivos da pesquisa e que seja significativo no contexto investigado e academicamente relevante é uma tarefa bem mais complexa do que parece à primeira vista" (DUARTE, 2004, p. 216). As entrevistas produzem uma imensa quantidade de informações; e, do conjunto do material que generosamente é fornecido pelos interlocutores, o que precisa ser olhado com criteriosidade é o que está diretamente relacionado aos objetivos da pesquisa.

Paralelamente a isso, segundo sinaliza Duarte (2004, p. 219), é preciso considerar a subjetividade no que é dito, à medida que "[...] trata-se do modo como o sujeito observa, vivencia e analisa seu tempo histórico, seu momento, seu meio social; é sempre um, entre muitos pontos de vista possíveis". Esse instrumento permite a compreensão da "[...] lógica das relações que se estabelecem (estabeleceram) no interior dos grupos sociais dos quais o entrevistado participa (participou), em um determinado tempo e lugar". Nesse sentido, as entrevistas são utilizadas como "[...] um recurso para entender como os indivíduos decifram o seu mundo social e nele agem" (MAY, 2004, p. 169).

Em vista disso, entendo que a entrevista é "sempre troca" (DUARTE, 2004). Ao mesmo tempo que ocorre o processo de construção de dados e da análise/reflexão por parte do pesquisador, as entrevistas viabilizam ao "[...] interlocutor a oportunidade de refletir sobre si mesmo, de refazer o seu percurso biográfico, pensar sobre sua cultura, seus valores, a história e as marcas que constituem o grupo social ao qual pertence [...]" (DUARTE, 2004, p. 220). É nessa relação que percebo o quanto as narrativas, advindas no desenvolvimento das entrevistas, são potentes instrumentos de pesquisa e formação, visto que promovem o processo formativo em ambas as partes, "criando uma cumplicidade de dupla descoberta", uma vez que trabalhar com "[...] narrativas na pesquisa é partir para a desconstrução/construção das próprias experiências tanto do professor/pesquisador como dos sujeitos da pesquisa" (CUNHA, 1997, p. 187). A autora ainda explica que:

> Esta compreensão, provavelmente, é que tem feito a pesquisa qualitativa tornar-se, mesmo sem a intenção precípua de fazer uma intervenção, em uma alternativa de formação. Ao mesmo tempo que o sujeito organiza suas ideias para o relato – quer escrito, quer oral- ele reconstrói sua experiência de forma reflexiva e, portanto, acaba fazendo uma autoanálise que lhe cria novas bases de compreensão de sua própria prática. (CUNHA, 1997, p. 187).

Nessa perspectiva, foi preciso considerar dois aspectos essenciais. O primeiro que, quando o interlocutor relata os fatos vivenciados, percebe-se que os reconstrói dando-lhes novos significados. Segundo Cunha (1997, p. 187), "[...] a narrativa não é a verdade literal dos fatos, mas, antes, é a representação que deles faz o sujeito e, dessa forma, pode ser transformadora da própria realidade". Quanto ao segundo aspecto, coube o entendimento da relação dialética instituída entre narrativa e experiência, uma vez que ambas acabam se relacionando intrinsecamente e passam a fazer parte da expressão de vida dos sujeitos. Desse modo, "[...] tanto o relato da realidade produz a história como ele mesmo produz a realidade. As pessoas vão contando suas experiências, crenças e expectativas e, ao mesmo tempo, vão anunciando novas possibilidades, intenções e projetos" (CUNHA, 1997, p. 188).

Em conformidade, são essas premissas que dão suporte às pesquisas que usam narrativas e que lhes atribuem qualificação e riqueza. Entendo que, nesta pesquisa, ao serem utilizadas como instrumentos para levantamento de dados, as entrevistas individuais, bem como as entrevistas coletivas do Grupo Focal, sejam "[...] oportunidades ímpares de integrar investigação e formação no mesmo processo que se caracteriza, fundamentalmente, pela intencionalidade de realizar uma reconfiguração de saberes, onde teoria e prática, realidade e intenção, sujeito e objeto se tornem uma só possibilidade" (CUNHA, 1997, p. 193).

Para a concretização desse processo narrativo, foram realizadas entrevistas semiestruturadas que ofereceram "esquemas mais livres e menos estruturados" (LÜDKE; ANDRÉ, 2020, p. 40), a fim de alcançar a liberdade e a espontaneidade necessárias, enriquecendo a investigação com suas narrativas (TRIVIÑOS, 2001). Dessa maneira, reforço que as entrevistas, realizadas no final do mês de junho de 2021, tiveram como objetivo ouvir, com mais profundidade, as narrativas das oito egressas dos anos de 2018 e 2019 que atuam na área da Educação, tendo dois anos ou mais de experiência na área de Letras.

Partindo desses critérios, foram realizadas as entrevistas individuais com as quatro egressas de cada ano, que combinaram perguntas fechadas e abertas para que as interlocutoras tivessem a possibilidade de discorrer sobre qual a percepção que os egressos do curso de Letras revelam sobre sua formação docente e as repercussões do curso diante das possibilidades de reconfigurar as práticas educativas com vistas à inovação. Após explicar o propósito desse levantamento de dados e aberta a "saber com o Outro"[21] (BRANDÃO, 2003), em clima agradável e permeado por lembranças de aprendizagens, de desafios, de conquistas e de saudade, realizei a entrevista, via internet, balizada pelo roteiro estruturado.

A cada uma das entrevistas, registrei narrativas de aprendizagens encharcadas pela coexistência de sentimentos, afetos, saberes, fazeres e sentidos. Tais fatores me remetem aos estudos de Bernard Charlot, uma vez que pondera que "[...] só aprende quem tem uma atividade intelectual, mas, para ter uma atividade intelectual, o aprendiz tem de encontrar um sentido para isso" (2013, p. 159). Além disso, o autor nos lembra que "[...] sentido, história, atividade, são perspectivas que devemos inserir em nossas investigações e em nosso debate se quisermos entender o que acontece na escola" (CHARLOT, 2013, p. 167). Enfatizo ainda que, em vários momentos, sentia-me envolvida na tessitura das narrativas das egressas, ao passo que, como professora e formadora de professores que participou das suas trajetórias formativas, suas falas, seus silêncios, suas lembranças e emoções atravessavam a minha experiência docente, assim como também constituíam minha subjetividade e identidade. Nesse processo, juntas nos constituíamos "atores e sujeitos", uma vez que "[...] levar em conta a história é levar em

---

[21] Para Brandão (2003), saber com o outro significa que a pesquisa científica não deve ser pensada e colocada em prática como um momento único e isolado, em nome e a serviço de qualquer interesse de adquirir poder por meio da ciência. Ao contrário, deve ser vivida como um momento de fluxo progressivo de construção e aperfeiçoamento de dimensões da conectividade, entre as múltiplas e complexas esferas de realização da compreensão humana, levada a efeito por meio da ciência.

conta o fato de que somos sujeitos", todavia "[...] não somos apenas sujeitos sociais, somos atores. Fala-se de ator quando se tem história" (CHARLOT, 2013, p. 166).

As entrevistas foram gravadas com o consentimento prévio das egressas, posto que lhes enviei o TCLE, informando-as da utilização do conteúdo das entrevistas e de outros aspectos explicados. Posteriormente, as entrevistas foram transcritas, em seguida encaminhei uma cópia da transcrição para cada professora entrevistada, a fim de que tomassem conhecimento do texto registrado. A partir desse procedimento, organizei a Tabela parcial 2 dentro dos mesmos parâmetros estruturados para a análise dos dados levantados no questionário.

A fim de preservar a identidade das interlocutoras participantes das entrevistas individuais e do Grupo Focal, conforme descrito no TCLE, optei por identificá-las com nomes de escritoras da literatura brasileira que, de alguma forma, produziram rupturas paradigmáticas por meio de seus escritos, contos, histórias e poesias. Entendo que cada uma dessas egressas, com seus encantos e desencantos pela educação, empreende uma constante busca no sentido de ampliar, construir e (re)construir seus saberes, tecendo o ofício de ensinar como um espaço "de entrecruzamento de bem e beleza"[22] (RIOS, 2006, p. 88). De forma comprometida, mostraram-se dispostas a atuar na contramão dos processos hegemônicos de regulação e desafiadas a construir condições de inovarem suas práticas educativas. É dessa forma que — na relação com o mundo, consigo mesmas e com os outros — mobilizam-se a "escrever"/construir "[...] uma história que é, ao mesmo tempo, uma história social e uma história singular" (CHARLOT, 2013, p. 165), significando sua constituição docente. Mediante isso, passo a apresentá-las.

Cora[23] fez o curso Normal destinado à formação de docentes para a educação infantil e para os primeiros anos do ensino fundamental, concluindo-o em 2013. No ano de 2018, formou-se no curso de Letras. É professora concursada na educação infantil de uma rede municipal que integra a região do Vale do Rio Caí desde o ano de 2014. Atua em curso de Língua Inglesa, desde 2019, e possui um canal no YouTube de histórias infantis em língua

---

[22] De acordo com Rios (2006), o trabalho que realizamos como docentes terá significação se for um trabalho que "faz bem", isto é, um trabalho que fazemos bem, do ponto de vista técnico-estético, e um trabalho que faz bem, do ponto de vista ético-político, a nós e a quem o dirigimos.

[23] Refiro-me à Cora Coralina (1889-1985). Em sua obra, destaco o livro *Poemas dos Becos de Goiás e Estórias Mais*, publicado em 1965.

inglesa desde início de 2020, com mais de mil inscritos. Dando sequência aos seus estudos, formou-se em Pedagogia (2020) e é pós-graduada em Gestão Escolar (2020) pelo IFRS campus Feliz.

Cecília[24] cursou o ensino médio de formação geral, concluído em 2011. Formou-se no curso de Letras em 2018. Nos anos de 2015 e 2016, atuou na rede estadual de ensino, organizando oficinas de Língua Portuguesa para alunos do ensino fundamental. Nos anos de 2018 e 2019, teve experiência no ensino público estadual como docente de Língua Portuguesa, nos anos finais do ensino fundamental. É professora de Língua Inglesa em curso de idioma, na rede privada, na Serra Gaúcha, desde 2018. No ano de 2019, em intercâmbio para a Sérvia, atuou como professora voluntária, ministrando oficinas em língua inglesa para alunos do ensino fundamental e médio. Atualmente, está cursando a pós-graduação lato sensu em tradução em inglês.

Clarice[25] concluiu o curso Normal em 2003. Na sequência, fez vários semestres do curso de Psicologia, mas trocou pelo curso de Pedagogia, o qual concluiu em 2015. Em 2018, formou-se no curso de Letras. É professora concursada em uma rede municipal da Serra Gaúcha, desde 2010. No ano de 2019, passou a atuar na coordenação pedagógica de uma escola da rede, onde desenvolve o trabalho pedagógico com alunos dos anos iniciais e finais, com atenção especial ao processo de alfabetização, produção escrita, rodas de leitura e outras dimensões que envolvem a especificidade da sua formação na área de Letras. Está cursando o último semestre da pós-graduação lato sensu em Gestão Escolar, ofertada no campus Feliz do IFRS.

Ana Maria[26] concluiu o ensino médio na modalidade Normal, em 2014. Formou-se no curso de Letras em 2018. É professora concursada na educação infantil em um município da Região do Vale do Rio Caí, desde 2015, onde atua também como vice-diretora em uma das escolas da rede. Além disso, no ano de 2019, passou a trabalhar com língua inglesa nos anos finais do ensino fundamental na mesma rede de ensino. É formada em Pedagogia (2021) e cursa a pós-graduação lato sensu em Neurologia, Educação e Desenvolvimento Infantil na PUCRS.

---

[24] Refiro-me à Cecília Meireles (1901-1964). Em sua obra, destaco o livro *Salombra, ou a sombra que cai sobre o eu*, publicado em 1963.

[25] Refiro-me à Clarice Lispector (1920-1977). Em sua obra, destaco o livro *A hora da estrela*, publicado em 1977.

[26] Refiro-me à Ana Maria Machado, que nasceu em 1941 e segue dando sequência em suas produções. Em sua obra, destaco o livro infanto-juvenil *Menina bonita do laço de fita*, publicado em 1986.

Lygia[27] cursou o ensino médio de formação geral, concluído em 2009. Antes do curso de Letras, cursou vários semestres de Administração de Empresas, optando por interrompê-lo em 2015. Formou-se no curso de Letras no ano de 2019. É professora de Língua Portuguesa na rede estadual em um município da Região do Vale do Rio Caí desde 2018. Atua nos anos finais do ensino fundamental, assim como no ensino médio. Atualmente, é mestranda do programa de pós-graduação em Processos e Manifestações Culturais na Feevale.

Ruth[28] concluiu o curso Normal, em 2014, e formou-se no curso de Letras em 2019. É concursada na educação infantil de uma rede municipal do Vale do Rio Caí desde 2016, onde desenvolveu o projeto de contação de histórias. Possui um canal no YouTube de histórias infantis, desde 2019, com quase mil inscritos. Como contadora de histórias, participa de eventos promovidos na rede onde atua e de eventos externos. Ainda no ano de 2019, passou a trabalhar junto à equipe gestora da Secretaria Municipal de Educação. Após o curso de Letras, formou-se em Pedagogia, no segundo semestre de 2020, e realizou a pós-graduação lato sensu em Formação de Docentes: Educação Infantil, Alfabetização e Educação Especial, concluída em 2021.

Adélia[29] cursou o ensino médio de formação geral, o qual concluiu em 2005. Formou-se no curso de Letras no ano de 2019. Em 2018, atuou nos anos finais do ensino fundamental e, a partir de 2019, passou a atuar como professora de Língua Portuguesa e Inglesa nos anos finais de uma escola da rede municipal do Vale do Rio Caí. Em 2020, concluiu a pós-graduação lato sensu em Metodologia de Ensino de Língua Portuguesa e de Língua Inglesa. Cursa a pós-graduação lato sensu em Gestão Escolar, ofertada no campus Feliz do IFRS.

Rachel[30] concluiu o curso normal em 2008. Na sequência, cursou a graduação em Pedagogia, a qual terminou em 2014. No ano de 2016, concluiu a especialização em Psicopedagogia. Formou-se no curso de Letras no ano de 2019. Em 2010, iniciou sua trajetória docente na educação infantil de uma escola da rede privada, na Serra Gaúcha. Além disso, trabalhou nos

---

[27] Refiro-me à Lygia Bojunga, nascida em 1932. Em sua obra, destaco o livro infanto-juvenil *A bolsa amarela*, publicado em 1976.

[28] Refiro-me à Ruth Rocha, nascida em 1931. Em sua obra, destaco o livro de literatura infantil *Palavras, muitas palavras*, publicado em 1976.

[29] Refiro-me à Adélia Prado, nascida em 1935. Em sua obra, destaco o livro *Coração disparado*, publicado em 1978.

[30] Refiro-me à Raquel de Queiroz (1910-2003). Em sua obra, destaco o livro *Memorial de Maria Moura*, publicado em 1992.

anos iniciais e finais do ensino fundamental. Desde 2013, atua em trabalho voluntário em cursos de Língua inglesa. Em 2019, assumiu o concurso de professora de Língua Inglesa na rede estadual.

Na próxima seção, apresento como foi realizado o Grupo Focal, do qual essas interlocutoras fizeram parte.

4.3.3 Grupo Focal

Na intenção de ir além nos dados obtidos por meio dos questionários e das entrevistas, organizei, junto às oito egressas, um grupo no intento de aprofundar algumas questões, sob a perspectiva coletiva. O Grupo Focal é um procedimento investigativo que se assemelha "a uma entrevista coletiva" (GUIMARÃES, 2006; WELLER, 2013), e sua utilização "[...] pressupõe a opção por coletar dados com ênfase não nas pessoas individualmente, mas no indivíduo enquanto componente de um grupo" (GUIMARÃES, 2006, p. 157). Portanto, Gatti (2005, p. 9) sinaliza que "não se está realizando uma entrevista com um grupo", mas sim criando condições para que esse se situe, explique pontos de vista, analise, critique, abra perspectivas diante da problemática para a qual foi convidado a conversar coletivamente. Os participantes têm vivências comuns com o tema a ser discutido, de maneira que sua participação traz elementos ancorados em suas experiências. Por isso, é possível afirmar que o trabalho com Grupo Focal permite:

> Compreender práticas cotidianas, ações e reações a fatos e eventos, comportamentos e atitudes, constituindo-se uma técnica importante para o conhecimento das representações, percepções, crenças, hábitos [...] prevalentes no trato de uma dada questão por pessoas que partilham alguns traços em comum, relevantes para o estudo do problema visado. (GATTI, 2005, p. 11).

Na pesquisa educacional, o Grupo Focal passou a ser utilizado a partir da segunda metade dos anos de 1990. No entanto, sua história tem mais de meio século. Conforme Guimarães (2006), o Grupo Focal foi desenvolvido por Robert Merton (1911-2003) como metodologia de entrevista e tornou-se muito utilizado durante a Segunda Guerra Mundial. De acordo com Flick (2004, p. 132-133), essa técnica parece ter passado por "uma espécie de renascimento", posto que permanece sendo usada com frequência por enfatizar o "aspecto interativo da coleta de dados".

Os Grupos Focais são geralmente constituídos por um número de seis a oito pessoas, que são convidadas "[...] a debater sobre um determinado assunto com a mediação de um moderador" (WELLER, 2013, p. 54). No caso desta pesquisa, tive a intenção de mediar o diálogo do grupo de egressas buscando entender com maior profundidade a percepção sobre a formação docente no curso de Letras e o desenvolvimento de suas práticas educativas.

Foram organizados dois encontros virtuais, via Google Meet, no mês de setembro de 2021; cada um durou em torno de duas horas e meia. Em razão dos horários de trabalho e compromissos das interlocutoras, que se intensificaram com a pandemia, ambos aconteceram no sábado pela manhã. Esses dois encontros permitiram fazer emergir "[...] uma multiplicidade de pontos de vista e processos emocionais, pelo próprio contexto de interação criado, permitindo a captação de significados que, com os outros meios, seriam difíceis de se manifestar" (GATTI, 2005, p. 9).

Em virtude da pandemia do coronavírus, percebi nas narrativas das egressas que juntar-se ao grupo de colegas para dialogar sobre suas vivências formativas e trocar experiências de práticas educativas reverberava como um "tomar fôlego" para seguir em frente, dado o contexto educacional emblemático, complexo e desafiador no qual estavam envolvidas. Os encontros do Grupo Focal foram gravados com autorização das egressas e, posteriormente, transcritos. A partir da transcrição feita, utilizei os dados para estruturar a Tabela parcial 3, dentro dos mesmos parâmetros e procedimentos utilizados para os dados do questionário e das entrevistas.

Na próxima seção, descrevo de forma detalhada como realizei a análise dos dados, mediante a Análise de Conteúdo.

4.4 Análise dos dados: princípios da Análise de Conteúdo

As pesquisas qualitativas, via de regra, geram uma grande quantidade de dados. Sendo assim, para ser possível sua análise, entendi ser necessária a organização e a interpretação ao longo de todo o processo para que as constatações obtidas pudessem ser ressignificadas e reformuladas, sempre que oportuno e necessário. Segundo Mazzotti e Gewandsznajder (2002), a organização e compreensão de dados:

> Se faz através de um processo em que se procura identificar dimensões, categorias, tendências, padrões, relações, desvendando-lhes o significado. Este é o processo complexo, não linear, que implica um trabalho de redução, organização e

> interpretação dos dados que se inicia já na fase exploratória e acompanha toda a investigação. (p. 170).

Nesse sentido, para a análise do material coletado no questionário, nas entrevistas e no Grupo Focal, utilizei por base princípios da Análise de Conteúdo, que é entendida como:

> Um conjunto de técnicas de análise das comunicações visando obter, por procedimentos sistemáticos e objetivos de descrição do conteúdo das mensagens, indicadores (quantitativos ou não) que permitam a inferência de conhecimentos relativos às condições de produção/recepção (variáveis/inferidas) desta mensagem. (BARDIN, 2016, p. 44).

Para o tratamento dos dados e sua interpretação, almejei olhar para além dos conteúdos explícitos, buscando "[...] produzir inferências de um texto focal para o seu contexto social de maneira objetivada" (BAUER, 2015, p. 191).

Conforme Franco (2003, p. 13), "[...] o ponto de partida da Análise de Conteúdo é a mensagem, seja ela verbal (oral e escrita), gestual, silenciosa, figurativa, documental ou diretamente provocada". Dessa forma, ela expressa um significado e um sentido que não pode ser interpretado de forma isolada. Torna-se indispensável considerar a relação que vincula a emissão das mensagens às condições contextuais de seus produtores. Assim, por meio da Análise de Conteúdo, "[...] podemos caminhar na descoberta do que está por trás dos conteúdos manifestos, indo além das aparências do que está sendo comunicado" (GOMES, 2008, p. 84).

Bardin (2016) apresenta as diferentes fases da Análise de Conteúdo, as quais empreguei nesta pesquisa: a pré-análise; a exploração do material e o tratamento dos resultados; a inferência e a interpretação.

A pré-análise é a fase de organização propriamente dita. Essa fase "[...] corresponde a um período de intuições, mas tem por objetivo tornar operacionais e sistematizar as ideias iniciais, de maneira a conduzir a um esquema preciso do desenvolvimento das operações sucessivas num plano de análise" (BARDIN, 2016, p. 121). Esse momento possui três propósitos: a escolha dos documentos que vão compor o corpus de análise, ou seja, "[...] o conjunto dos documentos tidos em conta para serem submetidos aos procedimentos analíticos" (BARDIN, 2016, p. 122); a formulação das hipóteses e dos objetivos e a elaboração de indicadores que fundamentem a intepretação final.

Tendo definido os procedimentos a serem seguidos, parti à fase da exploração do material, que "[...] não é mais do que a aplicação sistemática das decisões tomadas" (BARDIN, 2016, p. 127). Desse modo, ao empregar o tratamento dos dados, abrem-se caminhos para a codificação, categorização, inferência e interpretação. À medida que se realiza a leitura dos dados, "[...] repetem-se ou destacam-se certas palavras, frases, padrões de comportamento, formas dos sujeitos pensarem e acontecimentos" (BOGDAN; BIKLEN, 1994, p. 221). É a partir daí que se desenvolve um sistema de codificação que envolve vários passos.

Segundo Bardin (2016, p. 129), "tratar o material é codificá-lo". Isso quer dizer que a codificação corresponde a um processo em que os "dados brutos do texto" são transformados de forma sistemática em unidades, as quais possibilitam uma descrição das características pertinentes do conteúdo. Esse processo envolve a escolha de unidades de registro e unidades de contexto. Para minha pesquisa, utilizei a unidade de registro nominada de *objeto ou referente*, "[...] trata-se de temas-eixo, em redor dos quais o discurso se organiza. [...] Nesse caso, recorta-se o texto em função destes temas-eixo, agrupando-se à sua volta tudo o que o locutor exprime a seu respeito" (BARDIN, 2016, p. 132). Quanto à unidade de contexto, servi-me da utilização de frases, parágrafos e até trechos maiores do texto para que conseguisse circundar e ampliar a compreensão dos sentidos da unidade de registro.

Após serem codificados, os dados seguiram à categorização, que "[...] é uma operação de classificação de elementos constitutivos de um conjunto, por diferenciação seguida de um reagrupamento baseado em analogias [...]" (FRANCO, 2003, p. 51). A criação de categorias é ponto crucial na Análise de Conteúdo. Esse movimento de trabalho intenso da definição das categorias "[...] implica constantes idas e vindas da teoria ao material de análise, do material de análise à teoria, e pressupõe várias versões do sistema categórico" (FRANCO, 2003, p. 52).

Estruturada a categorização, a inferência foi o próximo passo, o qual permitiu a "passagem explícita [...] da descrição à interpretação dos dados da pesquisa" (FRANCO, 2003, p. 25). Produzir inferências a partir da Análise de Conteúdo pressupõe a comparação dos dados, obtidos "[...] mediante discursos e símbolos, com os pressupostos teóricos de diferentes concepções de mundo, de indivíduo e de sociedade" (FRANCO, 2003, p. 27). A intenção nesse processo de análise é interpretar os dados para inferir conhecimentos que extrapolem o conteúdo manifesto nas mensagens, assim como abraçar o enorme desafio de tentar ultrapassar os "lugares comuns" dos conhecimentos até então produzidos.

A fim de facilitar a compreensão da construção da metodologia utilizada, ao longo do processo da minha pesquisa, apresento, a seguir, os quadros elaborados com a representação do movimento metodológico, bem como do caminho de reflexão e ação percorrido para abordar o questionamento central desta investigação.

Quadro 10 – Movimento do caminho metodológico

PROBLEMA DE PESQUISA:	
Qual a percepção que os egressos do curso de Letras revelam sobre sua formação docente e sobre as repercussões do curso diante das possibilidades de reconfigurar as práticas educativas com vistas à inovação?	
OBJETIVOS ESPECÍFICOS	**PROCEDIMENTOS/ INSTRUMENTOS**
1. Analisar a percepção dos egressos do curso de Letras sobre sua formação docente.	• Questionário abrangendo os egressos de 2018 e 2019 – 18 egressos envolvidos. • Entrevista semiestruturada com oito egressas selecionadas no universo dos dezoito egressos, sendo quatro do ano de 2018 e quatro do ano de 2019. • Grupo Focal realizado com as oito egressas dos anos de 2018 e 2019.
2. Compreender, sob a percepção dos egressos, como a formação do curso de Letras reverbera nas suas práticas educativas.	• Questionário abrangendo os egressos de 2018 e 2019 – 18 egressos envolvidos. • Entrevista semiestruturada com oito egressas selecionadas no universo dos dezoito egressos, sendo quatro do ano de 2018 e quatro do ano de 2019. • Grupo Focal realizado com as oito egressas dos anos de 2018 e 2019.
3. Identificar em que medida a formação no curso de Letras repercute na reconfiguração de práticas educativas com vistas à inovação.	• Entrevista semiestruturada com oito egressas selecionadas no universo dos dezoito egressos, sendo quatro do ano de 2018 e quatro do ano de 2019. • Grupo Focal realizado com as oito egressas dos anos de 2018 e 2019.

Fonte: a autora

Quadro 11 – Desenho da síntese do caminho metodológico

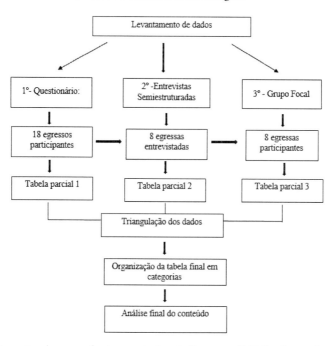

Fonte: a autora, tendo como fonte os estudos de Gonzaga (2006) sobre o desenho metodológico centrado na abordagem qualitativa

No levantamento dos dados, o questionário on-line me permitiu construir o material de análise a partir de um grupo maior de egressos. Já as entrevistas semiestruturadas me viabilizaram interagir com os sujeitos em ação e o Grupo Focal favoreceu a ampliação do campo de significados do material produzido nos questionários e na entrevista. Após a transcrição dos dados levantados em cada um desses instrumentos, como registrei anteriormente, construí uma tabela específica para cada um deles para facilitar a análise posterior, mediante a triangulação dos dados.

Considero, portanto, que a triangulação me ofereceu possibilidades de trabalhar com essa variedade de informações para olhar uma mesma inquietude. Para além disso, esses dados que foram produzidos a partir de pontos de vista diferentes implicou a realização de "[...] comparações múltiplas de um fenômeno único de um grupo – e em vários momentos – utilizando perspectivas diversas e múltiplos procedimentos" (GONZAGA, 2006, p. 86). Assim, por meio do cruzamento do material construído, percebi a obtenção de aspectos que não foram detectados num primeiro nível de leitura.

O processo de análise foi um percurso (in)tenso de diversos passos e de diferentes estágios. Foram horas de leituras, de ida e volta aos dados, de construção de tabelas, de montagem e desmontagem de trechos das narrativas, de organização de gráficos, de construção/reconstrução das categorias, de revisão da fundamentação teórica, de inquietudes e questionamentos sobre meus pensamentos e minhas produções. No diálogo com Gonzaga (2006, p. 66), reafirmo meu entendimento de que "[...] não há receitas para a eficácia de uma boa produção em pesquisa científica, mas sim determinação, diálogos constantes com teóricos, relacionando-os a uma prática contínua e reflexiva". Desse modo, seguindo o desígnio de encontrar sendas para o desafio de tentar ultrapassar os lugares comuns dos conhecimentos produzidos, procurei manter a inspiração proposta por Paulo Freire na epígrafe que utilizei para abrir este capítulo do percurso metodológico. Segui confiante no processo de construção do conhecimento que reverbera na invenção, na criatividade, na reinvenção, na "[...] busca inquieta e permanente que fazemos no mundo, com o mundo e com os outros" (FREIRE, 2005, p. 67). Além disso, uma busca esperançosa também!

Nessa perspectiva, a análise dos dados levantados teve como base a tríade dos estudos teóricos sobre a formação de professores, os estudos curriculares e, de forma articulada a eles, considerados os aportes teóricos sobre a inovação, ambos apresentados nos capítulos anteriores. Outrossim, me mobilizei a utilizar a perspectiva social de Richard Sennett e Bernard Charlot para potencializar a viabilização do entendimento sobre as condições formativas delineadas pelas habilidades artesanais e a formação humana. Portanto, ao longo desse processo, considerando esse universo de aportes teóricos, foi possível estruturar o capítulo intitulado "A formação docente sob a perspectiva dos egressos: do processo formativo às práticas educativas com vistas à inovação", mediante análise e estruturação das seguintes categorias:

- O processo formativo e os desafios da profissão docente;
- O mapeamento do processo de feitura das práticas educativas: há inovação?;
- As repercussões do processo formativo na construção das práticas educativas inovadoras.

Então, é o que passo a apresentar no próximo capítulo.

CAPÍTULO 5

A FORMAÇÃO DOCENTE NA PERSPECTIVA DOS EGRESSOS: DO PROCESSO FORMATIVO ÀS PRÁTICAS EDUCATIVAS COM VISTAS À INOVAÇÃO

> *Ninguém começa a ser educador numa certa terça-feira às quatro da tarde. Ninguém nasce educador ou marcado para ser educador. A gente se faz educador, a gente se forma, como educador, permanentemente, na prática e na reflexão sobre a prática.*
> (FREIRE, 1991, p. 58)

Tomando emprestada a citação de Paulo Freire (1991), autor que deixou um legado de importantíssima produção intelectual para a área da educação, tanto pela profundidade de suas reflexões quanto pela sua pertinência e amplitude, colocarei em movimento as análises das categorias que tratam da formação de professores. Busco, especificamente, compreender a percepção que os egressos do curso de Letras revelam sobre sua formação docente e sobre as repercussões do curso diante das possibilidades de reconfigurar as práticas educativas com vistas à inovação. Para isso, considero que a "docência se constrói", uma vez que a condição de se tornar professor, como expresso na obra de Paulo Freire, se estabelece "[...] num processo, não apenas a partir de uma habilitação legal. Envolve a consciência da sua condição em ação" (CUNHA, 2008, p. 334).

5.1 O processo formativo e os desafios da profissão docente

Como ponto de partida, entendi ser pertinente retomar a questão que trata do ingresso no curso de Licenciatura em Letras. Tal questão remete à origem das trajetórias formativas e se torna relevante para o entendimento das concepções dos egressos sobre o curso e sobre como foram se "fazendo e se formando educadores" na formação inicial e, continuamente, em suas práticas educativas no cotidiano escolar.

Assim, cabe registrar que, dos 18 egressos participantes da pesquisa, 50% (9) entraram no curso de Letras pela oportunidade da oferta de um curso gratuito na área da educação. Os outros 50% ingressaram no curso pelo interesse na licenciatura na área de Letras – Português e Inglês. Desses, 39% (7) ingressaram por interesse em ser docente na área específica (português, inglês ou literatura) e 11% (2) por interesse em ser docente na área de Letras, em virtude de inspiração em seus professores de Língua Portuguesa. Na entrevista, foi possível perceber com mais proximidade a recorrência das falas em que a opção pelo ingresso no curso se deu em virtude da oportunidade de terem acesso à educação pública e gratuita, como pode ser visto a seguir:

> *Quando eu terminei o ensino médio, infelizmente, as prioridades acabaram tomando outros rumos. [...] Aí, eu comecei a trabalhar numa fábrica de calçados. Passou-se um tempo, a minha perspectiva de vida começou a mudar, eu queria algo mais. [...] Eu tive a oportunidade, então, de trabalhar no comércio da cidade. [...] E, um certo dia, em meio a uma conversa com uma amiga, resolvemos fazer o ENEM. [...]. Então, quando eu comecei a estudar, os primeiros dias foram emocionantes! Eu estava me sentindo realizada porque, querendo ou não, a sociedade te impõe muito e te questiona: tu é graduada em alguma coisa? Qual é a tua formação? [...]* ***Então, o primeiro semestre, nossa! Eu estava muito feliz! Parecia uma criança dentro daquela sala, porque eu estava muito realizada mesmo, pela oportunidade que eu estava tendo****, ainda mais porque eu sou a primeira da família que tem o ensino superior* (Adélia, 2021, grifo nosso).

> ***Eu entrei no curso de Letras, te confesso que inicialmente, porque chamou a atenção pela oferta****. Eu havia recém ingressado no meio educacional e nesse mesmo ano então, surge o vestibular pra Letras, aqui na cidade, um ensino gratuito, isso de fato foi o chamado inicial. Aí prestei vestibular, acabei passando pelo gosto que sempre tive nos estudos. [...].* ***Então, entrei no curso de uma maneira um pouco despretensiosa, posso dizer assim, mais pela oferta e pelo interesse de fazer uma faculdade na área da Educação*** (Cora, 2021, grifo nosso).

> ***Inicialmente, o que me motivou a ingressar no curso de Letras não foi exatamente a opção pelo curso de Letras, foi mais pela oportunidade de ter acesso a uma escola pública*** *e na época eu não tinha condição de ingressar na escola privada, inclusive porque o meu interesse sempre foi mais voltado pra a área da Pedagogia e eu já era formada no Magistério. Então, eu fui em busca de um curso que eu pudesse estar fazendo dentro das minhas condições financeiras e o IFRS era gratuito. Mas,* ***ao longo do curso eu fui descobrindo que eu gosto também de atuar nos anos finais e no ensino médio. Eu me redescobri*** (Ruth, 2021, grifo nosso).

Portanto, a partir desses excertos, na ponderação da Ruth (2021), torna-se possível perceber que, ao longo do andamento formativo, ocorreu um "processo de desenvolvimento e estruturação" (MARCELO GARCIA,

1999, p. 19) que se realizou mediante dupla decorrência de uma maturação intelectual a partir de possibilidades de aprendizagem dos conhecimentos profissionais docentes e experiências vivenciadas pelas egressas no curso. Dessa forma, o conhecimento como resultado do processo de aprendizagem não se constituiu no abstrato. Ele existe imbricado às pessoas, enquanto significado pelos sujeitos cognoscentes, ou reconhecido como tal (FREIRE, 1996). Por isso, o ato de conhecer exige a cumplicidade do sujeito que o realiza, na intenção de envolver-se com seus sentidos e com as percepções prévias, buscando ampliá-las ou reconfigurá-las. O conhecimento potencializa a formação docente, mediante à ampliação dos conhecimentos prévios, assim como através da construção de saberes docentes (saberes da formação profissional e de saberes disciplinares, curriculares e experienciais), os quais dão base para o desenvolvimento profissional, sendo "elementos constitutivos da prática docente" (TARDIF, 2002, p. 39). As narrativas de outras interlocutoras, apresentadas a seguir, atestam essas percepções:

> *Na minha turma, nós tínhamos a impressão de que a gente chegaria ali e estudaria somente gramática. A perspectiva de todos era essa. [...] Depois de desconstruir essa ideia, percebo que foi um curso que me surpreendeu muito, porque me engrandeceu pelas oportunidades que eu tenho como professora de língua portuguesa e inglesa.* Oportunidades que eu digo de instigar os meus alunos a diferentes interpretações, a um olhar crítico pros diferentes mundos, que eu posso apresentar pra eles através de textos, de diferentes leituras e percepções. Percepções não só de texto e da questão gramatical, mas a possibilidade de olhar para o mundo de forma diferente e perceber a notícia de uma outra forma. ***Na minha percepção, eu considero que eu não era tão crítica antes do curso de Letras, quanto depois que eu o concluí. Minha percepção de mundo, de educação e da minha própria área é outra*** (Cora, 2021, grifo nosso).

> *Eu nunca tive a pretensão de ser professora, na verdade. Eu sempre tinha aquele estereótipo do professor que ganha pouco. Então, Deus me livre. Nunca cogitei! [...] E aí,* ***quando comecei no curso foi assim, uma paixão. Me senti envolvida pelos conteúdos trabalhados em aula.*** *[...] Eu nunca vou esquecer do primeiro semestre. Quando acabou, eu não queria que tivesse férias, eu senti um vazio[...]. Eu chego até a me emocionar, de tanto que eu mergulhei nos estudos ao longo do curso! Essa formação foi muito significativa em minha trajetória, tanto que atuo e faço o meu mestrado na área* (Lygia, 2021, grifo nosso).

> *Eu comecei numa área totalmente diferente, e depois eu passei para Letras. Ao longo do curso me identifiquei muito com a educação, em trabalhar na educação e com o ensino de idiomas. Eu acredito muito na educação pública. Eu sei da qualidade que é, e não me arrependi de maneira nenhuma, eu sou muito feliz por ter me formado em Letras - Português e Inglês* (Cecília, 2021, grifo nosso).

Essas narrativas, igualmente, reforçam a ideia da existência do processo de formação e sua relação com a docência. Parece-me pertinente tecer algumas ponderações sobre essa articulação. O conceito de formação, segundo Marcelo Garcia (1999), envolve uma dimensão pessoal de desenvolvimento humano global que é preciso considerar diante de outras concepções eminentemente técnicas, pois está relacionada aos "[...] fins e objetivos a alcançar, a conteúdos e experiências a assumir, às interações sujeitos e meio e aos estímulos, mobilizações e apoios no processo" (MARCELO GARCIA, 1999, p. 21). Assevera, ainda, que o conceito tem a ver com a capacidade de formação, bem como com a vontade de formação. Nesse sentido, é o indivíduo, a pessoa, o responsável pela ativação e pelo desenvolvimento dos processos formativos, não significando, com isso, que a formação seja, imperiosamente, autônoma.

Ao analisar os dados levantados, no intento de ampliar a reflexão sobre o conceito de formação, e ao articular esse conceito à formação de professores, entendo, mediante os estudos realizados junto a autores, como Cunha (1998, 2009, 2013, 2017), Charlot (2000, 2013, 2020), Marcelo Garcia (1995, 1999), Nóvoa (1995, 2000, 2009, 2017, 2019) e Tardif (2002), que a formação de professores se institui como um elemento de desenvolvimento profissional e crescimento dos docentes em sua prática educativa e em suas atividades e funções. Para além disso, é possível considerá-la um processo contínuo que engloba elementos pessoais, profissionais e sociais. Portanto, concebo-a como um processo que incorpora "a ideia de percurso profissional" (CUNHA, 2010, p. 135), que se constitui numa trajetória não linear, mas de evolução e continuidade de experiências tecidas por fases e momentos em que operam diferentes aspectos e condições (sociais, políticas, pessoais, familiares).

Marcelo Garcia (1999), ainda, contribui para a reflexão, destacando a necessidade de se compreender a formação de professores como um processo contínuo, pois, apesar de se dar em fases diferenciadas do ponto de vista curricular, "[...] a formação de professores é um processo que tem de manter alguns princípios éticos, didáticos e pedagógicos comuns, independentemente do nível de formação em causa" (MARCELO GARCIA, 1995, p. 55).

Dessa maneira, convém atentar ao conceito de desenvolvimento profissional dos professores, explicando que a noção de desenvolvimento "[...] tem uma conotação de evolução e de continuidade que nos parece superar a tradicional justaposição entre formação inicial e aperfeiçoamento dos professores". Além disso, "[...] pressupõe uma valorização dos aspectos contextuais, organizativos e orientados para a mudança" (MARCELO GARCIA, 1995, p. 55).

Ademais, preciso relembrar o entendimento de que a formação de professores inclui também o enfoque pessoal da profissão docente, o qual considera a capacidade de relação e comunicação que define o "tacto pedagógico" (NÓVOA, 2017). Menciono, aqui, a existência de um conhecimento pessoal no interior do conhecimento profissional. Uma dimensão que se engendra ao sentido de uma profissão que não cabe apenas numa matriz técnica ou científica. Portanto, coloco ênfase na dimensão pessoal e, a partir dela, no sentido que os professores concebem ao seu trabalho. De acordo com Nóvoa (1995, 2017), que vem reforçando, ao longo de suas pesquisas, desde a década de 1990, estar em formação "[...] implica um investimento pessoal, um trabalho livre e criativo sobre os percursos e os projetos próprios, com vista à construção de uma identidade, que é também uma identidade profissional" (NÓVOA, 1995, p. 25).

Nessa lógica, a formação docente se inscreve num processo de "[...] ir sendo, nos projetos, e nas ideias de futuro" (NÓVOA, 2019, p. 9). É uma trajetória feita com diversas bases e suportes: dos conhecimentos, dos mestres, dos livros, das aulas, dos colegas, da tecnologia, mas depende sempre de um investimento pessoal. Isso posto, a formação nunca está pronta e acabada, é um processo contínuo que se engendra à concepção de "inacabamento ou inconclusão" (FREIRE, 1989, 1996), pelo qual o sujeito busca "se fazer", se constituir, mediante a construção permanente de aprendizagem, que também pode ser entendida como:

> Aprender para constituir-se, em um triplo processo de "hominização"[31] (tornar-se homem), de singularização (tornar-se em exemplar único), de socialização (tornar-se membro de uma comunidade, partilhando seus valores e ocupando um lugar nela). Aprender para viver com os outros com quem o mundo é partilhado. Aprender para apropriar-se do mundo, de uma parte desse mundo, e para participar da construção de um mundo pré-existente. Aprender em uma história que é, ao mesmo tempo, profundamente minha, no que tem de única, mas que me escapa por toda

---

[31] Charlot (2000) utiliza-se desse termo para explanar a perspectiva antropológica da educação, pois para o autor "[...] nascer é penetrar nessa condução humana. Entrar em uma história, a história singular de um sujeito inscrita na história maior da espécie humana. Entrar em um conjunto de relações e interações com outros homens" (p. 53).

> a parte. [...] aprender é entrar em um conjunto de relações e processos que constituem um sistema de sentido, onde se diz quem eu sou, quem é o mundo, quem são os outros. (CHARLOT, 2000, p. 53).

Desse modo, buscando adentrar a tessitura do movimento formativo junto aos egressos, que fizeram sua formação inicial no curso de Letras, procurei resgatar elementos formativos e desafios do ingresso na trajetória docente, no intento de me aproximar de suas percepções sobre a formação no curso de Letras e como a ressignificam ao longo do seu desenvolvimento profissional docente.

Assim, ao lhes questionar sobre os desafios ao ingressarem na carreira docente, os 16[32] egressos que atuam ou atuaram na área foram enfáticos em pontuar que o "começo não é fácil" e mencionaram uma variedade de dilemas e desafios enfrentados. Desses, 94% (15) sinalizaram a falta de um acompanhamento inicial nas escolas com orientações sobre o funcionamento administrativo e pedagógico, assim como a insegurança quanto ao cotidiano escolar, ao planejamento e à metodologia de ensino a ser utilizada, aspectos observados nas narrativas destacadas a seguir:

> ***O que eu posso resumir é que o começo não é fácil!*** *Existe a burocracia, [...] aí temos os alunos de inclusão que não sabemos muito bem como lidar, mas tu não sabe muito bem como lidar com a turma também, pois não conhece os alunos quando tu chega na escola.* ***A partir do momento que é a tua primeira experiência tu fica te sentindo meio de mãos atadas: tu não sabe muito bem o que tu tens que fazer e de que forma fazer, quais são os documentos que tu tem que preencher, quais são as regras da escola. Coisas simples que muitas vezes não são repassadas para os que estão ingressando.*** *[...] **Também tem as questões de conteúdo que eu precisava trabalhar com os alunos. Precisei fazer um levantamento do que eles já sabiam, e do que eles não sabiam. Então, isso foi um caminho, bastante árduo e exigente.** [...] Agora eu já estou andando junto com o trem, eu já entrei no embalo.* ***Agora já está mais fácil, tem sempre novos desafios, mas não se compara com o início, lá nos primeiros meses, foi bastante difícil*** *(Adélia, 2021, grifo nosso).*

> *Para a Língua inglesa, são muitas turmas, são muitos cadernos de chamada, muitos planejamentos.* ***Eu entrei com uma visão um pouco diferente e isso acabou sendo um grande desafio algumas vezes, porque eu entrei com aquela ideia de*** *[...] um planejamento para cada turma, [...]* ***eu não consigo aplicar o mesmo plano de aula com três oitavos anos, cada turma tem a sua diferença.*** *E isso, com a questão de muita burocracia, acabou esbarrando muitas vezes no meu trabalho em sala de aula.* ***Aos poucos fui me estruturando, é um processo*** *(Ana Maria, 2021, grifo nosso).*

---

[32] Cabe lembrar que, dos 18 egressos participantes da pesquisa, dois não ingressaram na carreira docente: um em virtude da contemplação de bolsa de estudos remunerada para a realização de mestrado, logo após a conclusão do curso de Letras; e o outro pela opção por permanecer em outra área de trabalho em razão da estabilidade financeira.

Além desses desafios, 75% dos egressos (12) destacaram a experiência de um processo solitário ao enfrentar as adversidades do cotidiano no trabalho, principalmente em relação à indisciplina, ao domínio de classe, à motivação dos alunos para a aprendizagem e para desenvolverem as práticas educativas que acreditavam ser significativas.

Autores, como Marcelo Garcia (1999, 2011), Tardif (2002), André (2012) e Cunha (2010), colaboram para a compreensão de que, nos primeiros anos de docência, ao transcorrer a transição de estudantes a professores, os iniciantes vivenciam o período denominado "choque de realidade" (VEENMAN, 1984 *apud* MARCELO GARCIA, 1999, p. 114), que é um intenso processo de aprendizagem, podendo ser entendido como "um caminho bastante árduo e exigente" (Adélia, 2021), caracterizado por um princípio de sobrevivência e um predomínio do valor prático e do "saber experiencial[33]" (TARDIF, 2002).

Aqui cabe salientar que o saber experiencial incorpora a relação crítica com os saberes disciplinares, curriculares e da formação profissional. Nesse sentido, os saberes experienciais "[...] não são saberes como os demais; são, ao contrário, formados de todos os demais, mas retraduzidos, "polidos" e submetidos às certezas construídas na prática e na experiência" (TARDIF, 2002, p. 54).

Esse processo de "choque de realidade" também se faz engendrado à dissonância entre as expectativas dos novos profissionais e a realidade das escolas em que atuam. Tais dados são similarmente revelados nas narrativas que seguem:

> [...] *num primeiro momento, você está empolgado, você quer colocar a mão na massa, você quer colocar em prática aquilo que você aprendeu na teoria, e não só na teoria, porque foi a prática também, a práxis, na verdade, as duas andam juntas. Mas me refiro no sentido de querer fazer acontecer, de querer dar uma aula legal, querer tornar o ambiente agradável. E você se depara, às vezes com colegas, com direção, com uma estrutura de escola que ela não condiz com o teu planejamento [...]* **você chega com a bola cheia e a bola é estourada! E aí, ali você vê que não tem espaço para aquilo que você gostaria de fazer. Então, esse foi um dos desafios para seguir em frente com as práticas que eu acredito** (Cecília, 2021, grifo nosso).

---

[33] Conforme Tardif (2002, p. 48-49), saber experiencial é "[...] o conjunto de saberes atualizados, adquiridos e necessários no âmbito da prática da profissão docente e que não provêm das instituições nem dos currículos. Estes saberes não se encontram sistematizados em doutrinas ou teorias. São saberes práticos. [...] Eles constituem, por assim dizer, a cultura docente em ação".

> *A gente tem a vontade de aplicar tudo que aprende no curso! Quando eu entrei na escola, eu levei um tombo tão grande, porque achei tudo muito diferente e muita coisa para dar conta! Tinha as listas de conteúdos a cumprir e eu tinha medo de sair daquela lista. Ainda, quando cheguei naquela turma, [...] eles já estavam há quase dois meses sem professor de português. Então, eu lembro que eu cheguei com uma dinâmica, [...] mas eu já estava com o conteúdo engatilhado também, estava tudo organizado. E aí eu lembro que perguntei, entre outras questões: o que vocês gostam de fazer em língua portuguesa (atividades)? E uma aluna, disse: "A gente gosta de ter aula, a gente não gosta de ter enrolação". No meu primeiro dia! Aí entendi que eles estavam acostumados a receber o conteúdo e em seguida fazer uma atividade mais tradicional. [...] Hoje, já estou muito mais segura, conseguindo articular a prática com a teoria, eu acho que isso vem a experiência, né?* **A gente precisa dessa base que recebemos no curso, mas é na prática que a gente consegue associar.** *[...] A gente consegue entrelaçar conhecimentos de acordo com a experiência, mas acho que é assim mesmo. É uma construção. [...] No início eu me sentia muito nervosa de entrar em sala de aula, falava só em conteúdo.* **E aí, hoje em dia, não é mais assim. Me sinto mais segura em minhas práticas, mas considero que ainda sigo aprendendo** (Lygia, 2021, grifo nosso).

Ao considerar as quatro últimas narrativas, é possível perceber o reconhecimento das egressas de que a formação docente se constitui ao longo da carreira de forma contínua, como "uma construção" (Lygia, 2021), "como um processo" (Ana Maria, 2021). Compreensões da profissão que são consideradas "[...] um passo importante para que o iniciante não desanime diante das dificuldades" (ANDRÉ, 2012, p. 116), uma vez que existe uma diversidade de atividades a serem realizadas e dilemas a serem enfrentados. Como visto nos relatos das egressas, e de acordo com as pesquisas realizadas por Marcelo Garcia (1999, 2011), as egressas desenvolveram tarefas, tais como: buscar conhecer os estudantes, o currículo e o contexto escolar; planejar adequadamente o currículo e o ensino, iniciar o desenvolvimento de um repertório docente que permita a sobrevivência como docentes; construir uma comunidade de aprendizagem com os alunos e continuar a desenvolver uma identidade profissional. Para além disso, está a responsabilidade com a aprendizagem dos alunos.

Outro aspecto a ser destacado é a percepção de que a formação ganha relevância para os professores no início de carreira, pois nessa fase ocorre uma intensificação do aprendizado profissional e pessoal, tratando-se de "[...] um período de tensões e aprendizagens intensivas em contextos geralmente desconhecidos, durante o qual os professores iniciantes devem adquirir conhecimentos profissionais e manter um certo equilíbrio pessoal" (MARCELO GARCIA, 2011, p. 9). Dessa maneira, esse período inicial da docência é marcado por intensas descobertas sobre a prática educativa, seus dilemas e desafios, também sobre as alternativas possíveis para resolvê-los.

Tardif (2002, p. 85-86), em seus estudos, contribui para a compreensão desse fenômeno de início de trajetória salientando que as bases dos saberes profissionais parecem construírem-se nesse período e alerta que "[...] a tomada de consciência dos diferentes elementos que fundamentam a profissão e a integração na situação de trabalho levam à construção gradual de uma identidade profissional", assim como o início da carreira é acompanhado de uma fase crítica, "[...] pois é a partir das certezas e dos condicionantes da experiência prática que os professores julgam sua formação universitária anterior" (p. 86). Ainda, é preciso registrar a sinalização de que a estabilização e "[...] consolidação das práticas educativas não decorrem naturalmente, apenas em função do tempo cronológico decorrido desde o início da carreira" (p. 85), mas em função também dos acontecimentos constitutivos que tocam e marcam a trajetória profissional, envolvendo inclusive as condições de exercício da profissão.

Assim, a prática pode ser vista como "[...] um processo de aprendizagem através do qual os professores retraduzem sua formação e adaptam à profissão, eliminando o que lhes parece inutilmente abstrato ou sem relação com a realidade vivida e conservando o que pode servir-lhes de uma maneira ou de outra" (TARDIF, 2002, p. 53). Nesse sentido, perguntei-lhes sobre as contribuições da formação inicial nesse início de trajetória. À vista disso, 72% (13) se referiram aos conhecimentos e às práticas desenvolvidas nos estágios, 17% (3) às aprendizagens desenvolvidas nas disciplinas específicas e pedagógicas, em que eram elaborados planos de aula sob o acompanhamento dos professores e com troca junto aos colegas, e 11% (2) destacaram os diferentes recursos didático-pedagógicos apresentados ao longo do curso. As referências a essa formação podem ser observadas nos excertos a seguir:

> A formação no curso de Letras, contribuiu tanto no cunho teórico, quanto metodológico. [...] **O que eu aprendi através das teorias, através das metodologias que eu utilizei nos meus estágios**, eu pude desenvolver com meus alunos, de forma adaptada. E eu vejo que os alunos estão conseguindo atingir os objetivos previstos (Rachel, 2021, grifo nosso).

> A possibilidade da gente ter colocado em prática aquilo que a gente faria em sala de aula. Me refiro à questão de **trabalhar o planejamento, não somente no estágio, mas nas disciplinas específicas e das pedagógicas**, antes do estágio ainda, e que a gente teve o professor nos orientando e acompanhando, isso foi bastante importante no início da trajetória. **Era uma forma de pesquisa para o trabalho em sala de aula** (Cecília, 2021, grifo nosso).

> [...] ***Aprender a utilizar diferentes recursos em sala de aula***, *não só o livro didático, por exemplo. Isso foi importante para planejar as atividades das turmas em que iniciei (Ana Maria, 2021, grifo nosso).*

Além desses dados, as interlocutoras pontuaram em suas narrativas que, conforme "assumiam outras turmas", acessavam "outras aprendizagens do curso" (Lygia, 2021; Adélia, 2021; Cecília, 2021), o que reforça que os saberes são significados conforme as suas práticas vão sendo desenvolvidas.

Soma-se a isso o entendimento de que a evolução da carreira está engendrada também ao domínio progressivo do trabalho docente, desencadeando maior segurança no desenvolvimento de suas funções e de suas práticas educativas. Tais aspectos podem ser observados nas narrativas, nos seguintes excertos:

> [...] *hoje em dia, [...] me sinto mais segura em minhas práticas, mas considero que ainda sigo aprendendo (Lygia, 2021).*

> *Agora eu já estou andando junto com o trem, eu já entrei no embalo. Agora já está mais fácil, tem sempre novos desafios, mas não se compara com o início, lá nos primeiros meses, foi bastante difícil (Adélia, 2021).*

> [...] *Aos poucos fui me estruturando, é um processo (Ana Maria, 2021).*

Nessa perspectiva, buscando tensionar essas reflexões e dar sequência às análises, avancei um pouco mais o olhar sobre a trajetória docente dos egressos e lhes questionei sobre os principais desafios na profissão enfrentados no contexto atual. A maioria, 89% (16) pontuou que alguns desafios da docência foram ampliados em virtude da pandemia, tais como: o aumento do volume de trabalho e planejamentos; as dificuldades em acompanhar o processo de aprendizagem dos alunos durante o período das aulas virtuais; 11% (2) apontaram os desafios quanto ao domínio de diferentes ferramentas tecnológicas. Nos excertos a seguir, os desafios ficam mais evidenciados:

> [...] *Com a pandemia parece que estamos começando tudo de novo, que estamos iniciando a trajetória novamente. Isso exige bastante paciência e muito trabalho, principalmente em relação aos alunos, seu acompanhamento e sua aprendizagem (Adélia, 2021).*

> *No ensino remoto, a gente não consegue alcançar alguns alunos, acompanhar o seu processo de aprendizagem. Isso é preocupante. [...] Então, é bem complicado.* **O ensino remoto trouxe contribuições para se repensar a sala de aula, um outro modo de ensino e de aprendizagem e a utilização de diferentes ferramentas de trabalho.** *Mas, é muito complicado de alcançar os alunos, ao menos na minha realidade.* **De modo geral, o ensino remoto trouxe mais preocupações do que contribuições. Talvez porque ninguém estava preparado para o que aconteceu** *(Lygia, 2021, grifo nosso).*

> *Ser professora no contexto pandêmico é uma prática desafiadora. Eu percebo que* **os professores estão se reinventando, principalmente os que não eram muito adeptos à tecnologia e estão precisando utilizar.** *[...]* **Então, tiveram, sim, que inovar suas práticas, se reformular.** *Acredito que também foi uma possibilidade da gente mostrar para a sociedade o quanto nosso trabalho é importante. Infelizmente, a gente vai ver os efeitos dessa pandemia na aprendizagem, principalmente, onde os alunos, muitas vezes, sem acesso à internet, tinham dificuldades de acessar as atividades e os conteúdos (Ruth, 2021, grifo nosso).*

> **O maior desafio atual foi me adaptar às tecnologias, inicialmente.** *Nesse modelo de ensino remoto, trazer inovações metodológicas, dinâmicas com os alunos e pensar como que eu posso atingir meu aluno sem estar diretamente com ele. Estando de uma forma remota, on-line, como eu posso solucionar as dúvidas deles? Agora, com o ensino híbrido, em que alguns alunos vão presencialmente, eu consigo fazer essa intervenção maior, ver quais são as dificuldades, como é que estão, no que eu posso intervir. Mas, primeiramente, foi essa questão da tecnologia.* **Meu maior desafio foi ver como que eu poderia utilizar/organizar de forma dinâmica e significativa as aulas on-line para atingir o objetivo maior de aprendizagem, vivendo numa pandemia** *(Rachel, 2021, grifo nosso).*

Os impactos da pandemia na trajetória docente seriam, indubitavelmente, sinalizados. No ano de 2020, a pandemia da Covid-19 marcou nossas vidas! O mundo foi acometido por um vírus com abrangência e letalidade comparável apenas à Gripe Espanhola, sendo essa numa velocidade menor de contágio. Vivenciamos o dia em que a "terra parou"[34]! Como medida para conter a propagação do vírus e preservar a saúde, as pessoas ao redor do mundo necessitaram ficar em suas residências, em isolamento social. Foram muitas as experiências ímpares, complexas, tristes e inimagináveis desencadeadas na pandemia. No ano de 2021, com a vacinação, o número de infecções e mortes reduziu, mas os cuidados e as medidas de prevenção permaneceram.

---

[34] Faço referência à música de Raul Seixas, "O dia em que a terra parou", lançada em 1977. Essa música foi retomada, em 2020, em muitos espaços de reflexão, em virtude de seus versos apresentarem um contexto semelhante ao vivenciado na pandemia. Registro aqui o quanto a cultura, em seus mais diversos gêneros (música, poesia, literatura, filmes e outros), por meio de *lives*, cantorias nas sacadas das casas e prédios e outros meios criativos, contribui para vivências de momentos de acalento, de esperança e para a sanidade mental.

Não é possível ignorar o fato de o Brasil ter tido os maiores índices de difusão e mortalidade em virtude do contágio da doença. Repercussões drásticas geradas por falta de políticas públicas sanitárias, inviabilizadas pela perspectiva negacionista e neoconservadora que priorizou os ataques à Ciência, as questões econômicas e a disseminação de *fake news* em vez da preservação da vida humana. Conforme divulgação realizada pelo Conselho Nacional de Secretários de Saúde (CONASS), no dia 31 de dezembro de 2021, o Brasil atingiu a marca de 619.056 óbitos e mais de 22 milhões de infecções pelo coronavírus.

Além das repercussões sanitárias graves desveladas em todo o mundo, a pandemia impeliu impactos sociais, econômicos e educacionais, com proporções ainda sem estimativas, mas que certamente refletirão em efeitos longevos. No livro de Boaventura de Souza Santos, intitulado *A cruel pedagogia do vírus* (2020), entende-se, mediante múltiplos desdobramentos engendrados ao cenário econômico, político e social, que o contexto pandêmico intensificou o processo de desigualdade social, reforçando "a injustiça, a discriminação e a exclusão social" (p. 21).

Como salientado pelos egressos, na área da educação, considerando a urgência da necessidade do isolamento social, ainda no início do ano letivo de 2020, fez-se imprescindível a construção e a adaptação de estratégias pedagógicas e curriculares ao longo do ano escolar. O efeito repentino nas alterações de rotinas

> [...] no trabalho, no estudo, nas relações, nas necessidades, nesses tempos de isolamento social, provocou rupturas com hábitos arraigados e reflexões sobre o que é essencial e o que é supérfluo, bem como demandou exercício de paciência e desenvolvimento de atividades de modo diferente. (GATTI, 2020, p. 39).

Essas implicações e atravessamentos na prática docente refletem a impressão relatada de estar *"iniciando a trajetória docente novamente"* (Adélia, 2021), pois *"ninguém estava preparado para o que aconteceu"* (Lygia, 2021). Os desafios emergentes no contexto pandêmico, até então, não haviam sido vivenciados, "[...] nada foi programado. Tudo veio de supetão. Repentinamente. Brutalmente" (NÓVOA; ALVIN, 2021, p. 2). Em consequência da necessidade do isolamento social e das medidas de prevenção de contágio, no interim de dois anos, as aulas ocorreram de forma remota (virtual) e híbrida (virtual e presencial).

Junto a esses cenários que se abriram na pandemia, "[…] a era digital impôs-se nas nossas vidas, na economia, na cultura e na sociedade, e também na educação" (NÓVOA; ALVIM, 2021, p. 2). De acordo com esses autores, deram-se transformações que, na normalidade dos tempos, teriam demorado décadas. No entanto, chamam atenção para o impulso e sedução a tendências embasadas pelo "consumismo pedagógico e pelo solucionismo tecnológico" (NÓVOA; ALVIM, 2021, p. 3), que se mostram inevitáveis para o futuro, com discursos que negam a herança histórica da escola e fomentam uma educação esvaziada das dimensões públicas e comuns. Por esses aspectos, salientam que, atualmente,

> […] não é possível pensar a educação e os professores sem uma referência às tecnologias e à virtualidade. Vivemos conexões sem limites, num mundo marcado por fraturas e divisões digitais. É preciso enfrentar com lucidez, e coragem, essas tensões: entre um empobrecimento da diversidade e a valorização de diferentes culturas e modos de viver; entre uma diminuição da privacidade e da liberdade e a afirmação de novas formas de democracia e participação; entre a redução do conhecimento ao digital e a importância de todo o conhecimento, humano e social. (NÓVOA; ALVIM, 2021, p. 3).

O acesso às aulas virtuais e aos meios digitais foi uma das soluções possíveis para a garantia do processo de continuidade educacional, com o intuito de se manter laços com os alunos e os cuidados com a saúde pública. No sistema educacional, ocorreu o que Mariana Chendo (2020 *apud* TERIGI, 2020, p. 243) denominou "migração forçada para um outro contexto de aprendizagem", enquanto não se podia ir à escola. Todavia, conforme destacado por 88% (7) das interlocutoras entrevistadas, sucederam dualidades nesse processo, ou seja, viu-se *"os dois lados da mesma moeda"* (Cecília, 2021; Lygia, 2021). De um lado, contaram com a possibilidade de *"planejar aulas em que os alunos têm acesso a livros clássicos da literatura brasileira, a vídeos que contribuem para a compreensão de conteúdos e podem desenvolver atividades em diferentes ferramentas"* (Adélia, 2021). Por outro lado, perceberam os entraves e percalços ao longo do desenvolvimento das práticas educativas nas aulas virtuais. As plataformas educacionais diversificadas, com a utilização da internet, se mostraram acessíveis para alguns alunos, mas não para todos. Por isso, também houve o planejamento de atividades e conteúdos em material impresso, os quais eram retirados na escola e retornavam posteriormente para a correção e acompanhamento.

Em razão do acesso diferenciado aos conteúdos e às atividades, as interlocutoras sinalizaram o desafio do acompanhamento do processo de aprendizagem dos alunos, em pleno contexto pandêmico. Um procedimento que, em suas percepções, extrapolava a burocracia de *"manter em dia os registros das atividades realizadas"* (Clarice, 2021) e *"as planilhas de acesso dos alunos"* (Lygia, 2021), uma vez que engendrava o *"envolvimento ativo dos alunos e até que ponto as aulas tiveram significado e atingiram o objetivo da aprendizagem"* (Rachel, 2021). Preocupações pertinentes e que interpelaram também a pesquisadora Terigi (2020) ao trabalhar as questões de descontextualização e sentido nas aprendizagens em casa comandadas pela escola. Em sua reflexão, a autora chama atenção para os riscos de a aprendizagem tornar-se apenas uma execução de tarefa.

> Quando a unidade de aprendizagem é a tarefa, se organiza uma espécie de sucessão em que cada tarefa encerra um aprendizado atomizado, descontínuo dos outros; nessas condições é muito difícil construir sentido. Nesses casos se termina oferecendo ao aluno uma baixa apropriação do sentido da atividade; então, se dificulta encontrar algum motivo genuíno para poder aprender. (TERIGI, 2020, p. 248).

É válido destacar ainda que o processo de conectividade e a urgência pelos quais os egressos foram interpelados viabilizaram o estabelecimento de outras formas de ação docente e ressoou em "uma nova relação com o conhecimento profissional docente" (NÓVOA, 2017). Paralelamente aos desafios, como destacado por Ruth (2021), ocorreu um movimento de estruturação e reinvenção das práticas educativas por parte dos professores, *"principalmente os que não eram muito adeptos à tecnologia e estão precisando utilizar. [...] Então, tiveram sim, que inovar suas práticas, se reformular"*. Nesse sentido, de acordo com Nóvoa e Alvim (2021), incluir o digital no trabalho docente e nas práticas educativas está para além de incorporar uma tecnologia, uma vez que se "[...] instaura uma nova relação com o conhecimento e, por isso mesmo, uma nova relação pedagógica, redefinindo o lugar e o trabalho dos professores" (p. 12). No entanto, ao utilizar os recursos virtuais e tecnológicos,

> O mais importante é reforçar a esfera pública digital, desenvolver respostas públicas na organização e na "curadoria"

> do digital, criar alternativas sólidas ao 'modelo de negócios' que domina a Internet, e promover formas de acesso aberto e de uso colaborativo. É com base nesses princípios que podemos imaginar uma apropriação do digital nos espaços educativos e a sua utilização pelos professores, sem cairmos no disparate de reproduzir "à distância" as aulas habituais ou na ilusão de que as tecnologias são neutras e nos trazem soluções "prontas-a-usar". (NÓVOA; ALVIM, 2021, p. 3).

Por conseguinte, há outro desdobramento compreendido junto aos dados levantados com as interlocutoras e o tensionamento das ideias expressas pelos autores supracitados (NÓVOA; ALVIM, 2021; TERIGI, 2020): a perspectiva de que os meios digitais são relevantes, mas não esgotam as possibilidades educativas. O ensino é uma "tarefa especializada" (TERIGI, 2020) e os professores, com o conhecimento "próprio e a sua experiência profissional" (NÓVOA; ALVIM, 2020), têm um papel essencial na sua criação.

A partir desse entendimento, percebi que as egressas sinalizaram conhecimentos profissionais da docência, que lhes dão base a essa tarefa especializada.

---

*[...] A cada semestre as aprendizagens iam se intensificando e os desafios mais intensos. Não foi fácil. **Mas foram importantes na minha formação como um todo e para a minha prática.** Se percebia que havia uma sequência de conteúdos que ia se aprofundando, foram muitos conhecimentos específicos e também relacionados à educação, as disciplinas pedagógicas, mas também as práticas e ao estágio. **Todo esse processo de conhecimento me ajudou a compreender que existem diferentes modos de ensinar e de conceber o processo educativo.** [...] a parte específica do curso de Letras, da Linguística, da Língua Inglesa, da Língua Portuguesa, da Literatura enquanto grandes campos de estudo foram importantes nesse processo, [...] mas também é preciso entender que estão ligadas ao percurso histórico e aos debates e concepções que cercam a educação (Rachel, 2021, grifo nosso).*

[...] o ensino de línguas não é só ensinar gramática, mas também ensinar os usos e significados das línguas, assim como a comunicação por diferentes gêneros e meios, e a importância da interpretação e do contexto de uso da língua [...] (Ruth, 2021).

No meu caso, para o ensino da Língua Inglesa, aprender as metodologias de ensino e o conhecimento específico da língua inglesa. [...] Além disso, obviamente estudar a história da educação, o currículo, compreender a importância do contexto histórico das obras literárias [...], esses saberes, estudados ao longo do curso, foram bastante importantes para minha formação e para organizar minhas aulas (Cecília, 2021).

Contudo, segundo pontuado anteriormente, o contexto pandêmico intensificou alguns desafios da prática docente que há muito tempo integram os dilemas da profissão, como os destacados pelas interlocutoras: o trabalho solitário para enfrentar as adversidades do cotidiano escolar, o volume de atividades e a complexidade de fatores que engendram o trabalho docente, a escassez de recursos pedagógicos e tecnológicos para a realização das aulas, a desvalorização profissional e as reformas das políticas educacionais e curriculares que priorizam as lógicas neoliberais em detrimento das questões educacionais. Esses dilemas podem ser percebidos na narrativa reflexiva de Ana Maria (2021), por exemplo:

> [...] *A formação no curso de Letras me deu base para eu trabalhar na área, mas me instigou a pensar sobre vários aspectos também.* [...] *Sobre os desafios de ser professora na atualidade... isso tem me feito pensar muito* [...] *Sobre o ser docente, sobre a escola, sobre o sistema educacional que não acompanha o trabalho dos professores, que não está interessado em ouvir os professores, que manda as coisas de cima para baixo e a gente tem que engolir, tem que fazer, tem que se virar, tem que dar conta. Mas, quem dá conta do professor? O professor dá conta de tudo: das exigências do sistema educacional, da BNCC, da burocracia, dos alunos, do planejamento, das atividades na pandemia... Mas e do professor, quem dá conta? Quem cuida do professor? Eu acho que isso tem feito muita falta no nosso trabalho, no dia a dia.* [...] *aquele sentimento bom de ser professor, ele acaba sendo desgastado. E isso é uma coisa que eu acho muito triste, porque quando a gente escolhe ser professor é porque gosta, e busca formação para ser um bom profissional, porque gosta do que faz. E quando a gente chega ao ponto de se sentir meio incomodado de fazer aquilo que gosta, que é o seu trabalho, é porque algo não está certo, é porque não está andando bem. A pandemia aumentou, ainda mais, a quantidade de trabalho que a gente precisa dar conta. O ano de 2020 foi muito difícil, muito cansativo, mas vencemos o ano letivo. Ninguém estava preparado para tudo isso, mas a gente conseguiu.* [...] *Entendo que falta o olhar sensível para o trabalho do professor e para o professor (Ana Maria, 2021).*

Essa narrativa retrata e exprime várias questões da conjuntura contemporânea que desestabilizam a profissão docente. O espaço educativo e, em específico, a reconfiguração do trabalho dos professores, sofre atravessamentos e consequências das mudanças sociais, econômicas, culturais e políticas que se desenvolvem mediante o processo de globalização e sob a égide da "racionalidade neoliberal" (DARDOT; LAVAL, 2016). Nesse cenário, os imperativos das políticas econômicas, vinculadas a lógicas individualizantes, de desempenho e de concorrência, se sobrepõem aos pressupostos que orientam as políticas educativas (CHARLOT, 2013, 2020; CUNHA, 2016; PACHECO, 2019; NÓVOA, 2017), reverberando num "Movimento Global de Reforma Educacional – GERM" (SAHLBERG, 2018). Essas reformas balizam a construção de um tipo de escola e, paralelamente, esta escola está "destinada a um tipo de sociedade" (LAVAL, 2019). De acordo com Laval (2019, p. 20), na "[...] nova ordem educativa que se delineia, o sistema educativo está a serviço da competitividade econômica, está estruturado como um mercado, deve ser gerido ao modo das empresas".

Reforço, então, que, como as tensões entre as políticas globais e os contextos locais se multiplicam, essa tendência de reformas, por meio de (re)formulação de políticas educacionais, desencadeiam repercussões às práticas educativas dos professores em vários lugares do mundo. Essas políticas, mesmo com origens distintas, convergem para aspectos que contribuem para a "desprofissionalização docente" (NÓVOA, 2017), e o valor dos profissionais e das instituições de ensino é dado em termos de sua produtividade e de sua performance (SANTOS, 2004, 2017; BALL, 2002, 2012; PACHECO; PESTANA, 2014). Goodson (2019) também corrobora essa perspectiva ao afirmar que:

> O ímpeto é um motor corporativo para colonizar a educação pública como lugar de acumulação de lucro. A negação e a difamação do conhecimento especializado e das opiniões educacionais que estão em curso apenas confirmam esse ponto de vista. (p. 44).

Ao ocorrer o deslocamento da atenção do processo educacional para a busca de resultados mensuráveis, tramam-se mecanismos para "reformar professores" (BALL, 2002) e mudar o que significa ser professor. A prática educativa volta-se cada vez mais ao atendimento às novas exigências externas, estruturadas em políticas educacionais *"enviadas de cima para baixo"* (Ana Maria, 2021). São essas políticas educacionais que ressoam em consequências na prática educativa e na "alma do professor – na vida em sala de aula" (BALL, 2002). De acordo com Goodson (2019, p. 42), as mudanças externamente regulamentadas deixam como principal lacuna "[...] a conexão com as convicções profissionais e com as missões pessoais próprias dos professores". No modelo de mudança interna gerada profissionalmente, "[...] ela era parte integrante; no modelo externamente imposto, é meramente 'presumida'". Isso transforma o contexto e [...] "o controle do currículo da escola e, ao fazê-lo, altera o meio social de ensino-aprendizagem" (GOODSON, 2019, p. 42).

Para além disso, é possível perceber que os desafios destacados pelos egressos, de forma mais nítida na narrativa de Ana Maria (2021), demonstram aspectos que correspondem às urgências demandadas pela "sociedade do espetáculo, da competição, do consumo e do conhecimento" (NÓVOA, 2017), que são categorizações forjadas pela lógica neoliberal. Hodiernamente, essas tendências impactam o espaço educativo e a prática educativa dos professores.

Conforme Nóvoa (2004), quanto à sociedade do espetáculo, observa-se uma dimensão de exposição pública da instituição escolar e das atividades docentes. Quando se refere à transparência, refere-se à avaliação. Os rankings internacionais de avaliação de desempenho retroalimentam o espetáculo constante da "crise da escola e em regra geral, para culpar os professores" (NÓVOA, 2004, p. 2). Paralelamente ao espetáculo, há a competição. A divulgação anual dos resultados obtidos pelos alunos e pela escola estimulam competições, consequentemente os resultados são entendidos como indicadores de qualidade. Implicitamente, nessas categorizações, perpassa a perspectiva mercadológica e de consumo, as quais forçam a convergência da educação de um "bem público" para mais um "bem de consumo". E, finalmente, a questão da sociedade do conhecimento, articulada à expressividade dos "tempos que correm", a qual trata de uma "aprendizagem ao longo da vida" e pela qual se responsabiliza cada sujeito pela sua qualificação e atualização. Há, inclusive, a instauração de uma relação culpabilizante de cada um perante o seu próprio percurso formativo. Então, acompanha-se a transformação "dos problemas sociais em problemas individuais".

Essa sociedade, na qual impera o desempenho e a concorrência, gera como contraponto o "cansaço e o esgotamento excessivo" (HAN, 2017). Conforme escreve Han (2017), em seu livro intitulado a *Sociedade do cansaço*, no século XXI, experienciamos uma época de velocidade e esgotamento, na qual se valoriza indivíduos inquietos, hiperativos, que se adaptam ao cotidiano produtivo e que exercem inúmeras e variadas tarefas. Para o autor, "[…] o excesso da elevação do desempenho leva a um infarto da alma. O cansaço da sociedade do desempenho é um cansaço solitário, que atua individualizando e isolando" (HAN, 2017, p. 71). À vista disso, considerando as narrativas das interlocutoras e explicitamente o excerto de Ana Maria (2021), parece-me que a pandemia evidenciou com mais nitidez esses aspectos.

Como consequência desses atravessamentos, não surpreende que os professores, na sociedade contemporânea, sejam considerados "trabalhadores da contradição" (CHARLOT, 2013, 2020). Nas palavras do autor:

> A lógica neoliberal da concorrência tende a reduzir a educação a mercadoria escolar a ser rentabilizada no mercado de empregos e das posições sociais e isso faz com que formas de aprendizagem mecânicas e superficiais, desconectadas do sentido do saber e de uma verdadeira atividade intelectual, tendam a predominar. Observa-se hoje uma contradição entre novos horizontes antropológicos e técnicos da educação por um lado e, por outro, as suas formas efetivas. Atrás da contradição social, desenvolve-se uma contradição histórica: a sociedade globalizada trata o saber como um recurso econômico, mas requer homens globalizados instituídos, responsáveis e criativos. Talvez essa contradição seja um dos motores da História no século que acaba de abrir-se. (CHARLOT, 2013, p. 60).

Nesse sentido, as práticas educativas dos egressos se constituem em um emaranhado de tensões e contradições que denotam e intensificam a complexidade do exercício docente no seu cotidiano. No entanto, é possível perceber que também encontram sendas/alternativas para atuar na contramão dos processos hegemônicos de regulação, engendrados pelo neoliberalismo. As interlocutoras entrevistadas, perante seus conhecimentos e saberes, assim como mediante uma posição docente reflexiva e crítica do contexto educacional, demonstram indicativos de resistência ao modelo dominante, sinalizando que "[...] são capazes de viver nos limites, submetidas à lógica predominante nos processos sociais e educativos, mas navegando na fronteira das práticas que ficam às margens" (CUNHA, 2006, p. 19). Além disso, corroboram que a formação no curso de Letras contribuiu na constituição dessa posição docente. Esses sinais de resistência podem ser observados nas narrativas a seguir:

> *Olha, ser professor/professora no contexto atual é um ato de resistência e de muita coragem.* [...] *porque a gente tem presenciado e vivido tantos ataques à educação e aos professores, como os inúmeros cortes e a desvalorização da nossa profissão.* [...] *Para usar uma metáfora: às vezes parece que a gente está caindo num abismo e que não sabe quando é que vai chegar no fim.* [...] ***Por isso, é um ato de resistência e coragem.*** *Todos os dias você tem que respirar fundo, pensar no que te motiva a estar ali, pensar nas suas práticas e seguir. Porque a gente acredita no que a educação pode realizar. A gente sabe que no contexto geral não é o ideal, está bastante longe de ser o que a gente gostaria, mas que a gente tem a possibilidade de ensinar e fazer a diferença na vida de alguns alunos. É preciso muita coragem pra acreditar em uma educação diferente, para pensar além das notas e planejar aulas de forma coerente com a perspectiva que a gente acredita. O curso de Letras me apresentou conhecimentos e outras frentes que me dão base para fazer esse tipo de prática.* [...] *Eu tive professores que me marcaram, que impactaram em minha trajetória, no sentido de desejar aprender, de gostar de ler, de pensar criticamente. Então, é possível que eu faça o mesmo* (Cecília, 2021, grifo nosso).
>
> *(Suspiro). É uma luta constante.* ***No contexto atual, acho que uma das palavras que descreve o trabalho docente é coragem.*** *No sentido de me manter de pé e continuar buscando por aquilo que a gente acredita, uma educação pública que é sim capaz de mobilizar os alunos, de fazer eles crescerem, de aprenderem* [...] *Então, é uma luta constante em busca daquilo que a gente acredita, apesar de todos os ataques que a gente sofre. Coragem, acho que é a palavra que define que a gente continue acreditando, continue estudando, e sendo perseverante, firme e vendo que também não está tudo errado.* [...] ***cada um de nós transformando um pouquinho, um dia quem sabe, a gente vai chegar num ideal de educação pública e também numa sociedade menos desigual e mais humana.*** *Por isso, eu sigo em frente. Esta forma de entender a educação e de construir a minha prática tem influência direta da minha formação no curso de Letras* (Cora, 2021, grifo nosso).

Dessa forma, considero que a construção das práticas educativas das egressas é engendrada mediante complexas contradições — políticas, econômicas, sociais e culturais —, e essas "[...] múltiplas influências e energias fazem oscilar as funções de emancipação e regulação que constituem fundamentalmente os processos educativos" (CUNHA, 2009, p. 9). As atitudes emancipatórias exigem "coragem" para enfrentar os riscos de assumir a posição crítica, "[...] da mesma maneira que conhecimentos e competência para a construção de um saber fazer que ultrapasse os processos de reprodução" (CUNHA, 2006, p. 17). Isso significa que:

> Ainda que seja comum identificar-se a presença dos processos regulatórios oriundos das políticas e práticas tradicionais, o professor, conscientemente ou não, junto com seus alunos, resiste a se tornar apenas objeto da ação que

> desenvolve. Nessa perspectiva dialética é que vale a pena apostar. Uma das formas de fazê-lo é analisar como se constroem as práticas alternativas e os saberes docentes. (CUNHA, 2006, p. 25).

Nessa direção, ensinar é fazer escolhas, constantemente, em plena interação com os alunos, e essas escolhas dependem do contexto, "[...] da experiência dos professores, de seus conhecimentos, convicções e crenças, de seu compromisso com o que fazem, de suas representações a respeito dos alunos e, evidentemente, dos próprios alunos" (TARDIF, 2002, p. 132). O que parece, até então, é que as egressas, ao longo do seu processo formativo, reconfiguraram suas práticas, "escolhendo" romper com as formas tradicionais de ensinar e aprender, voltando-se à inovação educativa.

Portanto, vale retomar o posicionamento de Freire (1989) em favor da transformação e da mudança, no qual pontua que "a realidade está sendo assim", todavia que há outras possibilidades dela se constituir. Nessa perspectiva, há o entendimento de que a mudança também está imbricada ao processo formativo e ao fazer docente.

Face aos achados dessa categoria, na próxima seção, apresento as análises das percepções das egressas sobre o "processo de feitura" (SENNETT, 2019) de suas práticas educativas. Mostro de que forma foi possível entender/mapear a construção de inovações educativas para, na sequência, identificar em que medida a formação do curso de Letras reverberou nesse processo.

5.2 O mapeamento do processo de feitura das práticas educativas: há inovação?

Na composição da análise dos dados que sustentaram essa categoria, considerei os aspectos referentes à concepção de inovação entendida/construída pelos egressos, bem como as percepções sobre sua posição docente diante do desenvolvimento de suas práticas. Para além disso, realizei um mapeamento de algumas práticas educativas que desenvolveram ao longo de suas trajetórias, enquanto estavam no curso de Letras ou depois de formadas, tencionando-as aos indicadores de inovação, categorizados por Cunha (2006).

Para as análises dessa categoria, tenho como base que a inovação requer uma "[...] ruptura necessária que permita reconfigurar o conhecimento para além das regularidades propostas pela modernidade. [...] Nesse sentido, envolve uma mudança na forma de entender o conhecimento" (CUNHA, 2006, p. 40). Além de Cunha (2006), dialoguei com teóricos, como Carbonell (2002, 2017), Charlot (2020) e Sennett (2019).

A respeito da concepção de inovação que embasa as práticas educativas, no universo dos 18 egressos, 67% (12) deles consideram que inovar é realizar uma prática diferente das formas tradicionais de ensinar, e outros 33% (6) entendem que se trata de ressignificar a prática que vem sendo feita, até então, para ensinar determinado conteúdo. Como no questionário os dados se revelaram sucintos, esses aspectos foram aprofundados com as oitos interlocutoras nas entrevistas e no grupo focal.

Dessa maneira, ao serem questionadas sobre o que concebem como inovação, salientaram serem práticas educativas *"diferentes"* (Ana Maria, 2021), que possibilitam *"sair da forma tradicional ou convencional"* (Adélia, 2021) de realizá-las, uma prática *"que sai dos padrões de ensinar sempre da mesma forma determinados conteúdos"* (Ana Maria, 2021). No entanto, para além do *"fazer diferente"* (Clarice, 2021; Ruth, 2021; Rachel, 2021), a inovação é entendida pelas egressas como uma prática contextualizada, desenvolvida em "determinado lugar, tempo e circunstância" (CUNHA, 2006, p. 41), mediante um processo de ação educativa. Como explicitado por Ana Maria (2021), a inovação "é uma prática diferente [...], *mas de acordo com aquilo que o professor tem disponível. Não é algo exuberante [...], mas é de fato uma prática diferenciada que funcione com o que eu tenho disponível. Que funcione de acordo com a minha realidade e que faça sentido para os alunos"*.

Outra concepção a ser destacada é a compreensão da inovação como uma posição docente de *"abertura ao novo"* (Ruth, 2021). Essa perspectiva engloba rupturas em alguns aspectos da prática educativa, contudo mantém preservadas as referências profícuas da prática existente. Essa posição mostra indícios de uma atitude emancipatória ao buscar romper com os processos de reprodução, mediante a ação de "[...] agir diferente para cada situação, a partir da leitura da cultura e das condições de produção do conhecimento que se estabelecem entre o professor e seus estudantes" (CUNHA, 2006, p. 17), como pode ser visto no excerto a seguir:

> *A prática inovadora vai muito além de pensar eu vou fazer desse jeito e vai dar certo, pois sempre deu.* [...] *Eu considero que para ser uma prática inovadora é preciso estar aberto ao novo e estar atento ao que os alunos trazem para a sala de aula*, ao que eles questionam. Então, esta prática precisa ser mediada, acompanhada, provocada e conduzida através dos conhecimentos do professor [...]. É uma prática contextualizada que é **articulada aos conteúdos e planejada pelo professor** (Ruth, 2021, grifo nosso).

Soma-se, ainda, a essas concepções, a perspectiva de que a inovação está para além da inclusão da tecnologia nas práticas educativas. As egressas salientam sua relevância na contemporaneidade, todavia o entendimento é de que sua utilização é um meio para a construção de inovações e não o fim específico. Dessa forma, ainda desponta nas narrativas a confluência da concepção de inovação que visa abarcar "[...] a aquisição do conhecimento, mas também a compreensão daquilo que dá sentido ao conhecimento" (CARBONELL, 2002, p. 21). Ou seja, é perceptível a emergência da dimensão "fazer sentido" e a relevância da sua contemplação nas práticas educativas, considerando o conhecimento para além da sua utilização "linear e mecânica" (PÉREZ GÓMES, 1995), algo que desencadeia potência à mobilização de "energias emancipatórias" (CUNHA, 2006). Esse elemento do processo de inovação educativa pode ser visto com mais clareza nos excertos destacados:

> Uma prática inovadora é uma prática que possibilita que o aluno se envolva com o objeto da aprendizagem. **Inovação não é trocar A por B, trocar a lousa pelo slide.** Por mais óbvio que possa soar, **eu acredito que uma prática inovadora não precisa necessariamente envolver tecnologia.** Ela não precisa ser mirabolante. O que **precisa é fazer sentido para o aluno e trazer o aluno para perto dos conhecimentos, fazer ele se envolver com os conhecimentos que estão sendo trabalhados. Eu acho que a essência da inovação é essa** (Cecília, 2021, grifo nosso).
>
> A inovação é uma prática diferente. **Que funcione de acordo com a minha realidade e que faça sentido para os alunos** (Ana Maria, 2021, grifo nosso).

> *Eu considero que uma prática inovadora é aquela que faça sentido para o aluno, que esteja ligada com o contexto dele e que fazendo sentido, se possível, possa auxiliar em suas práticas sociais. Talvez até possa ajudar a modificar positivamente alguma questão na escola, na comunidade, mas se isso não for possível,* **que seja um conhecimento que faça sentido para o aluno.** *[...] Eu percebo que muitas vezes, a prática inovadora é entendida sob o conceito de que seja algo grandioso, algo que vire a escola de cabeça pra baixo. Essa ideia, muitas vezes, causa a imobilização. Não precisa ser assim. Se a gente percebe o interesse por algum assunto, a turma está interessada em estudar aquilo, vai a fundo... Organiza pesquisa, aproveita para trabalhar os conteúdos indicados, envolve outras áreas de conhecimento e já estará fazendo uma prática inovadora (Cora, 2021, grifo nosso).*

De acordo com Charlot (2020, p. 302), o que se deve ensinar "[...] é um problema que precisa ser igualmente resolvido, deixando de reproduzir sempre, com algumas atualizações marginais, o que já se ensina". Sob uma perspectiva antropológica, o autor salienta que levantar a questão do sentido do que se ensina é um dos pontos fundamentais para se pensar a educação nesse início do século XXI, no intento de construir possibilidades de rupturas com a "lógica do desempenho e da concorrência". À vista disso, alerta para a constância de reflexões sobre: qual o sentido de ensinar? Qual o sentido de aprender? Qual o sentido do nosso trabalho docente no cotidiano escolar?

Isso posto, esclarece que as respostas para esses questionamentos precisam considerar que o ser humano "é um herdeiro criativo", e não somente "útil em uma lógica do cotidiano ou *eficiente*, em uma lógica da concorrência" (CHARLOT, 2020, p. 302, grifo do autor). Essa perspectiva reverbera em posicionamentos críticos sobre o ensino e também sobre a profissão docente.

> Tal questão, atropelando a reprodução do mesmo e as aulas já prontas, suscitará provavelmente resistências corporativas que serão, sem dúvida, fortes, mas, de um lado, a resposta não deve ser deixada apenas para os professores, porque se trata de uma questão social e antropológica e não apenas profissional e disciplinar e, de outro lado, levantar a questão do sentido do que se ensina, é colocar também a do sentido da profissão docente. (CHARLOT, 2020, p. 302).

Além desse aspecto, a questão do sentido também ganha relevância ao reportar-se juntamente ao conhecimento, aos conteúdos, aos métodos de ensino e à aprendizagem. Segundo o autor, aprender exige "a mobilização de uma atividade intelectual", e esse processo ocorre quando o que se aprende "apresenta sentido, ajuda a compreender o mundo, a vida, as pessoas [...]". Assim, o sentido é parte integrante da "equação pedagógica fundamental no ser humano: Aprender = Atividade intelectual + Sentido[35] + Prazer[36]" (CHARLOT, 2020, p. 303).

Articulado a esse enfoque, as egressas pontuaram a inovação como a construção de práticas que "dão sentido ao conhecimento", apostando também em uma perspectiva emancipatória que busca a "ruptura com a forma tradicional de ensinar e aprender" (CUNHA, 2006). Esse posicionamento pode ser observado nos excertos a seguir:

> *A prática inovadora está mais focada na possibilidade de fazer os alunos refletirem e questionarem o conhecimento que está dado como certo e acabado. É a prática que não está apenas voltada a preparação para as provas e avaliações. Ela está para além de pintar a bandeira do Rio Grande do Sul e do Brasil, colar num palitinho e sair abanando... [...] Ao contrário, nesse exemplo envolve fazer leituras e interpretações do contexto atual de forma articulada ao conteúdo trabalhado, escrever a respeito disso, dialogar, [...] comparar notícias nos mais diversos meios de comunicação [...]. Eu penso que isso acaba sendo uma prática inovadora bem interessante, porque, infelizmente, eu ainda vejo essas outras práticas acontecerem (Clarice, 2021, grifo nosso).*
>
> *Eu acho que inovador é quando tu foges do habitual. Numa prática inovadora tu sai daquela rotina tradicional em que está acostumada a trabalhar os conteúdos da tua área. [...] Eu acho que vai além disso, ainda. É buscar ultrapassar a lógica tradicional de ensinar, mas também de aprender (Lygia, 2021, grifo nosso).*

Buscando inspiração nos estudos de Jaume Carbonell (2017, p. 77) e no Quadro 4, em que constam os "Elementos, componentes e objetivos do processo de inovação educativa" (CARBONELL, 2002), é possível entender que a inovação "[...] aponta para a modificação das teorias e práticas pedagógicas; que é gerada mediante um foco de permanente agitação intelectual". Esse processo, como salientado anteriormente, "[...] facilita a aquisição de conhecimento, mas também a compreensão do que dá sentido ao conhecimento". Ademais, é concebível considerar a relevância de sua organização de "[...] tal forma que os alunos possam fazer uma transferência contínua entre o conhecimento escolar e o do ambiente diário e virtual". Por essa razão, a inovação educativa ainda se faz imbricada e comprometida com

---

[35] De acordo com o autor, o sentido "é produzido por estabelecimento de relação, dentro de um sistema, ou nas relações como o mundo ou com os outros" (CHARLOT, 2000, p. 56).

[36] Para Charlot (2020), aprender é se mobilizar intelectualmente, é fonte de prazer. Todavia, explica que não se trata do prazer da facilidade, mas o da humanidade.

uma noção "[...] holística de conteúdo que engloba todas as dimensões e componentes que contribuem para o crescimento e enriquecimento das pessoas: o que tradicionalmente se conhece como educação integral" (CARBONELL, 2017, p. 77). Em síntese, deriva-se da convivência e da recriação dos sujeitos em torno de um saber que possibilita a "formação de uma cidadania mais capaz, culta, mais crítica, mais criativa e mais democrática" (CARBONELL, 2017, p. 78).

Um dos atributos do conhecimento, considerado inovador, é seu sentido e "sua relevância" (CARBONNELL, 2002, 2017), o que condiz com a "[...] aquisição de conteúdos básicos com valor cultural e social que nos ajudem a compreender a evolução multidimensional da humanidade e a compreender o mundo em que vivemos" (CARBONELL, 2017, p. 80). O autor esclarece que a visão transformadora dos conteúdos escolares supõe a superação de quatro visões: a visão enciclopédica, a visão centrada nos interesses dos alunos, a visão relativista e a visão utilitarista. Alguns dos aspectos que constituem tais visões devem ser levados em consideração, todavia precisam estar engendrados a uma nova lógica articulada à educação integral, a qual "[...] consegue estabelecer vínculos e conexões sólidas entre o desenvolvimento pessoal e cultural, entre diferentes capacidades e conteúdos" (CARBONELL, 2017, p. 80).

Dessa maneira, a partir das narrativas, a inovação é concebida como "[...] tarefa dos que estão convencidos de que a ordem habitual e rotineira do ensino deve ser alterada por novas formas de comunicação didática, por novas formas de compreender o mundo e exercer a docência" (CUNHA, 2006, p. 11). Portanto, no que concerne à inovação educativa, a ruptura de paradigma tem como mobilizador, o sujeito inovador. À vista disso, busquei me aproximar da percepção das egressas sobre o "processo de feitura" (SENNET, 2019) de suas práticas educativas para, posteriormente, entender em que medida se relacionam com a formação docente viabilizada no curso de Letras.

Ao serem questionadas sobre sua posição docente em relação ao desenvolvimento de suas práticas, nenhuma das oito interlocutoras se definiu enquanto "inovadora". No entanto, suas narrativas sinalizam indicativos de elementos que confluem como mobilizadores de práticas com vistas à inovação educativa. Tendo como base os estudos de Carbonell (2002) e Cunha (2006), foi possível identificar alguns deles. Passo a apresentar, então: 1) o processo de reflexão na e sobre a prática; 2) a atenção às situações do cotidiano escolar para desenvolver práticas contextualizadas; 3) a articulação da teoria à prática; 4) o estabelecimento de relações significativas entre diferentes saberes para organizar uma perspectiva elaborada e complexa da realidade onde atua; 5) o questionamento e a inquietude que promovem reconfigurações das práticas e 6) a compreensão dos impasses da prática pedagógica como uma possibilidade reflexiva e de problematização da ação docente. Esses elementos podem ser visualizados com mais clareza nos excertos a seguir:

> *Eu não me vejo como uma professora inovadora, mas, sim, **uma observadora da minha prática**. Enquanto eu estou atuando, eu me considero vigilante. **Vigilante no sentido de estar atenta para ver tal situação**, tal contexto que está diante de mim, ou quem sabe até uma pergunta de um aluno em determinada situação. [...] Aí eu **opto por parar um pouco e pensar, opa, aqui pode ter uma oportunidade de desenvolver uma prática interessante**. [...] Da mesma forma, eu procuro tentar entender através da minha formação, a situação que surgiu em sala de aula. **Porque sem conhecimento, pode ser que eu não consiga presenciar nada, mas se eu tiver aquele conhecimento específico, eu vou poder enxergar possibilidades de outras práticas de ensino**. [...] É assim que eu **procuro fazer um bom trabalho** (Cora, 2021, grifo nosso).*

> *A gente fica na dúvida, se realmente é inovadora ou se não é. **Eu tento fazer o melhor possível**. Mas, **eu também me considero mais uma professora atenta e crítica**. [...] Se a minha aula não está dando certo em tal sentido, então, eu busco aprender a fazer de outro jeito. **Essa autocrítica, essa autorreflexão, mantenho sempre**. Eu dou a minha aula e eu não tiro os olhos dos meus alunos. [...] Eu olho durante as atividades se eles estão entediados, se estão gostando, se estão concentrados, se estão se sentindo desafiados, motivados, desmotivados...Eu sempre tenho esse olhar. Isso é muito marcante na minha prática (Lygia, 2021, grifo nosso).*

> *Eu diria que, além de ser questionadora, eu me vejo muito inquieta. Eu questiono muito, tanto o que eu faço, a forma como eu estou fazendo, quanto questiono o sistema educacional. Às vezes me geram várias inquietudes sobre o desenvolvimento das minhas práticas em relação à aprendizagem dos alunos e reformulo minhas aulas. Então, **a minha prática é algo que eu estou sempre revendo, pensando, me questionando, sendo vigilante. São nesses momentos em que eu consigo enxergar que a minha prática pode ser diferente, que parece que vem um fôlego novo para seguir em frente**. Na verdade, a intenção é realizar um bom trabalho! (Cecília, 2021, grifo nosso).*

Nessas narrativas, há a indicação de que as mobilizações em direção à reconfiguração das práticas educativas podem ser gestadas mediante a insatisfação com a sua realização e seu desenvolvimento, tendo como disparador "[...] situações-problema ou algum desconforto vivido pelos docentes no trato do conhecimento ou no sucesso da aprendizagem de seus alunos" (CUNHA, 2006, p. 65). Contudo, também se mostram a partir de uma atitude "vigilante[37]" (Cora, 2021; Lígia, 2021; Cecília, 2021) que se delineia no ato pedagógico de atenção aos desafios cotidianos para questionar, examinar e propor alternativas, construindo novos saberes e conhecimentos na intenção de realizar um "bom trabalho".

Fazer um bom trabalho significa "[...] ser curioso, investigar e aprender com a incerteza" (SENNETT, 2019, p. 61). Nessa perspectiva, o impulso, a mobilização, para "fazer um bom trabalho não é nada simples" (SENNETT, 2019, p. 296). Ao se tratar de inovação, é preciso visualizar o que se apresenta como desafio para poder lidar com a situação e propor mudanças. Para Sennett (2019, p. 256), esse é o maior desafio com que se depara qualquer bom artífice: "ver com os olhos da mente onde estão as dificuldades". Esse desafio está diretamente engendrado "à zona de resistência", expressão que tem dois significados para esse autor: "[...] denota uma divisa, resistindo à contaminação, excluindo, amortecendo, ou uma fronteira, lugar de separação e ao mesmo tempo troca" (SENNETT, 2019, p. 257). É também no trabalho docente, portanto no desenvolvimento de práticas educativas inovadoras, que "[...] o ambiente mais produtivo para trabalhar com a resistência é a fronteira". Essa constatação vem ao encontro das perspectivas apontadas anteriormente por Cunha (2006), Pacheco, J. A. (2019), Pacheco (2019) e Carbonell (2002).

Para Sennett (2019), são três as habilidades essenciais que constituem a base da perícia artesanal: a capacidade de localizar, de questionar e de abrir. A primeira tem a ver com tornar algo concreto; a segunda, com refletir sobre suas qualidades; e a terceira, com ampliar seu sentido. Dessa forma, a capacidade de localizar diz respeito "à possibilidade de especificar onde está acontecendo algo importante" (SENNETT, 2019, p. 310). Seria, então, centrar a atenção ao "aqui" ou ao "isto" ao exercer um ofício, de forma que o pensamento "localiza-se especificamente onde um material, uma prática ou um problema importar".

A capacidade de questionar é "[...] nada mais nada menos que uma questão de investigar o ponto de localização", examinando alternativas. Refere-se à experiência da curiosidade, "[...] uma experiência que mantém em suspenso a resolução e a decisão, para investigar" (SENNETT, 2019, p. 311). Dessa maneira, conforme explica o autor, o processo de trabalho segue um certo

---

[37] De acordo com Nóvoa (2003, p. 11), enquanto docentes "[...] temos de estar atentos e vigilantes. Temos de saber ver, de saber ouvir, de saber ler. Mas que esta atenção, que essa vigilância crítica, não nos conduzam nunca pelos caminhos do descrédito ou da demissão. [...] Mas sempre com a força de quem acredita num mundo melhor, numa vida mais decente".

ritmo temporal, no qual a ação leva à suspensão enquanto os resultados são questionados, para que a ação, em seguida, seja retomada de uma nova forma. Quanto à capacidade de abrir, explica Sennett (2019, p. 312), ela está intimamente ligada a "abrir-se para", no sentido de estar "[...] aberto à possibilidade de fazer as coisas de maneira diferente, para o deslocamento de uma esfera de hábitos para outra". O entrelaçamento dessas habilidades viabiliza ao artífice "mudar, comparar e alterar hábitos" (SENNETT, 2019, p. 312), elementos também essenciais para o desenvolvimento de práticas educativas inovadoras.

Assim, sob a lente da artesania, é possível ponderar que o "processo de feitura" (SENNETT, 2019) das práticas educativas das egressas, tecidas a partir da relação dessas habilidades, encorpam a posição emancipatória em direção às rupturas necessárias para reconfigurar o conhecimento para além das regularidades propostas pela lógica dominante.

Diante desses aspectos, percebendo que, nas narrativas das dimensões anteriores, as egressas embasavam suas respostas nas práticas educativas que desenvolveram ou desenvolviam em sua trajetória docente, busquei garimpá-las de forma mais específica, tensionando-as aos indicadores de inovação, categorizados por Cunha (2006).

Cada uma das egressas relatou mais de uma prática que também poderiam ser analisadas. Entretanto, utilizei aqui aquela que sinalizaram como a mais significativa. Para além disso, uma vez que havia muitos detalhes do processo de desenvolvimento e múltiplos saberes engendrados, sintetizei os relatos das práticas educativas, apresentando a descrição de forma que contemplasse os dados para essa pesquisa.

Dessa forma, para caracterizar as práticas, retomo como referência as condições de inovação utilizados por Cunha (2006) que, por sua vez, inspirou-se em Souza Santos (1998, 2000) e em Lucarelli (2000, 2004). Essas condições envolvem:

- *a ruptura com a forma tradicional de ensinar e aprender* e/ou com procedimentos inspirados nos princípios positivistas da ciência moderna;
- *a gestão participativa*, por meio da qual os sujeitos do processo inovador são protagonistas da experiência, desde a concepção até a análise dos resultados;

- *a reconfiguração dos saberes*, com a anulação ou diminuição das clássicas dualidades entre saber científico/saber popular, ciência/cultura, educação/trabalho, corpo/alma, teoria/prática, arte/ciência etc.;
- *a reorganização da relação teoria/prática*, rompendo com a clássica proposição de que a teoria precede a prática, dicotomizando a visão de totalidade;
- *a perspectiva orgânica no processo* de concepção, desenvolvimento e avaliação da experiência desenvolvida;
- *a mediação* entre as subjetividades dos envolvidos e o conhecimento, envolvendo a dimensão das relações e do gosto, do respeito mútuo, dos laços que se estabelecem entre os sujeitos e o que se propõem a conhecer;
- *o protagonismo*, compreendido como a participação dos alunos nas decisões pedagógicas, valorização da produção pessoal, original e criativa dos estudantes, estimulando processos intelectuais mais complexos e não repetitivos.

A partir dessas condições, caracterizei cada uma das práticas mapeadas, organizadas no Quadro 12, a seguir, para melhor serem visualizadas.

Quadro 12 – Caracterização das práticas educativas a partir das condições de inovação categorizadas por Cunha (2006)

Prática educativa desenvolvida pelas interlocutoras (narrativa)	Categorias que caracterizam a inovação
Os contos de Machado de Assis, no ensino médio. Foi um momento de coaprendizagem e importante em minha trajetória. Desenvolvemos várias atividades sobre os contos do Machado de Assis e depois eles os reproduziram em curta metragem. Trabalhamos também a perspectiva histórica do conto, onde se pode ver anúncios de um passado triste, em relação aos escravos. Então, conforme avançavam os estudos, os alunos escreviam os roteiros da gravação. [...] Envolveu muitos conhecimentos: o trabalho de fazer o roteiro, de pensar o que precisariam para gravar, onde gravariam, a edição, a preocupação também com legendas. Nesse processo todo, aprendi muito também. Depois de pronto, ocorreu a exibição do material (Cora, 2021).	• A ruptura com a forma tradicional de ensinar e aprender • A gestão participativa • A reconfiguração dos saberes • A perspectiva orgânica no processo de concepção, desenvolvimento e avaliação da experiência desenvolvida • A mediação • O protagonismo

Prática educativa desenvolvida pelas interlocutoras (narrativa)	Categorias que caracterizam a inovação
Enquanto professora de língua inglesa, montei um passaporte com os alunos dos anos finais do ensino fundamental para trabalhar o conhecimento de outros países de Língua Inglesa e suas culturas. Então, conforme a turma ia conhecendo/visitando/pesquisando sobre os diferentes países e suas diferentes culturas esse passaporte era carimbado. Para os alunos, o carimbo no passaporte se tornou uma atividade importante. Tanto que o traziam sempre pra aula, com a foto e a assinatura. [...] Os alunos se envolveram muito ao longo das pesquisas e nas atividades sobre os países, inclusive fizemos um levantamento de dados sobre a Covid-19 nesses países. O que chamou a atenção foi o fato de muitos dizerem que se não tivesse feito essa atividade não teriam tido curiosidade de conhecer sobre determinados países (Ana Maria, 2021).	• Ruptura com a forma tradicional de ensinar e aprender • A gestão participativa • A reconfiguração dos saberes • A perspectiva orgânica no processo de concepção, desenvolvimento e avaliação da experiência desenvolvida • A mediação • O protagonismo
Em Língua Portuguesa, no ensino fundamental, trabalhei Figuras de Linguagem a partir de memes e música. [...] Havia um livro didático muito bom e trazia esse assunto, mas conhecendo a turma, entendi que seriam bons suportes para aprofundar um pouco mais. [...] e fez muito sentido para eles, se envolveram e participaram das atividades. Depois dessas aulas, eles ainda falavam algo exagerado, e em seguida diziam: é hipérbole, profe. Daí contavam outro fato e diziam ah, agora é ironia. E vários alunos entravam na conversa sobre Figuras de Linguagem trazendo outros exemplos. Então, deu para perceber que fez sentido dessa forma para eles (Cecília, 2021).	• A reorganização da relação teoria/prática • A reconfiguração dos saberes: saber científico/saber popular • A mediação
No ensino fundamental, desenvolvi com os alunos atividades de interpretação e comparação de notícias. Comparamos como a mesma notícia era divulgada em diferentes veículos de comunicação. Inicialmente, propus uma atividade muito simples, eu levei diferentes jornais para eles perceberem o uso de determinadas palavras. A gente desenvolveu essa atividade em uma aula e os alunos ficaram curiosos sobre outras notícias. Então, ao longo de todo o ano letivo foram me trazendo notícias para fazermos as análises e dialogarmos a respeito. Às vezes viam no celular. Então, na aula de informática eles pesquisavam como é que tinha sido noticiado nos jornais, nas revistas, nos noticiários... Foi uma atividade que instigou a ler, escrever, pesquisar e questionar as notícias (Clarice, 2021).	• A ruptura com a forma tradicional de ensinar e aprender • A gestão participativa • A reconfiguração dos saberes • A reorganização da relação teoria/prática • A mediação • O protagonismo

Prática educativa desenvolvida pelas interlocutoras (narrativa)	Categorias que caracterizam a inovação
Na aula remota e também híbrida, uso o livro didático quando quero trabalhar leitura, pois os alunos acham melhor do que fazer a leitura no celular. Um dos textos lá do livro didático era um capítulo do livro "Histórias da Cazumbinha". A autora dele vem de uma comunidade quilombola e faz oficinas de leitura com as crianças da comunidade. A partir da leitura, entendi a necessidade de pesquisar com os alunos, a questão das comunidades quilombolas, porque não adianta nada levar a história autobiográfica do conto de uma autora quilombola feita em conjunto com crianças quilombolas, sem abordar a realidade do que é, onde é que surgiu, o que significa esse espaço. Depois disso, comprei o livro para utilizar com os alunos, que também puderam pegar emprestado. [...] Este livro foi feito em conjunto com uma fotógrafa que tira fotos daquela comunidade e as crianças fazem desenhos das situações. Então, os contos, misturam as imagens fotográficas e os desenhos das crianças. [...] Tudo isso aproveitei para incluir nas atividades, porque a questão artística também trabalho nos textos e a partir dos textos. Ainda fizemos a relação com outros textos já trabalhados. Comparamos um texto com o outro para observar a diferença. Aí se faz registro, se faz comparações, se escreve a respeito. E isso eu estou trabalhando muito com o sexto ano (Lygia, 2021).	• A ruptura com a forma tradicional de ensinar e aprender • A gestão participativa • A reorganização da relação teoria e prática • Perspectiva orgânica no processo de concepção, desenvolvimento e avaliação da experiência desenvolvida • A mediação • O protagonismo
Na hora do conto, as minhas histórias sempre têm algo a mais do que está entre as linhas do texto, eu sempre trago alguma novidade, invento algo. [...] Canto músicas articuladas ao contexto da história, visto roupas e fantasias diferentes, faço penteados, tudo para contextualizar a história e chamar a atenção dos que estão participando do momento. Sempre faço a apresentação do livro e sigo a ideia central, mas às vezes quando é presencial, através do suspiro de um aluno, ou até um comentário que eles faziam, eu também utilizava na história. Então, eu passei a fazer a hora do conto para toda a educação infantil e os Anos Iniciais da escola. E isso foi se ampliando, até nas redes sociais. Quando eu conto a história eu procuro realizar um momento bom para os alunos, de alegria, de despertar pensamentos e sentimentos e além disso, despertar o gosto pela leitura (Ruth, 2021).	• A ruptura com a forma tradicional de ensinar e aprender • A mediação

Prática educativa desenvolvida pelas interlocutoras (narrativa)	Categorias que caracterizam a inovação
Quando trabalhei sobre crônicas, para iniciar o assunto, pedi para os alunos trazerem uma crônica para a aula e também uma breve pesquisa a respeito. [...] Depois disso, os alunos apresentaram suas pesquisas e conforme apresentavam eu fui trazendo as explicações específicas e fazendo o registro. [...] Fizemos a leitura dessas crônicas e examinamos suas diferenças. E depois de todo o estudo, pesquisa sobre o assunto, conversa e comparação, escreveram suas crônicas. Saiu muita produção boa! Fica perceptível que os alunos se envolvem na atividade e se sentem valorizados por participar apresentando os seus estudos e produções, ainda mais quando não estão acostumados a ter aulas dessa maneira, se envolvendo mais no processo. Eu trabalho dessa forma com outros conteúdos também (Adélia, 2021).	• A ruptura com a forma tradicional de ensinar e aprender • A gestão participativa • A reorganização da relação teoria/prática • A mediação • O protagonismo
Em Língua Inglesa, eu utilizo bastante as leituras, trabalhando com vários gêneros textuais. Procuro fazer os momentos de leitura para ajudar na questão da pronúncia e melhorar a escrita. Busco contemplar as quatro habilidades da língua inglesa, mas fora isso também. Eu realizo com os alunos, diálogos de assuntos da atualidade. Então, aproveitei para trabalhar as questões da pandemia. Eles pesquisaram como que a situação da pandemia estava sendo vista e tratada nos outros países. Acessaram o The New York Times e realizamos leituras, conversamos a respeito dos dados da pandemia e os alunos escreveram também. Eles trazem muitos dados. Entregar uma folhinha com o complete com verbo to be, não dá. [...] Eles vão fazer a atividade, mas talvez até na forma da decoreba. Aí é aquela aula maçante. Eu busco assim, atingir o aluno através da curiosidade para ele ter vontade de aprender a Língua Inglesa (Rachel, 2021).	• A ruptura com a forma tradicional de ensinar e aprender • A gestão participativa • A reorganização da relação teoria/prática • A mediação • O protagonismo

Fonte: a autora (2021)

Após essas análises, me atrevo a considerar que as egressas, mediante a inquietude mobilizada pelo "desejo de um trabalho bem-feito" (SENNETT, 2019), tecem práticas educativas inovadoras que rompem com a lógica hegemônica. Portanto, diante de um processo de inquietude e "agitação intelectual permanente" (CARBONELL, 2002, 2017), desenvolvem práticas delineadas por conhecimento, diálogo, criatividade, sentido, reflexão, protagonismo, criticidade e interdisciplinaridade, fortalecendo sua posição docente em direção à dimensão emancipatória em que fazem "[...] avançar o processo de mudança, assumindo a fluidez das fronteiras que se estabelecem entre os paradigmas da competição" (CUNHA, 2006, p. 19). A tessitura de tais práticas demonstra uma senda com potentes elementos para o fortalecimento do profissionalismo docente.

Para corroborar essa perspectiva, trago à baila a nuvem de palavras estruturada no segundo encontro do Grupo Focal, no qual as egressas registraram os fatores mobilizadores dessas práticas educativas, as quais caracterizei, anteriormente, com os indicadores de inovação.

Figura 3 – Nuvem de palavras: fatores mobilizadores das práticas educativas

Fonte: nuvem construída no Grupo Focal (2021)

Então, face aos dados demonstrados, busquei identificar a partir das suas percepções, em que medida a formação do curso de Letras repercute nessas práticas educativas.

5.3 As repercussões do processo formativo na construção das práticas educativas inovadoras

Para a análise dessa categoria, foram considerados alguns aspectos relevantes sobre a formação de professores que atravessam as narrativas das interlocutoras. São elementos que se mostraram engendrados deste o início deste estudo, mas que aqui se tornam pertinentes retomar.

Inicialmente, pondero que os saberes dos professores são plurais. Em um processo de ação dinâmica, suas práticas educativas são sustentadas e perpassadas pelos saberes "[...] da formação profissional e por saberes disciplinares, curriculares e experienciais" (TARDIF, 2002) que, por sua vez, são permeados por saberes pessoais e provenientes da educação escolar. Dessa forma, o saber dos professores "[...] não é um conjunto de conteúdos cognitivos definidos de uma vez por todas, mas um processo em construção ao longo de uma carreira profissional" (TARDIF, 2002, p. 14).

Também entendo que a formação que dá base aos conhecimentos profissionais docentes ainda precisa avançar na dicotomia redutora entre o conhecimento das disciplinas específicas e o conhecimento pedagógico. Pesquisas, como a de Gatti (2009), Gatti, Barreto e André (2011), têm mostrado que, nos cursos de licenciatura, ocorre a prevalência dos conteúdos das respectivas áreas de conhecimento em detrimento da formação pedagógica, com baixo número de horas na matriz curricular.

> [...] verifica-se nas licenciaturas de professores especialistas a prevalência da histórica ideia de oferecimento da formação com foco na área disciplinar específica, com pequeno espaço para a formação pedagógica. [...] mesmo com as orientações mais integradoras quanto à relação formação disciplinar - formação para a docência, na prática ainda se verifica a prevalência do modelo consagrado no início do século XX. (GATTI; BARRETO; ANDRÉ, 2011, p. 98).

Ainda, em entrevista, Gatti (2018, s/p) reforça que esse aspecto permanece como lacuna nos cursos de licenciatura. Conforme a autora, em áreas como "[...] língua portuguesa e biologia, que vão formar os professores para o ensino fundamental ou médio, os cursos de licenciatura não oferecem uma formação sólida em educação". Ao analisar a estrutura curricular do curso de Letras pesquisado, é possível observar a prevalência das disciplinas específicas, mesmo considerando a oferta de várias disciplinas para a formação pedagógica. Nas narrativas das egressas, também emerge a relevância desse conhecimento pedagógico para sua formação profissional docente, como veremos nos excertos mais adiante.

Além disso, considero a delimitação de que as repercussões apontadas não foram experiências vivenciadas em todas as disciplinas ofertadas ao longo do processo formativo no curso de Letras. Isso posto, mesmo considerando que muitos outros fatores influenciam no desenvolvimento profissional docente, e que é difícil compreender as reconfigurações/rupturas desencadeadas por uma experiência formativa pontual, foi possível mapear as repercussões do processo formativo do curso de Letras que reverberaram em reconfigurações das suas práticas educativas com vistas à inovação.

Assim, acolho a concepção de inovação como ruptura paradigmática, numa perspectiva emancipatória.

Conforme explica Lucarelli (2009, p. 52),

> Categorizar a inovação como ruptura implica entendê-la como a interrupção de uma determinada forma de comportamento que se repete no tempo e que se legitima, dialeticamente, com a possibilidade de relacionar esta nova prática com as existentes através de mecanismos de oposição, diferenciação ou articulação.

A inovação interrompe comportamentos que se repetem no tempo e determinam o paradigma dominante. Significa compreender que a inovação se diferencia dos rearranjos metodológicos e acontece quando assumido o entendimento de que a produção de conhecimento se dá para além da perspectiva dominante do ensino, como reprodução do conhecimento (CUNHA, 2006).

Dessa forma, analiso as rupturas desencadeadas pelo processo formativo do curso de Letras que repercutiram na reconfiguração de suas práticas educativas. Ao realizar esse processo, paralelamente, mostro como a formação do curso de Letras possibilitou o ensino como produção de conhecimento, contrapondo-se ao paradigma do ensino como reprodução do conhecimento.

Conforme salienta Cunha (2006), as atitudes emancipatórias também exigem "[...] conhecimentos acadêmicos e competências técnicas e sociais que configurem a construção de um saber fazer que extrapole os processos de reprodução" (p. 17). Nesse sentido, as egressas pontuaram a relevância do curso ter lhes possibilitado o *"domínio dos conhecimentos pedagógicos e específicos de Língua Portuguesa e Inglesa, mas também de aprender como ensinar os conteúdos"* (Clarice, 2021; Rachel, 2021; Cora, 2021; Ana Maria, 2021). Articulado a isso, narram como foram sendo engendradas suas ressignificações ao longo do curso e, consequentemente, as reconfigurações de suas práticas educativas. Como pode ser observado nos excertos a seguir:

> *Tem um marco nas minhas práticas, assim, antes e depois de ter cursado Letras no IF. [...] A primeira coisa que vem na minha cabeça, diz respeito a como eu abordava determinados conteúdos, como eu conduzia determinadas aulas antes e depois do curso de Letras. Eu ingressei no município em 2010 e o curso iniciou em 2015. Então, dali para frente teve uma grande mudança nas minhas práticas [...]. Eu fiz em 2018 uma mudança de residência, então, encontrei muitos planejamentos antigos e ficava me perguntando: sério que eu fazia isso? [...] Depois de iniciar o curso, começou a ficar desconfortável simplesmente pegar o que estava pronto ali e repassar. Pegar e fazer o xerox e mandar para frente. Começou a me incomodar mesmo. [...]* **E eu acho que isso que são os reflexos de começar a questionar aquilo que eu sempre fiz, né?** *[...]* **ao longo do curso** *[...]* **junto com o conhecimento construído nas disciplinas e nas práticas, as reflexões ficaram cada vez mais profundas e junto a mudança nas minhas aulas** *(Clarice, 2021, grifo nosso).*

Nessa narrativa se percebe que as ressignificações possibilitadas pelo processo formativo se deram mediante reflexões fundamentadas nos conhecimentos específicos/teóricos e práticos/metodológicos que lhes foram deslocando num movimento de procura de mudança pedagógica e epistemológica; o que também pode ser observado nos excertos abaixo:

> ***Durante o estágio e antes mesmo em várias disciplinas, a gente compartilhava as práticas das escolas em que nós estávamos e então aproximávamos as teorias. A teoria e a prática, elas andam juntas*** *[...] E ainda, nesses momentos, encontrávamos formas diferentes para realizar as práticas.* ***Nessas variadas vezes eu percebia que estava ressignificando as minhas práticas em sala de aula, pois já fazia muitas coisas diferentes que antes não me dava conta. Essa era a importância do nosso diálogo e também das nossas reflexões nas aulas*** *(Cora, 2021, grifo nosso).*
>
> ***Com certeza os momentos de discussão, de reflexão, de crítica contribuíram muito para eu ressignificar as minhas práticas.*** *Os professores, contribuíam trazendo o conhecimento que já tem aquela bagagem toda de trabalhar em outras escolas, de conhecerem a realidade dos currículos,* ***de experiências com os alunos.*** *Então, essas discussões e trocas foram muito proveitosas [...]* ***a gente conseguia olhar para a prática e também ver a teoria. Ao mesmo tempo que a gente ouve, conversa, reflete*** *[...],* ***a gente constrói a nossa percepção e vai se dando conta de muitas questões que precisam melhorar como professora e vai reestruturando*** *[...] isso tem influência no que faço hoje, porque também sigo refletindo sobre as minhas práticas para desenvolver da melhor forma possível [...] (Lygia, 2021, grifo nosso).*

Nesse sentido, também é possível perceber que as ressignificações que mobilizavam as reconfigurações das práticas educativas eram favorecidas mediante um espaço dialógico que viabilizava a potência da reflexão. Logo, cabe retomar Freire (2005), o qual sinaliza que a dialogicidade constitui o cerne da educação que está pautada nas relações emancipatórias, e não nas relações de opressão, nas quais não há disponibilidade para o diálogo. Para além disso, é nessa perspectiva que o diálogo fundamenta o pensar crítico e reflexivo.

Busco, então, a contribuição de Esteves (2010) para melhor compreender as decorrências do processo de reflexão. De acordo com a autora, o pensamento é um processo interno e complexo, provocado pelo mundo exterior. No entanto, esse pensamento visa retornar ao mundo exterior com uma compreensão mais alargada acerca do mesmo por parte do sujeito. Esse pensamento crítico e reflexivo manifesta-se, então, como "[...] o exercício da capacidade de questionamento da realidade exterior, mas também da realidade interior ao sujeito, de crítica da sua própria forma de pensar" (ESTEVES, 2010, p. 51).

Desse modo, o processo de reflexão pode ser evidenciado quando o sujeito identifica e levanta problemas, interroga e problematiza a realidade — até mesmo em situações que outros colegas não o fariam —, colocando hipóteses de compreensão ou de explicação para os fenômenos e fazendo escolhas fundamentadas em argumentos da razão. Segundo Esteves (2010, p. 51), "[...] a reflexividade nos seus estágios mais avançados representa a forma de pensamento crítico que se projeta sobre a própria forma de pensar e de deliberar do sujeito e, portanto, implica uma considerável autonomia intelectual suportada na dúvida metódica".

Por conseguinte, entendo a emergência de uma dimensão estruturante da formação de professores: o processo de reflexão crítica sobre as práticas educativas, o qual desencadeia a (re)construção permanente da identidade pessoal e profissional. De acordo com Freire (1996, p. 43), "[...] na formação permanente dos professores, o momento fundamental é o da reflexão crítica sobre a prática. É pensando criticamente a prática de hoje ou de ontem que se pode melhorar a próxima prática".

Assim, quando o processo formativo do curso de Letras se contrapôs ao paradigma de reprodução do conhecimento – valorizando o espaço dialógico, a reflexão crítica, a curiosidade, o questionamento, a inquietação e a sistematização do conhecimento –, a ruptura com a forma tradicional de ensinar e aprender foi mobilizada. Essa ruptura significa "[...] o reconhecimento de outras formas de produção de saberes, incorporando a dimensão sócio-histórica do conhecimento e sua dimensão axiológica que une sujeito e objeto" (CUNHA, 2006, p. 66). Como pode ser visto no próximo excerto:

> *A minha formação contribuiu muito pra eu não ser como os professores que eu tive anteriormente. Desde que eu cheguei no curso de Letras, eu via algo mais, **na forma de ensinar e de aprender, porque todo meu ensino fundamental e médio foi daquela maneira: conteúdo, explicação, atividades, e no IF eu pude perceber que além disso, existem outras possibilidades de ensino e de aprendizagem**. [...] Eu também entendi que existem inúmeras possibilidades de se trabalhar os conteúdos sem ser, necessariamente, no livro didático. O que não impede o seu uso, mas é preciso um planejamento contextualizado. Então, é nisso que eu percebo a influência da graduação. **Aprendi que o ato de ensinar em Língua Portuguesa ou Língua Inglesa tem especificidades que precisamos trabalhar com os alunos mas** [...] **posso trabalhar esse conteúdo a partir de situações por eles vividas, então vai muito além do livro didático ou só do conteúdo.** [...] **Desse jeito, eu entendi que posso fazer diferente** (Adélia, 2021, grifo nosso).

> *Eu lembro muito bem, chegamos lá achando que a gente ia estudar gramática, um semestre verbo, outro substantivo, e não, cada semestre a gente aprendia sobre como a gente podia enxergar a língua de uma maneira diferente. Claro, teve gramática, sim, mas teve a análise do discurso, a pragmática, teve a literatura. **Nos oportunizou muitos sentidos da língua que antes a gente significava só lá com a gramática, que é como a gente tinha aprendido.** Acho que a palavra-chave são essas diferentes perspectivas, a aprendizagem que o curso possibilitou sobre os diferentes sentidos da língua [...] **esses diferentes sentidos que não só a língua mas, o mundo ganhou para a gente. Isso contribui muito para a construção das minhas práticas** (Cora, 2021, grifo nosso).

Nas suas narrativas, ainda se mostra imbricada outra ruptura que se engendrou ao processo dialógico possibilitado ao longo da formação no curso de Letras, que diz respeito à reconfiguração dos saberes. Essa ruptura pode ser entendida mediante a anulação ou diminuição entre "[...] as clássicas dualidades propostas pela perspectiva epistemológica da ciência moderna" (CUNHA, 2006, p. 66), aqui podendo ser percebida na indissociabilidade entre a teoria e a prática. Nessa acepção, conforme sinaliza Christov (2005, p. 32),

> [...] teoria e prática sempre andam juntas, mesmo que não tenhamos muita clareza sobre as teorias que estão influenciando nossa prática. [...] Para que haja, porém, uma relação refletida, consciente, entre teoria e prática precisamos de um esforço intelectual, um esforço do pensamento e da reflexão.

Essa perspectiva é mostrada nos excertos a seguir, em que, inclusive, retomo algumas partes das narrativas anteriores que também revelam esse aspecto:

> [...] *Durante o estágio e antes mesmo em várias disciplinas, a gente compartilhava, as práticas das escolas em que nós estávamos e então aproximávamos as teorias. A teoria e a prática, elas andam juntas (Cora, 2021).*
>
> [...] *Os professores, contribuíam trazendo o conhecimento que já tem aquela bagagem toda de trabalhar em outras escolas, de conhecerem a realidade dos currículos, de experiências com os alunos e tal, então essas discussões e trocas foram muito proveitosas.* **A gente conseguia olhar para a prática e também ver a teoria** *(Lygia, 2021, grifo nosso).*
>
> ***O curso proporcionou bastante reflexão entre teoria e prática, tanto na língua portuguesa como na língua inglesa, assim como nas disciplinas de didática, currículo e de desenvolvimento e aprendizagem.*** *As trocas, também, ao final de cada estágio. Reflexão sobre o projeto político pedagógico e do regimento escolar de cada escola onde nós íamos. Também sobre os autores que nós estudávamos nas disciplinas de literatura, nos estágios de língua portuguesa e língua inglesa. Enfim, a gente sempre podia dialogar com os colegas, com os profes e ver outras realidades e outras possíveis dinâmicas, outras formas de mobilizar o aluno a aprender e a gostar principalmente de querer aprender. Isso tudo contribuiu para eu estruturar e reestruturar a minha prática (Rachel, 2021, grifo nosso).*

A mobilização desse conhecimento, que possibilitou a ressignificação docente e a reconfiguração das práticas educativas das egressas, tem fundamento na concepção curricular do curso de Letras que se estruturou para viabilizar a formação docente "com bases éticas e humanísticas, articulando os conhecimentos teóricos e práticos específicos com a formação geral" (PPC curso de Licenciatura em Letras – Português e Inglês, 2016, p. 25). Além disso, lhes foram oportunizadas 400 horas de prática de ensino como componente curricular ao longo do curso. Isso se deu desde o primeiro semestre. Assim, as práticas foram diluídas e distribuídas ao que se referia tanto aos conhecimentos específicos quanto aos pedagógicos. Dessa maneira, a concepção epistemológica e curricular do curso de Letras, mobilizada em experiências formativas, também favoreceu o movimento de articulação entre a teoria e a prática.

Em vista disso, é possível avigorar que a aprendizagem da docência é reiteradamente um processo que envolve diversos fatores e que a complexidade do ser professor se constrói "[...] na base de uma diversidade de saberes, necessariamente articulados e ligados à teoria e à prática educacionais, que de modo algum podem ser hierarquizados" (PACHECO, J. A., 2019, p. 41).

Além dos aspectos já pontuados, foi salientado pelas egressas que a participação em atividades interdisciplinares, organizadas em algumas disciplinas ao longo do curso, viabilizou-lhes aprendizagens significativas para a reconfiguração de suas práticas educativas, com vistas à inovação. O excerto a seguir destaca a relevância dessas atividades:

> *Da vivência na graduação, o que eu vejo muito na minha prática é a questão da interdisciplinaridade. De fazer projetos interdisciplinares, pensando em diferentes disciplinas, tentando articular conhecimentos. Mas, não é fácil! [...] No entanto, sigo trabalhando nessa perspectiva. A nossa formação foi muito competente nesse sentido, de sair para fora do texto, de enxergar essas possibilidades interdisciplinares. Lembro que fazíamos atividades integrando mais de uma disciplina do curso. O conhecimento é interdisciplinar, não adianta. Então, eu vejo a minha prática muito nesse sentido, de relacionar um texto com o outro e além disso, de relacionar e aprofundar o assunto em outras áreas de conhecimento* (Lygia, 2021, grifo nosso).

Essas atividades, que criavam pontes de relação entre os conhecimentos, proporcionaram-lhes a possibilidade de ultrapassar a lógica fragmentária e dualista dominante. Uma vez que a interdisciplinaridade parte da premissa "[...] de que nenhuma forma de conhecimento é em si mesma exaustiva. Tenta, pois, o diálogo com outras fontes do saber, deixando-se irrigar por elas" (FAZENDA, 1991, p. 15). Nessa direção, Rios (2006) corrobora afirmando que:

> [...] existe interdisciplinaridade quando se trata verdadeiramente de um diálogo, ou de uma parceria, que se constitui exatamente na diferença, na especificidade da ação de grupos ou indivíduos que querem alcançar objetivos comuns que "jogam" em posições diferentes num mesmo "time". É preciso ter muita clareza no tipo de contribuição que cada grupo pode trazer, na especificidade dessa contribuição – o que estou chamando de disciplinaridade – para fazer um trabalho realmente interdisciplinar. (p. 58).

A interdisciplinaridade fomenta o diálogo com outras formas de conhecimento e, ao mesmo tempo, promove um diálogo entre as diversas áreas do conhecimento. Por conseguinte, as vivências nas atividades interdisciplinares que foram sinalizadas também promoveram uma ruptura em relação à reorganização da relação teoria e prática. Enquanto, no paradigma de ensino como reprodução do conhecimento, a teoria sempre precede a prática e assume uma condição de predominância valorativa sobre ela, o paradigma de ensino como produção de conhecimento privilegia a reorganização dessa relação assumindo que a dúvida epistemológica é que dá sentido à teoria. Nessa concepção, Cunha (2006) aponta que:

> [...] ela nasce da leitura da realidade. Portanto, a prática social é condição da problematização do conhecimento que os estudantes precisam produzir. Nessa perspectiva, a prática

não significa a aplicação e confirmação da teoria, mas a sua fonte. Além disso, é importante registrar que a prática é sempre única e multifacetada. Requer, por essa condição, uma intervenção refletida da teoria numa visão interdisciplinar. (p. 67).

Desse modo, pelas ponderações feitas até então, articuladas aos dados levantados, compreendo que a formação docente passa pela construção de conhecimentos, pelo ensino, pelo diálogo, pela inovação, pela reconfiguração de práticas, pelas novas formas de trabalho pedagógico e pela reflexão crítica sobre a sua utilização. Assim como a formação não pode se dissociar da produção de saberes, não pode deixar de refletir no campo profissional, pois:

> [...] a formação de professores deve ser concebida como uma das componentes da mudança, em conexão estreita com outros setores e áreas de intervenção, e não como uma espécie de condição prévia da mudança. A formação não se faz antes da mudança, faz-se durante, produz-se nesse esforço de inovação e de procura dos melhores percursos para a transformação da escola. (NÓVOA, 1995, p. 28).

Isso posto, a partir da percepção das egressas, foi possível entender que a formação no curso de Letras repercutiu em reconfigurações do conhecimento que lhes avigoraram a posição docente emancipatória, mobilizando-as na direção da construção das práticas educativas inovadoras. Paralelamente a isso, torna-se compreensível que no curso foram desenvolvidas práticas educativas inovadoras que romperam com a forma tradicional de ensinar e aprender, assim como possibilitaram a reconfiguração dos saberes e a reorganização da relação teoria e prática. Então, as experiências inovadoras, vivenciadas pelas egressas, repercutiram na reconfiguração de suas práticas em direção à inovação.

À GUISA DE CONCLUSÕES

Ao chegar a esta etapa, emergem sentimentos de diferentes naturezas, difíceis de serem nomeados. Rememoro momentos de alegria, amizade, incertezas, ansiedade, dedicação e muita aprendizagem. Aprendizagens que vão além do que está descrito neste livro. Foram inúmeras horas de leitura e de muito estudo. É o desafio de estudar, que Freire (1979, p. 41) define como "[...] um que-fazer exigente em cujo processo se dá uma sucessão de dor, prazer, sensação de vitórias, de derrotas, de dúvidas e de alegrias", é uma ação que requer muita disciplina tramada internamente, "em nosso corpo consciente" (FREIRE, 1979). O percurso desta escrita marcou minha trajetória pessoal e profissional. Foi um compromisso de vida e de profissão. É a realização de um sonho que me inquietou por anos.

A tessitura desta pesquisa partiu principalmente de inquietudes engendradas à minha trajetória profissional. Nessa perspectiva, realizei um estudo sobre a formação docente, cujo objetivo era compreender a percepção dos egressos do curso de Letras sobre sua formação docente e sobre as repercussões do curso diante das possibilidades de reconfiguração de suas práticas educativas com vistas à inovação. Sendo assim, defini como problema central desta investigação: qual a percepção que os egressos do curso de Letras revelam sobre sua formação docente e sobre as repercussões do curso diante das possibilidades de reconfigurar as práticas educativas com vistas à inovação?

Para tanto, inicialmente busquei compreender as descontinuidades e os dilemas que envolvem a formação de professores que perduram no contexto atual. Ao situar esta pesquisa também no campo dos Estudos Curriculares, realizei uma breve digressão histórica para compreender as especificidades emergentes da formação de professores. Tal retomada mostrou que, ao longo do processo histórico brasileiro, a formação de professores passou por sucessivas e consideráveis mudanças, sinalizando descontinuidades e poucas rupturas. Para além disso, ao olhar para as políticas curriculares que balizam a formação de professores no país — da Lei de Diretrizes e Bases da Educação Nacional (LDB) do ano de 1996 às Diretrizes Curriculares Nacionais para a Formação Inicial de Professores para a Educação Básica de 2019 —, percebi que há a inserção da linguagem empresarial e economicista, sustentada por uma racionalidade neoliberal que desencadeia repercussões à formação de professores e às políticas educacionais e curriculares. A presença marcada nesses documentos acerca do desenvolvimento de competências se insere em um contexto em que, segundo Laval (2019, p. 77), a competência tem conexão estreita com a exigência da eficiência e flexibilidade que a "sociedade da informação" impõe aos trabalhadores.

Nesse sentido, faço um aprofundamento do diagnóstico do presente, contextualizando o tema na contemporaneidade sob a lógica do neoliberalismo e as reformas educacionais que ocorrem mediante o processo da globalização. Face a isso, entendi que a conjuntura do final do século XX e início do século XXI, marcada pelas ideologias neoliberais e posições conservadoras, provoca um movimento na orientação dos sistemas educacionais, no qual se sobrepõem os valores do mercado às questões educacionais.

Nesse deslocamento para o viés economicista, identifiquei que as reformas educacionais propostas neste século, a partir da avaliação das instituições, e a ideia de qualidade associada a essa avaliação têm constituído uma marca dos discursos políticos nacionais e internacionais e reverberam, portanto, na formação dos professores. As tecnologias políticas da reforma da educação não se constituem apenas como "veículos para a mudança técnica e estrutural das organizações" (BALL, 2012, p. 40), mas também em mecanismos para "reformar" professores e para mudar o que significa ser professor, uma vez que a prática em sala de aula está cada vez mais composta de respostas às novas exigências externas.

Além de refletir sobre o processo histórico da formação de professores e as políticas curriculares que a constituem, tratei da prática curricular, considerando os aspectos atinentes ao conceito de currículo atrelados ao conhecimento e à construção de práticas educativas. Nesse estudo, utilizei lentes analíticas que permitissem escrutinar para além do conteúdo expresso no "currículo oficial" (SACRISTÁN, 1998, 2013). Ao manter o foco no "currículo real", o contemplando como "processo e práxis" (SACRISTÁN, 2013), optei por olhar a formação ofertada no curso de Letras, a partir dos "efeitos" (SACRISTÁN, 2013) que reverberaram do currículo oficial. Ou seja, as práticas curriculares vivenciadas e reveladas pelos egressos participantes da pesquisa.

Dessa delimitação de currículo, mobilizei reflexões sobre a formação de professores e o fortalecimento do profissionalismo docente, tendo como fundamento possibilidades apresentadas por diferentes autores para se pensar a formação de professores como uma formação profissional que dá base à sua consolidação.

Disso em diante, me envolvi na temática da inovação, dialogando com Cunha (1998, 2006), Cardoso (1997), Carbonell (2002, 2017), Hargreaves e Fink (2006), Hernández *et al.* (2000), Pacheco, J. A. (2019), Pacheco (2019), Sancho-Gil e Hernandez (2011) e Sancho-Gil (2018), buscando compreender e delimitar o conceito de inovação. Percebi, então, que a inovação é um imperativo que emerge no século XX e vem permeando o contexto atual. Além disso, averiguei suas possibilidades e potencialidades, bem como realizei um mapeamento do conceito e dos sentidos que têm sido engendrados na literatura contemporânea e que foram, por fim, acolhidos nesta pesquisa para a análise dos dados levantados.

Portanto, balizei meu entendimento de que a inovação das práticas educativas não se encontra ou se desenvolve na "volatilidade da moda" (CARBONELL, 2002; SANCHO-GIL, 2018) ou no "futuro superficial", mas no "futuro profundo" (PACHECO, J. A., 2019, p. 145). Ela se constitui mediante uma "inquietude" instigada pelo "desejo de um trabalho bem-feito" (SENNET, 2019), mas que, acima de tudo, reverbera numa "ruptura paradigmática" que exige a reconfiguração de saberes através da perspectiva emancipatória (CUNHA, 2006).

Ainda na sequência, estruturei o delineamento dos caminhos desta pesquisa qualitativa, engendrando os parâmetros da trajetória para a construção dos conhecimentos. Para tanto, os princípios da Análise de Conteúdo serviram como ferramenta/estratégia para a análise dos dados, que foram obtidos por meio de três instrumentos: o questionário, realizado com 18 egressos, as entrevistas semiestruturadas, realizadas com oito egressas selecionadas nesse universo, e o Grupo Focal, abrangendo essas mesmas oito egressas.

A análise dos dados levantados teve como base a tríade dos estudos teóricos sobre a formação de professores, os estudos curriculares e os aportes teóricos sobre a inovação. Conjuntamente, utilizei a perspectiva social de Richard Sennett e Bernard Charlot para potencializar a interpretação das condições formativas delineadas pelas habilidades artesanais e a formação humana. Diante dessa análise e estruturação, elenquei as seguintes categorias: o processo formativo e os desafios da profissão docente; o mapeamento do processo de feitura das práticas educativas: há inovação?; e as repercussões do processo formativo na construção das práticas educativas inovadoras.

A respeito da formação docente, é relevante destacar que metade dos egressos ingressou no curso de Letras em virtude da oportunidade — proximidade do IFRS de suas casas e oferta de curso superior gratuito. Ao longo do curso, no entanto, construíram sua identidade docente enquanto professores de língua portuguesa e de língua inglesa. Esses dados evidenciam um processo de maturação intelectual, viabilizado pelas possibilidades de aprendizagem e experiências vivenciadas no curso.

Inicialmente, procurei resgatar os elementos formativos e os desafios do ingresso na trajetória docente, no intento de me aproximar de suas percepções sobre a formação no curso de Letras e como a ressignificaram ao longo do seu desenvolvimento profissional docente. Os maiores desafios apresentados ao ingressar na trajetória docente foram a falta de um acompanhamento inicial nas escolas com orientações sobre o funcionamento administrativo e pedagógico, assim como a insegurança quanto ao cotidiano escolar, ao planejamento e à metodologia de ensino a ser utilizada; dessa maneira, sinalizando as dificuldades de que o "começo não é fácil" (94%). Além desses desafios, 75% dos egressos destacaram a experiência de um processo solitário ao enfrentar as adversidades do cotidiano no trabalho, principalmente em relação à indisciplina, ao domínio de classe, à motivação dos alunos para a aprendizagem e para desenvolverem as práticas educativas que acreditavam ser significativas.

Dando prosseguimento, perguntei-lhes sobre as contribuições da formação inicial nesse início de trajetória. Em resposta, 72% se referiram aos conhecimentos e às práticas desenvolvidas nos estágios, 17% às aprendizagens desenvolvidas nas disciplinas específicas e pedagógicas, em que eram elaborados planos de aula sob o acompanhamento dos professores e com troca com os colegas; 11% destacaram os diferentes recursos didático-pedagógicos apresentados ao longo do curso. Além desses dados, as interlocutoras pontuaram em suas narrativas que, conforme assumiam novas turmas ou etapas de ensino, acessavam outras aprendizagens do curso (Lygia, 2021; Adélia, 2021; Cecília, 2021), o que reforça que os saberes são significados conforme suas práticas vão sendo desenvolvidas.

Outro aspecto a ser destacado é a percepção de que a formação ganha relevância para os professores no início de carreira, pois nessa fase ocorre uma intensificação do aprendizado profissional e pessoal. Esse período inicial da docência é marcado por intensas descobertas sobre a prática educativa, seus dilemas e desafios, contudo também sobre as alternativas possíveis para resolvê-los. A esse respeito, é possível perceber o reconhecimento dos egressos de que a formação docente se constitui ao longo da carreira de forma contínua, como *"uma construção"* (Lygia, 2021), *"como um processo"* (Ana Maria, 2021). Em suas narrativas, como destaquei, as egressas ressignificam sua formação e adaptam-se à profissão docente conforme suas práticas vão sendo desenvolvidas. Com o domínio progressivo do trabalho docente, adquirem maior segurança no desenvolvimento de suas funções e de suas práticas educativas.

Sobre a percepção dos egressos a respeito de sua formação, sublinho que, desde o início da análise, aparecem indícios de ressignificações que ocorreram ao longo do curso. Sinalizam, perante uma postura crítica e reflexiva que construíram, novas leituras de mundo, da educação e da própria área de formação. Ademais, como mobilizaram as reconfigurações de suas práticas educativas com vistas à inovação.

Buscando tensionar as reflexões e dar continuidade às análises, questionei sobre os principais desafios na profissão enfrentados no contexto atual. A maioria dos egressos, 89%, pontuou que alguns desafios da docência foram ampliados em virtude da pandemia, tais como o aumento do volume de trabalho e planejamentos, bem como as dificuldades em acompanhar o processo de aprendizagem dos alunos durante o período das aulas virtuais; e 11% mencionaram os desafios quanto ao domínio de diferentes ferramentas tecnológicas. Inclusive indicam a impressão de que retornaram ao início da trajetória docente, em virtude de lidarem com uma situação inusitada.

Paralelamente, pontuaram que foi um período de (re)invenção docente. O processo de conectividade e a urgência pelos quais foram interpelados viabilizaram o estabelecimento de outras formas de ação docente, que ressoou em uma nova relação com o conhecimento profissional docente, ocorrendo um movimento de estruturação e reinvenção das práticas educativas. Além disso, há a perspectiva de que os meios digitais são relevantes, mas não esgotam as possibilidades educativas. Os professores, com o conhecimento profissional docente e sua experiência, têm papel essencial na sua criação. Nesse sentido, os egressos relatam que o processo formativo no curso de Letras lhes possibilitou lançar mão de conhecimento profissional docente para desenvolver a docência.

Reitero que os desafios destacados pelos egressos demonstram aspectos que correspondem às urgências demandadas pela "sociedade do espetáculo, da competição, do consumo, do conhecimento" (NÓVOA, 2017) e pela "sociedade do cansaço" (HAN, 2017), categorizações forjadas pela lógica neoliberal. Essas tendências causam impactos no espaço educativo e, portanto, na prática educativa dos professores. Considerando as narrativas das interlocutoras, a pandemia desvelou com mais nitidez tais dilemas contemporâneos.

Dessa forma, torna-se evidente que as práticas educativas dos egressos se constituem em um emaranhado de tensões e contradições que denotam e intensificam a complexidade do exercício docente no seu cotidiano. No entanto, foi perceptível que encontram sendas/alternativas para atuar na contramão dos processos hegemônicos de regulação, engendrados pelo neoliberalismo. As interlocutoras entrevistadas, perante os seus conhecimentos e saberes, assim como mediante uma posição docente reflexiva e crítica do contexto educacional, revelaram indicativos de resistência ao modelo dominante. Para além disso, que a formação no curso de Letras contribuiu na constituição dessa posição docente.

Posteriormente, passei a analisar as percepções das egressas sobre o "processo de feitura" (SENNETT, 2019) de suas práticas educativas, mapeando os indicativos de inovação em práticas por elas desenvolvidas durante ou após o curso de Letras para, na sequência, identificar em que medida a formação reverberou no seu desenvolvimento.

Por meio dessas análises, percebi que as egressas tecem práticas educativas inovadoras que rompem com os processos hegemônicos de regulação. Notei que, diante de uma posição docente emancipatória, desenvolvem práticas delineadas por conhecimento, diálogo, criatividade, sentido, reflexão, criticidade e interdisciplinaridade.

Nessa lógica, vê-se uma senda em direção ao fortalecimento do profissionalismo docente. Visto que as práticas educativas são cada vez mais compostas de respostas às novas exigências externas, quando promovem práticas educativas inovadoras, construindo na escola um "espaço criativo e inspirador para ensinar e aprender" (SAHLBERG, 2018), optam por uma via contrária à padronização dos processos educacionais e pedagógicos que retroalimentam a lógica neoliberal mercadológica dos resultados, do desempenho, da competição e da concorrência. Assim, estão em busca da construção de "uma outra cultura" (MOREIRA, 2012), contrária à performatividade. Conforme Moreira (2012), o fortalecimento do profissionalismo docente se constitui mediante uma ação autônoma, competente e criativa dos educadores. Esses foram alguns aspectos identificados na formação e nas práticas educativas das egressas.

Então, mesmo considerando que muitos outros fatores influenciam o desenvolvimento profissional docente, e que é difícil compreender as reconfigurações desencadeadas por uma experiência formativa pontual, foi possível mapear, através das narrativas das egressas, as repercussões do processo formativo do curso de Letras que reverberaram em reconfigurações das suas práticas educativas com vistas à inovação. Retomo aqui as repercussões encontradas:

1. A viabilização de conhecimentos pedagógicos e específicos de língua portuguesa e inglesa, bem como metodologias de ensino;
2. As reflexões fundamentadas nos conhecimentos específicos/teóricos e práticos/metodológicos que lhes foram deslocando num movimento de procura de mudança pedagógica e epistemológica;
3. O espaço dialógico possibilitado nas práticas educativas que potencializava a reflexão;
4. A participação em atividades interdisciplinares, organizadas em algumas disciplinas ao longo do curso.

Com base nesses achados, entendi que essas repercussões estão atreladas aos indicadores de inovação utilizados por Cunha (2006). De acordo com as narrativas, percebi que, quando o processo formativo do curso de Letras se contrapõe ao paradigma de reprodução do conhecimento, há:

a. a ruptura com a forma tradicional de ensinar e aprender;
b. a reconfiguração dos saberes (indissociabilidade entre teoria e prática);
c. a reorganização da relação entre teoria e prática.

Dessa forma, o curso, ao romper com o paradigma da reprodução do conhecimento, voltou-se em direção ao paradigma emancipatório que favoreceu uma produção de conhecimento que instiga o sujeito à reflexão, à criticidade, à abertura para o novo, a inquietudes, a rupturas: à inovação. Então, as experiências de práticas inovadoras, vivenciadas pelas egressas no curso de Letras, repercutiram na reconfiguração de suas práticas em direção à inovação.

A partir da percepção dos egressos, compreendo que o curso de Letras possibilitou a construção do conhecimento profissional docente por meio de uma perspectiva emancipatória que mobilizou reconfigurações nas suas práticas educativas em direção à inovação. Essas reconfigurações estão articuladas a uma trajetória formativa dialógica e reflexiva embasada em conhecimentos profissionais docentes construídos mediante a relação entre a teoria e a prática.

O estudo não se dá por encerrado, pelo contrário, a partir daqui, abre-se a "novos olhares". Como desdobramentos do trabalho desenvolvido até aqui, despertam-se muitas possibilidades. Gatti (2018), por exemplo, pontua que a formação recebida pelos professores no ensino superior reflete na educação básica. Então, vejo a relevância de realizar pesquisa semelhante, junto a egressos de outros cursos de licenciatura no IFRS, para verificar se inovações seriam encontradas e quais seriam elas. Dessa forma, teríamos balizadores para verificarmos as contribuições e repercussões dessas formações para a educação básica e se e como inovações educativas são construídas.

Além disso, resta retornar a esses egressos e verificar quem foram os docentes que participaram das práticas rupturantes relatadas e, assim, analisar quais outras práticas desenvolvem, de modo a dar visibilidade para essas inovações dentro da instituição, no intuito de levar outros docentes a tomar conhecimento dessas práticas e mobilizar novas e outras rupturas. Conforme Cunha (2008, p. 33), quando o espaço formativo potencializar essa condição, "[...] poderá dar passos largos na sua transformação. Contribuirá, acima de tudo, para trajetórias humanas com significado".

Minha intenção, reforço, não foi trazer respostas, mas favorecer a construção de novas reflexões, novas pesquisas, capazes de instigar outras(os) pesquisadoras(es) a "seguir olhando" de forma crítica e criativa para essa temática e ampliando ainda mais os horizontes de conhecimentos. Essa foi a maneira que encontrei de "olhar". No entanto, existem muitas outras possibilidades. Seguirei em frente esperançando por uma educação cada vez mais emancipatória, democrática e humanizadora.

REFERÊNCIAS

AGUIAR, Márcia Angela da S.; DOURADO, Luís Fernandes. BNCC e formação de professores: concepções, tensões, atores e estratégias. **Revista Retratos da Escola**, Brasília, v. 13, n. 25, p. 33-37, jan./maio 2019.

ANDRÉ, Marli E. A. D. A equipe gestora deve acolher e ajudar o professor iniciante. Entrevista com Marli André. **Nova Escola**, 2013. Disponível em: https://novaescola.org.br/conteudo/888/entrevista-com-marli-andre. Acesso em: nov. 2021.

ANDRÉ, Marli E. A. D. Políticas e programas de apoio aos professores iniciantes no Brasil. **Cadernos de Pesquisa**, São Paulo, v. 42, n.145, p. 112-129, jan./abr. 2012.

APPLE, Michael W. A luta pela democracia na educação crítica. **Revista e-Curriculum**, São Paulo, v. 15, n. 4, p. 894-926, out./dez. 2017.

AQUINO, Julio Groppa; BOTO, Carlota. Inovação pedagógica: um novo-antigo imperativo. **Educação, Sociedade e Culturas**, São Paulo, n. 55, p. 13-30, 2019.

ARROYO, Miguel G. **Currículo, território em disputa**. 2. ed. Petrópolis: Vozes, 2011.

BALL, Stephen. Reforma educacional como barbárie social: economismo e o fim da autenticidade. **Práxis Educativa**, Ponta Grossa, v. 7, n. 1, jun. 2012.

BALL, Stephen. Reformar escolas/reformar professores e os terrores da performatividade. **Revista Portuguesa de Educação**, Braga, v. 15, n. 002, p. 3-23, 2002.

BALL, Stephen; MAGUIRE, Meg; BRAUN, Annette. **Como as escolas fazem as políticas**: atuação em escolas secundárias. Ponta Grossa: Editora da UEPG, 2016.

BARDIN, Laurence. **Análise de conteúdo**. Lisboa: Edição 70, 2016.

BARROS, Rubem. Professora da UFMG é mais uma a rejeitar novas diretrizes. **Trem das Letras**, 18 out. 2019. Disponível em: http://tremdasletras.com/professora-da-ufmg-e-mais-uma-a-rejeitar-novas-diretrizes. Acesso em: 19 nov. 2019.

BAUER, Martin W. Análise de conteúdo clássica: uma revisão. *In*: BAUER, Martin W.; GASKELL, George (org.). **Pesquisa qualitativa com texto, imagem e som**: um manual prático. Tradução de Pedrinho Guareschi. 13. ed. Petrópolis: Vozes, 2015.

BOGDAN, Robert C.; BIKLEN, Sari. **Investigação qualitativa em educação**: uma introdução à teoria e aos métodos. Portugal: Porto Editora, 1994.

BOLIVAR, Antonio. Un currículum inclusivo en una escuela que asegure el éxito para todos. **Revista e-Curriculum**, [s. l.], v. 17, n. 3, p. 827-851, 2019.

BRANDÃO, Carlos Rodrigues. **A pergunta a várias mãos**: a experiência da partilha através da pesquisa na educação. Série saber com o outro. São Paulo: Cortez, 2003.

BRASIL. **Lei nº 9.394, de 20 de dezembro de 1996**. Estabelece as Diretrizes e Bases da Educação Nacional. Brasília, DF: Presidência da República, [2009].

BRASIL. Ministério da Educação. Conselho Nacional de Educação. **Resolução CNE/CP 01/2002, 18 de fevereiro de 2002**. Institui as Diretrizes Curriculares Nacionais para a Formação de Professores de Educação Básica, em nível superior, curso de licenciatura, de graduação plena. Brasília, DF: CNE, 2002.

BRASIL. Ministério da Educação. **Lei nº 11.892, de 29 de dezembro de 2008**. Institui a Rede Federal de Educação Profissional, Científica e Tecnológica, cria os Institutos Federais de Educação, Ciência e Tecnologia e dá outras providências. Brasília, 2008.

BRASIL. Ministério da Educação. Conselho Nacional de Educação. **Resolução CNE/CP 02/2015, 1º de julho de 2015**. Define as Diretrizes Curriculares Nacionais para a Formação inicial em nível superior (curso de licenciatura, curso de formação pedagógica para graduados e curso de segunda licenciatura) e para a formação continuada. Brasília, DF: CNE, 2015.

BRASIL. Ministério da Educação. Conselho Nacional de Educação. **Resolução CNE/CP nº 2, de 20 de dezembro de 2019**. Brasília, DF: MEC, 2019. Disponível em: http://portal.mec.gov.br/index.php?option=com_docman&view=download&alias=135951-rcp002-19&category_slug=dezembro-2019-pdf&Itemid=30192. Acesso em: 18 fev. 2020.

BUJES, Maria Isabel Edelweiss. Descaminhos. *In*: COSTA, Marisa Vorraber (org.). **Caminhos investigativos II**: outros modos de pensar e fazer pesquisa em educação. 2. ed. Rio de Janeiro: Lamparina editora, 2007.

CARBONELL, Jaume. **A aventura de inovar**: a mudança na escola. Porto Alegre: Artmed Editora, 2002.

CARBONELL, Jaume. Las pedagogías innovadoras y las visiones de los contenidos. *In*: SACRISTÁN, José Gimeno (org.). **Los contenidos**: una reflexión necesaria. Madrid: Morata, 2017. p. 77-82.

CARDOSO, Ana Paula P. O. Educação e inovação. **Millenium**, [s. l.], n. 6, mar. 1997. Disponível em: http://www.ipv.pt/millenium/Millenium_6.htm. Acesso em: 28 jun. 2020.

CHARLOT, Bernard. **Da relação com o saber às práticas educativas**. 1. ed. São Paulo: Cortez, 2013.

CHARLOT, Bernard. **Da relação com o saber**: elementos para uma teoria. Porto Alegre: Artes Médicas Sul, 2000.

CHARLOT, Bernard. **Educação ou barbárie?** Uma escolha para a sociedade contemporânea. 1. ed. São Paulo: Cortez, 2020.

CHRISTOV, Luiza Helena da Silva. Educação continuada: função essencial do coordenador pedagógico. *In*: GUIMARÃES, Ana Archangelo; MATE, Cecília Hanna; BRUNO, Eliane Bambini Gorgueira *et al*. **O coordenador pedagógico e a educação continuada**. 8. ed. São Paulo: Loyola, 2005. p. 122-145.

COUTO, Mia. Agora é preciso coragem para ter esperança. **Revista Prosa Verso e Arte**, 2005. Disponível em: https://www.revistaprosaversoearte.com/agora-e--preciso-coragem-para-ter-esperanca-mia-couto/. Acesso em: 9 abr. 2021.

CUNHA, Maria Isabel da. A Pesquisa e pós-graduação em Educação: o sentido político e pedagógico da formação. *In*: CONGRESSO NACIONAL DE EDUCAÇÃO, 13., 2017, Curitiba. **Anais** [...]. Curitiba: PUCPR, 2017. p. 337-349. Disponível em: https://educere.bruc.com.br/arquivo/pdf2017/24025_12223.pdf. Acesso em: 20 dez. 2020.

CUNHA, Maria Isabel da. A Universidade: desafios políticos e epistemológicos. *In*: CUNHA, Maria Isabel da (org.). **Pedagogia Universitária**: energias emancipatórias em tempos neoliberais. Araraquara: Junqueira e Marin, 2006. p. 9-29.

CUNHA, Maria Isabel da. Conte-me agora! As narrativas como alternativas pedagógicas na pesquisa e no ensino. **Revista da Faculdade de Educação**, São Paulo, n. 1-2, p. 185-195, 1997.

CUNHA, Maria Isabel da. Epistemologias em questão: significados no currículo e na prática pedagógica. **Revista de Estudos Curriculares**, [s. l.], ano 7, n. 1, p. 4-13, 2016.

CUNHA, Maria Isabel da. Inovações Pedagógicas na Universidade. *In*: CUNHA, Maria Isabel da; SOARES, Sandra Regina; RIBEIRO, Marinalva Lopes (org.). **Docência universitária**: profissionalização e prática educativa. Feira de Santana: UEFA Editora, 2009. p. 6-24.

CUNHA, Maria Isabel da. Lugares de formação: tensões entre a academia e o trabalho docente. *In*: DALBEM, Ângela Imaculada Loureiro de Freitas *et al.* **Convergências e tensões no campo da formação e do trabalho docente**. Belo Horizonte: Autêntica, 2010. p. 129-149.

CUNHA, Maria Isabel da. **O professor universitário na transição de paradigmas**. Araraquara: JM, 1998.

CUNHA, Maria Isabel da. O tema da formação de professores: trajetórias e tendências do campo na pesquisa e na ação. **Educação e Pesquisa**, São Paulo, n. 3, p. 609-625, jul./set. 2013.

CUNHA, Maria Isabel da. Professor (ser). *In*: STRECK, Danilo R.; REDIN, Euclides; ZITKOSKI, Jaime José (org.). **Dicionário Paulo Freire**. Belo Horizonte: Autêntica, 2008.

CUNHA, Maria Isabel da; AZEVEDO, Michele Aline; VOLPATO, Gildo; ZANCHET, Beatriz Maria Atrib; RODRIGUES, Heloiza. As experiências e suas características: a inovação como possibilidade. *In*: CUNHA, Maria Isabel da (org.). **Pedagogia Universitária**: energias emancipatórias em tempos neoliberais. Araraquara: Junqueira e Marin, 2006. p. 61-96.

DARDOT, Pierre; LAVAL, Christian. **A nova razão do mundo**: ensaio sobre a sociedade neoliberal. São Paulo: Boitempo, 2016.

DESLANDES, Suely Ferreira. O projeto de pesquisa como exercício científico e artesanato intelectual. *In*: MINAYO, Maria Cecília de Souza (org.). **Pesquisa social**: teoria, método e criatividade. 27. ed. Petrópolis: Vozes, 2008. p. 31-60.

DUARTE, Rosália. Entrevistas em pesquisas qualitativas. **Educar**, Curitiba - UFPR, n. 24, p. 213-225, 2004.

DUBET, François. **O que é uma escola justa?**: a escola das oportunidades. São Paulo: Cortez, 2008.

ESTEVES, Manuela. Sentidos da inovação pedagógica no ensino superior. *In*: LEITE, Carlinda (org.). **Sentidos da pedagogia no ensino superior**. Porto: Editora Livpisc, 2010. (Coleção Ciências da Educação).

ESTRELA, Simone da Costa. **Política das licenciaturas na educação profissional**: o *ethos* docente em (des)construção. 2016. 189 f. Tese (Doutorado em Educação) – Pontifícia Universidade Católica de Goiás, Goiânia, 2016.

FAZENDA, Ivany. **Interdisciplinaridade**: um projeto em parceria. São Paulo: Edições Loyola, 1991.

FLACH, Ângela. **Formação de professores nos institutos federais**: estudo sobre a implantação de um curso de licenciatura em um contexto de transição institucional. 2014. 210 f. Tese (Doutorado em Educação) – Universidade do Vale do Rio dos Sinos, São Leopoldo, 2014.

FLACH, Angela; FORSTER, Mari Margarete. Formação de professores nos institutos federais: uma identidade por construir. *In*: REUNIÃO NACIONAL DA ANPEd, 37., 2015, Florianópolis. **Anais** [...]. Florianópolis: UFSC, 2015. p. 1-17. Disponível em: https://anped.org.br/sites/default/files/trabalho-gt08-4027.pdf. Acesso em: 26 set. 2020.

FLICK, Uwe. **Introdução à pesquisa qualitativa**. Porto Alegre: Artmed, 2004.

FLORES, Maria Assunção. Discursos do profissionalismo docente: paradoxos e alternativas conceptuais. **Revista Brasileira de Educação**, [*s. l.*], v. 19, n. 59, p. 851-869, out./dez. 2014.

FRANCO, Maria Laura Puglisi Barbosa. **Análise do Conteúdo**. Brasília: Plano Editora, 2003.

FREIRE, Paulo. **Educação como prática da liberdade**. Rio de Janeiro: Paz e Terra, 1979.

FREIRE, Paulo. **Educação e mudança**. 15. ed. Rio de Janeiro: Paz e Terra, 1989.

FREIRE, Paulo. **Educação na cidade**. Rio de Janeiro: Paz e Terra, 1991.

FREIRE, Paulo. **Pedagogia da Autonomia**: saberes necessários à prática educativa. 14. ed. Rio de Janeiro: Paz e Terra, 1996. (Coleção Leitura).

FREIRE, Paulo. **Pedagogia do oprimido**. Rio de Janeiro: Paz e Terra, 2005.

FREITAS, Helena Costa Lopes de. Formação de professores no Brasil: 10 anos de embate entre projetos de formação. **Educação e Sociedade**, Campinas, v. 23, n. 80, p. 136-167, set. 2002.

GALEANO, Eduardo. **O Livro dos abraços**. Porto Alegre: L&PM, 2005.

GALIAN, Cláudia Valentina Assumpção; SANTOS, Vinício. Concepções em disputa nos debates sobre a BNCC: educação, escola, professor e conhecimento. *In*: GODOY, Elenilton; SILVA, Marcio; SANTOS, Vinício (org.). **Currículos de matemática em debate**. São Paulo: Editora Livraria da Física, 2018. p. 165-187.

GATTI, Bernadete Angelina; BARRETTO, Elba Siqueira de Sá; ANDRÉ, Marli Eliza Dalmazo Afonso de. **Políticas Docentes no Brasil**: um estado da arte. Brasília: MEC: UNESCO, 2011.

GATTI, Bernardete Angelina. **A construção da pesquisa em educação no Brasil**. Brasília: Liber Livro Editora, 2007.

GATTI, Bernardete Angelina. Educação, escola e formação de professores: políticas e impasses. **Educar em Revista**, [s. l.], v. 29, n. 50, p. 51-67, dec. 2013. Disponível em: https://revistas.ufpr.br/educar/article/view/34740. Acesso em: 26 mar. 2021.

GATTI, Bernardete Angelina. Formação de professores no Brasil: características e problemas. **Educação e Sociedade**, Campinas, v. 31, n. 113, p. 1355-1379, out./dez. 2010.

GATTI, Bernardete Angelina. Formação inicial de professores para a educação básica: pesquisas e políticas educacionais. **Estudos em Avaliação Educacional**, São Paulo, v. 25, n. 57, p. 24-54, jan./abr. 2014.

GATTI, Bernardete Angelina. **Grupo focal na pesquisa em Ciências Sociais e Humanas**. Brasília: Líber Livro, 2005.

GATTI, Bernardete Angelina. Por uma política de formação de professores. [Entrevista cedida a] Bruno de Pierro. **Pesquisa FAPESP**, ed. 267, maio 2018. Disponível em: https://revistapesquisa.fapesp.br/bernardete-angelina-gatti-por-uma-politica-de-formacao-de-professores/. Acesso em: 15 jan. 2022.

GATTI, Bernardete Angelina. Possível reconfiguração dos modelos educacionais pós-pandemia. **Estudos avançados**, [s. l.], v. 34, n. 100, p. 29-41, set./dez. 2020.

GATTI, Bernardete Angelina; BARRETO, Elba Siqueira de Sá; ANDRÉ, Marli Eliza Dalmazo Afonso de; ALMEIDA, Patrícia Cristina Albieri de. **Professores do Brasil**: Novos Cenários de formação. Brasília: UNESCO, 2019.

GATTI, Bernardete Angelina; BARRETTO, Elba Siqueira de Sá (coord.). **Professores do Brasil**: impasses e desafios. Brasília: UNESCO, 2009.

GOMES, Romeu. Análise e interpretação de dados de pesquisa qualitativa. *In*: MINAYO, Maria Cecília de Souza (org.). **Pesquisa social**: teoria, método e criatividade. 27. ed. Petrópolis: Vozes, 2008.

GONZAGA, Amarildo Menezes. A pesquisa em educação: um desenho metodológico centrado na abordagem qualitativa. *In*: PIMENTA, Sema Garrido; GHEDIN, Evandro; FRANCO, Maria Amélia Santoro (org.). **Pesquisa em Educação**: alternativas investigativas com objetos complexos. São Paulo: Edições Loyola, 2006. p. 65-91.

GOODSON, Ivor F. **Currículo, narrativa pessoal e futuro social**. Campinas: Editora Unicamp, 2019.

GUIMARÃES, Valter Soares. O grupo focal e o conhecimento sobre identidade profissional dos professores. *In*: PIMENTA, Sema Garrido; GHEDIN, Evandro; FRANCO, Maria Amélia Santoro (org.). **Pesquisa em Educação**: alternativas investigativas com objetos complexos. São Paulo: Edições Loyola, 2006. p. 149-163.

HAN, Byung-Chul. **Sociedade do cansaço**. Petrópolis: Vozes, 2017.

HARGREAVES, Andy; FINK, Dean. Estrategias de cambio y mejora en educación caracterizadas por su relevancia, difusión y continuidad en el tiempo. **Revista de Educación**, [*s. l.*], v. 339, p. 43-58, 2006.

HARGREAVES, Andy; FULLAN, Michael. **Professional capital**. Transforming teaching every scholl. London: Routledge, 2012.

HERNÁNDEZ, Fernando *et al*. **Aprendendo com as inovações nas escolas**. Porto Alegre: Artes Médicas Sul, 2000.

INSTITUTO FEDERAL DE EDUCAÇÃO, CIÊNCIA E TECNOLOGIA DO RIO GRANDE DO SUL. **Projeto Pedagógico do curso superior de licenciatura em Letras – Português e Inglês do IFRS, Campus Feliz**. Aprovado pela Conselho Superior, conforme Resolução nº 066, de 19 de agosto de 2014. Feliz: IFRS, 2014. Disponível em: https://ifrs.edu.br/feliz/cursos/licenciatura-em-letras-portugues-e-ingles. Acesso em: 10 nov. 2020.

INSTITUTO FEDERAL DE EDUCAÇÃO, CIÊNCIA E TECNOLOGIA DO RIO GRANDE DO SUL. **Projeto de Desenvolvimento Institucional do Instituto Federal do Rio Grande do Sul**. Aprovado pela Conselho Superior, conforme Resolução n.º 117, de 16 de dezembro de 2014. Porto Alegre: IFRS, 2014.Disponível em: Acesso em: https://pdi.ifrs.edu.br/site/conteudo/index/id/237. Acesso em: 28 jun. 2021.

INSTITUTO FEDERAL DE EDUCAÇÃO, CIÊNCIA E TECNOLOGIA DO RIO GRANDE DO SUL. **Organização Didática do IFRS**. Aprovada pelo Conselho Superior, conforme Resolução n.º 046, de 08.05.2015. Alterada pelas Resoluções n.º 071, de 25 de outubro de 2016. Porto Alegre: IFRS, 2015. Disponível em: https://ifrs.edu.br/ensino/documentos/organizacao-didatica. Acesso em: 28 jun. 2021.

KAFER, Giovana Aparecida. **Formação continuada de professores de Ciências e Matemática**: uma proposta de formação interdisciplinar para o Instituto Federal Farroupilha. 2020. 171 f. Tese (Doutorado em Ensino de Ciências e Matemática) –Universidade Franciscana, Santa Maria, 2020.

LAVAL, Christian. **A escola não é uma empresa**: o neoliberalismo em ataque ao ensino público. São Paulo: Boitempo, 2019.

LEÃO, Marcelo Franco. **Licenciatura em química do IFMT na modalidade EAD**: análise dos saberes docentes construídos nesse processo formativo. 2018. 243 f. Tese (Doutorado em Educação em Ciências) – Universidade Federal do Rio Grande do Sul, Porto Alegre, 2018.

LEITE, Carlinda. Políticas de formação de professores do ensino básico em Portugal – uma análise focada no exercício da profissão. **Revista Educação e Cultura Contemporânea**, [s. l.], v. 11, n. 26, p. 8-29, nov./dez. 2014.

LIBÂNEO, José Carlos. **Adeus professor, Adeus professora?** Novas exigências educacionais e profissão docente. 11. ed. São Paulo: Cortez, 2009.

LIBÂNEO, José Carlos. Políticas educacionais no Brasil: desfiguramento da escola e do conhecimento escolar. **Cadernos de Pesquisa**, [s. l.], v. 46, n. 159, p. 38-62, jan./mar. 2016.

LIMA, Emília Freitas de. Contribuições da professora Marli André para a produção de conhecimento sobre professores iniciantes. **Formação Docente – Revista Brasileira de Pesquisa sobre Formação de Professores**, Belo Horizonte, v. 13, n. 28, p. 101-118, dez. 2021.

LINO, Cleonice Moreira. **Do retrovisor ao para-brisa**: a construção da subjetividade identitária do professor. 2018. 203 f. Dissertação (Mestrado em Educação) – Universidade Nove de Julho, São Paulo, 2018.

LOPES, Helena Costa de. Formação de professores no Brasil: 10 anos de embate entre projetos de formação. **Educação e Sociedade**, Campinas, v. 23, n. 80, p. 136-167, set. 2002.

LUCARELLI, Elisa. **Teoría y práctica en la universidad**: la innovación en las aulas. Buenos Aires: Miño y Dávila Editores, 2009.

LÜDKE, Menga; ANDRÉ, Marli E. D. A. **Pesquisa em educação**: abordagens qualitativas. 2. ed. Rio de Janeiro: E.P.U., 2020.

MARCELO GARCIA, Carlos. A formação de professores: Centro de atenção e pedra-de-toque. *In*: NÓVOA, António (org.). **Os professores e a sua formação**. 2. ed. Lisboa: Dom Quixote, 1995. p. 51-76.

MARCELO GARCIA, Carlos. **Formação de professores**: para uma mudança educativa. Porto: Porto Editora, 1999.

MARCELO GARCIA, Carlos. **Políticas de inserción en la docencia**: de eslabón perdido a puente para el desarrollo profesional docente. Santiago: Preal, 2011. (Documento do Preal, n. 52).

MAY, Tim. **Pesquisa social**: questões, métodos e processos. 3. ed. Porto alegre: Artmed, 2004.

MAZZOTTI, Alda Judith A.; GEWANDSZNAJDER, Fernando. **O método nas ciências naturais e sociais**: pesquisa quantitativa e qualitativa. São Paulo: Pioneira, 2002.

MILLS, C. Wright. **A imaginação sociológica**. Rio de Janeiro: Zahar, 1980.

MINAYO, Maria Cecília de Souza. O desafio da pesquisa social. *In*: MINAYO, Maria Cecília de Souza (org.). **Pesquisa social**: teoria, método e criatividade. 27. ed. Petrópolis: Vozes, 2008.

MOREIRA, Antonio Flavio Barbosa. Currículo, cultura e formação de professores. **Revista Educar**, [s. l.], n. 17, p. 39-52, 2001.

MOREIRA, Antonio Flavio Barbosa. Em busca da autonomia docente nas práticas curriculares no Brasil. **Revista Teias**, [s. l.], v. 13, n. 27, p. 27-47, jan./abr. 2012.

MOREIRA, Antonio Flavio Barbosa. Formação de professores e currículo: questões em debate. **Ensaio: avaliação e políticas públicas em Educação**, [s. l.], v. 29, n. 110, p. 35-50, set. 2020.

MOREIRA, Antonio Flavio Barbosa.; CANDAU, V. **Indagações sobre o currículo**: currículo, conhecimento e cultura. Brasília: SEB/MEC, 2007.

NÓVOA, A. O passado e o presente dos professores. *In*: NÓVOA, António (org.). **Profissão professor**. Porto: Porto Editora, 2000.

NÓVOA, António. A inovação para o sucesso educativo escolar. **Aprender**: Revista da Escola Superior de Educação de Porto Alegre, [s. l.], n. 6, p. 5-9, nov. 1988.

NÓVOA, António. **Currículo e docência**: a pessoa, a partilha, a prudência. [S. l.: s. n.], 2003. Disponível em: https://repositorio.ul.pt/bitstream/10451/4816/1/8575161121_1_11.pdf. Acesso em: 28 abr. 2020.

NÓVOA, António. Educación 2021: Para una historia del futuro: **Revista Iberoamericana de Educación**, [s. l.], n. 49, p. 181-189, abr./jan. 2009.

NÓVOA, António. Firmar a posição como professor, afirmar a profissão docente. **Caderno de Pesquisa**, [s. l.], v. 47, n. 166, p. 1106-1133, out/dez. 2017.

NÓVOA, António. Formação de professores e profissão docente. In: NÓVOA, António (org.). **Os professores e a sua formação**. 2. ed. Lisboa: Dom Quixote, 1995. p. 13-33.

NÓVOA, António. Novas disposições dos professores: a escola como lugar de formação. **Correio da Educação**. O Semanário dos Professores, n. 47. 16 fev. 2004. Disponível em: https://https://repositorio.ul.pt/bitstream/10451/685/1/21205_ce.pdf. Acesso em: 28 nov. 2021.

NÓVOA, António. O espaço público da educação: Imagens, narrativas e dilemas. In: NÓVOA, António (org.). **Espaços de Educação, Tempos de Formação**. Lisboa: Fundação Calouste Gulbenkian, 2002. p. 237-263.

NÓVOA, António. Tres tesis para una tercera visión. Repensando la formación docente. **Profesorado**: Revista de curriculum y formación del profesorado, [s. l.], v. 23, n. 3, p. 211-222, jul./set. 2019.

NÓVOA, António; ALVIM, Yara Cristina. Os professores depois da pandemia. **Educação e Sociedade**, Campinas, v. 42, p. 1-16, 2021.

NÓVOA, António; VIEIRA, Pâmela. Um alfabeto da formação de professores. **Crítica Educativa**, Sorocaba, v. 3, n. 2 - Especial, p. 21-49, jan./jun. 2017b.

OLIVEIRA, Dalila Andrade. Políticas itinerantes de educação e a reestruturação da profissão docente: o papel das cúpulas da OCDE e sua recepção no contexto brasileiro. **Currículo sem Fronteiras**, [s. l.], v. 20, n. 1, p. 85-107, jan./abr. 2020.

OLIVEIRA, Denise Lima de. **O Instituto Federal do Tocantins e a formação de professores**: caminhos, contradições e possibilidades. 2019. 267 f. Tese (Doutorado em Educação) – Universidade Federal de Goiás, Goiânia, 2019.

PACHECO, José Augusto. **Currículo**: teoria e práxis. Porto: Porto Editora, 1996.

PACHECO, José Augusto. **Educação, formação e conhecimento**. Porto: Porto Editora, 2014.

PACHECO, José Augusto. **Inovar para mudar a escola**. Porto: Porto Editora, 2019.

PACHECO, José Augusto. Ser professor no contexto da sociedade do conhecimento. **Contrapontos**, Itajaí, v. 4, n. 2, p. 383-385, maio/ago. 2004.

PACHECO, José Augusto. Uma perspectiva atual sobre a investigação em Estudos Curriculares. **Perspectiva**, Florianópolis, v. 24, n. 1, p. 247-372, jan./jun. 2006.

PACHECO, José Augusto; PESTANA, Tânia. Globalização, aprendizagem e trabalho docente: análise das culturas de performatividade. **Educação PUCRS**, [s. l.], v. 37, n. 1, p. 24-32, jan./abr. 2014.

PACHECO, José. **Inovar é assumir um compromisso ético com a educação.** Petrópolis: Vozes, 2019.

PAINEL nacional: Covid-19. **Conselho Nacional de Secretários de Saúde Brasília**, 2021. Disponível em: https://www.conass.org.br/painelconasscovid19/. Acesso em: 2 jan. 2022.

PAUL, Jean-Jacques. Acompanhamento de egressos do ensino superior: experiência brasileira e internacional. **Caderno CRH**, [s. l.], v. 28, n. 74, p. 309-326, 2015.

PÉREZ GÓMES, Angel. O pensamento prático do professor. A formação do professor como profissional reflexivo. *In*: NÓVOA, António (org.). **Os professores e a sua formação**. 2. ed. Lisboa: Dom Quixote, 1995. p. 93-114.

PERRENOUD, Philippe. **Dez competências para ensinar**. Porto Alegre: Artes médicas Sul, 2000.

PIMENTA, Selma Garrido Pimenta (org.). **Saberes Pedagógicos e atividade docente**. São Paulo: Cortez, 1999.

PONCE, Branca Jurema. O currículo e seus desafios na escola pública brasileira: em busca da justiça curricular. **Currículo sem Fronteiras**, [s. l.], v. 18, n. 3, p. 785-800, 2018.

RAWLS, John. **A theory of justice**. Cambridge: Harvard University Press, 2000.

RIOS, Terezinha Azeredo. Competência ou competências: o novo e o original na formação de professores. *In*: ROSA, Dalva E. Gonçalves; SOUZA, Vanilton Camilo de. (org.). **Didáticas e práticas de ensino**: interfaces com diferentes saberes e lugares formativos. Rio de Janeiro: DP&A, 2002.

RIOS, Terezinha Azeredo. **Compreender e Ensinar**: por uma docência da melhor qualidade. 6. ed. São Paulo: Cortez, 2006.

RIOS, Terezinha Azeredo. Ética e Competência. 17. ed. São Paulo: Cortez, 2007.

SACRISTÁN, José Gimeno. O currículo como confluência de práticas. *In*: SACRISTÁN, José Gimeno. **O currículo**: uma reflexão sobre a prática. Porto Alegre: Penso, 1998. p. 99-145.

SACRISTÁN, José Gimeno. O que significa o currículo? *In*: SACRISTÁN, José Gimeno (org.). **Saberes e incertezas sobre o currículo**. Porto Alegre: Penso, 2013. p. 16-35.

SAHLBERG, Pasi. **Lições finlandesas 2.0**: o que a mudança educacional na Finlândia pode ensinar ao mundo? São Paulo: SESI-SP Editora, 2018.

SANCHO-GIL, Juana. Innovación y enseñanza: de la "moda" de innovar a la transformación de la práctica docente. **Educação PUCRS**, [*s. l.*], v. 41, n.1, p. 12-20, 2018.

SANCHO-GIL, Juana; HERNÁNDEZ, Fernando. Inovação educativa. *In*: VAN ZANTEN, Agnes (coord.). **Dicionário de Educação**. Petrópolis: Vozes, 2011. p. 476-481.

SANTOS FILHO, José Camilo dos. Pesquisa quantitativa versus pesquisa qualitativa: o desafio paradigmático. *In*: SANTOS FILHO, José Camilo dos; GAMBOA, Silvio Sánchez (org.). **Pesquisa educacional**: quantidade-qualidade. 5. ed. São Paulo: Cortez, 2002.

SANTOS, Lucíola Licínio de Castro Paixão. Administrando o currículo ou os efeitos da gestão no desenvolvimento curricular. **Educação em Revista**, Belo Horizonte, n. 33, 2017.

SANTOS, Lucíola Licínio de Castro Paixão. Formação de professores na cultura do desempenho. **Educação e Sociedade**, Campinas, v. 25, n. 89, p. 1145-1157, set./dez. 2004.

SANTOS, Lucíola Licínio de Castro Paixão; DINIZ-PEREIRA, Júlio Emílio. Tentativas de padronização do currículo e da formação de professores no Brasil. **Caderno Cedes**, Campinas, v. 36, n. 100, p. 281-300, set./dez. 2016.

SAVIANI, Dermeval. **A pedagogia no Brasil**: história e teoria. Campinas: Autores Associados, 2012.

SAVIANI, Dermeval. Formação de professores: aspectos históricos e teóricos do problema no contexto brasileiro. **Revista Brasileira de Educação**, Rio de Janeiro, v. 14, n. 40, 143-155, 2009.

SENNETT, Richard. **A cultura do novo capitalismo**. 6. ed. Rio de Janeiro: Record, 2018.

SENNETT, Richard. **O artífice**. 6. ed. Rio de Janeiro: Record, 2019.

SILVA NETO, Oscar. **A formação dos professores de matemática no Instituto Federal Catarinense**. 2015. 138 f. Dissertação (Mestrado Profissionalizante em Ensino de Matemática) – Universidade Federal do Rio Grande do Sul, Porto Alegre, 2015.

SILVA, Roberto Rafael Dias da. Currículo e conhecimento escolar na sociedade das capacitações: o ensino médio em perspectiva. *In*: SILVA, Roberto Rafael dias da. **Customização curricular no ensino médio**: elementos para uma crítica pedagógica. São Paulo: Cortez, 2019.

SILVA, Roberto Rafael Dias da. Revisitando a noção de justiça curricular: problematizações ao processo de seleção dos conhecimentos escolares. **Educação e Revista**, [s. l.], v. 34, e168824, 2018.

SILVA, Roberto Rafael Dias da. Saberes curriculares e práticas de formação de professores para o ensino médio: problematizações contemporâneas. **Educação e Pesquisa**, São Paulo, v. 46, e215997, 2020. Disponível em: http://www.scielo.br/scielo.php?script=sci_arttext&pid=S1517-97022020000100544&lng=en&nrm=iso. Acesso em: 26 mar. 2021.

SILVA, Roberto Rafael Dias da. **Sennett & a educação**. Belo Horizonte: Autêntica, 2015.

SILVA, Roberto Rafael Dias da; SILVA, Denilson; VASQUES, Rosane Fátima. Políticas curriculares e financeirização da vida: elementos para uma agenda investigativa. **Revista de Estudos Curriculares**, [s. l.], v. 9, n. 1, p. 5-23, 2018.

SILVA, Tomaz Tadeu da. **Documentos de identidade**: uma introdução às teorias do currículo. 3. ed. 2. reimp. Belo Horizonte: Autêntica, 2011.

SOUZA SANTOS, Boaventura de. **A crítica da razão indolente**. Contra o desperdício da experiência. **São Paulo: Cortez, 2000.**

SOUZA SANTOS, Boaventura de. **A cruel pedagogia do vírus**. Coimbra: Edições Almedina, abr. 2020.

SOUZA SANTOS, Boaventura de. **Um discurso sobre as ciências**. 6. ed. São Paulo: Cortez, 2009.

STRECK, Danilo R. Esperança. *In*: STRECK, Danilo R.; REDIN, Euclides; ZITKOSKI, Jaime José (org.). **Dicionário Paulo Freire**. Belo Horizonte: Autêntica, 2008.

TANURI, Leonor Maria. História da formação de professores. **Revista Brasileira de Educação**, [s. l.], n. 14, p. 61-88, 2000.

TARDIF, Maurice. **Saberes Docentes e Formação Profissional**. Petrópolis: Vozes, 2002.

TARDIF, Maurice; Claude Lessard. **O trabalho docente**: elementos para uma teoria da docência como profissão de interações humanas. Petrópolis: Vozes, 2014.

TERIGI, Flavia. Aprendizaje en el hogar comandado por la escuela: cuestiones de descontextualización y sentido. *In*: DUSSEL, Inés; FERRANTE, Patrícia; PULFER, Dario. **Pensar la educación em tiempos de pandemia**: entre la emergencia, el compromiso y la espera. Ciudad Autónoma de Buenos Aires: UNIPE Editorial Universitaria, 2020. p. 243-250.

TRIVIÑOS, Augusto Nibaldo Silva. Bases teórico-metodológicas da pesquisa qualitativa em ciências sociais. **Cadernos de Pesquisa Ritter dos Reis**, Porto Alegre: Faculdades Integradas Ritter dos Reis, v. 4, p. 151, nov. 2001.

WELLER, Wivian. Grupos de discussão: aportes teóricos e metodológicos. *In*: WELLER, Wivian; PFAFF, Nicole. (org.). **Metodologias da pesquisa qualitativa em educação**: teoria e prática. 3. ed. Petrópolis: Vozes, 2013. p. 54-66.

WINGLER, Silvani da Silva. **Instituto Federal de Educação, Ciência e Tecnologia**: análise de processos sociais de egressos do ensino superior. 2018. 189 f. Dissertação (Mestrado em Educação) – Universidade Federal do Espírito Santo, Vitória, 2018.

ZEICHNER, Kenneth M. Introdução. *In*: DINIZ-PEREIRA, Júlio Emílio; ZEICHNER, Kenneth M. **Formação de professores S/A**. Tentativas de privatização da preparação de docentes da educação básica no mundo. Belo Horizonte: Autêntica, 2019. p. 11-17.

LISTA DE SIGLAS

ANPEd	Associação Nacional de Pós-Graduação e Pesquisa em Educação
BDTD	Banco Digital de Teses e Dissertações
BID	Banco Interamericano de Desenvolvimento
BNC-Formação	Base Nacional Comum para a Formação Inicial de Professores da Educação Básica
BNCC	Base Nacional Comum Curricular da Educação Básica
Capes	Coordenação de Aperfeiçoamento de Pessoal de Nível Superior
CNE	Conselho Nacional de Educação
CONASS	Conselho Nacional de Secretários de Saúde
EaD	Educação a Distância
EJA	Educação de Jovens e Adultos
IBICT	Instituto Brasileiro de Informação em Ciência e Tecnologia
IES	Instituições de Ensino Superior
IFC	Instituto Federal de Educação, Ciência e Tecnologia Catarinense
IFFar	Instituto Federal de Educação, Ciência e Tecnologia Farroupilha
IFMT	Instituto Federal de Educação, Ciência e Tecnologia de Mato Grosso
IFRS	Instituto Federal de Educação, Ciência e Tecnologia do Rio Grande do Sul
IFs	Institutos Federais de Educação, Ciência e Tecnologia
ISEs	Institutos Superiores de Educação
LDB	Lei de Diretrizes e Bases da Educação Nacional
NUPE-Unisinos	Núcleo de Formação Continuada de Profissionais da Educação da Universidade do Vale do Rio dos Sinos
OCDE	Organização para a Cooperação e Desenvolvimento Econômico
OD	Organização Didática

PDE	Plano de Desenvolvimento da Educação
PDI	Plano de Desenvolvimento Institucional
PISA	Programa Internacional de Avaliação de Estudantes
PNUD	Programa das Nações Unidas para o Desenvolvimento
PPC	Projeto Pedagógico do Curso
PPI	Projeto Pedagógico Institucional
SciELO	Scientific Electronic Library Online
Sisu	Sistema de Seleção Unificada

ÍNDICE REMISSIVO

A

Aprendizagem 11, 12, 31, 32, 37, 46-50, 55, 56, 69, 71, 77, 88, 89, 92, 95, 97, 108, 109, 139, 141, 143-146, 149, 150, 154, 155, 160, 163, 176, 179, 182, 183

B

BNCC 35-38
BNC-Formação 20, 37-39, 42, 43

C

Conhecimento 18, 19, 21, 25, 28, 32-34, 36-38, 44, 54-60, 62, 65-70, 76, 77, 79, 82, 84, 90-92, 95-100, 102, 103, 105, 106, 113, 115, 120, 126, 129, 135, 139, 141, 149-151, 153, 154, 157-163, 165, 166, 169, 171, 172, 174-178, 180, 183-186
Currículo 15, 19, 24, 27, 35, 44, 47-49, 54-64, 66, 67, 69, 71, 74, 78, 82, 97, 114, 116, 144, 153, 180

E

Educação 11-13, 15-17, 19, 22, 24-37, 40-47, 49, 50, 55, 56, 58-62, 64-68, 72-74, 77-83, 87-89, 91, 94-98, 103-106, 108-111, 113-115, 119, 120, 125-128, 137, 138, 141, 148, 149, 153-155, 160, 162, 166, 171, 174, 179, 180, 183, 186
Egressos 15, 16, 18, 20, 21, 61, 72-74, 76-79, 81-85, 103, 109, 110, 116-120, 125, 134, 135, 137, 138, 142, 143, 146, 148, 150, 153, 155, 157, 158, 179-186
Ensino 16, 17, 20, 25-29, 31-33, 35, 42, 46-52, 55, 63, 65, 66, 69, 73, 76, 78-81, 88-90, 106, 109-111, 113, 115, 116, 119, 120, 122, 126-129, 142, 144, 151, 153, 160, 162, 171, 172, 176-178, 182, 185, 186
Esperança 18, 44, 51, 85, 102, 147

F

Formação de professores 13, 15-20, 22, 24-28, 30-36, 39-42, 44, 45, 47, 51, 52, 54, 63, 64, 66, 67, 69-74, 76, 78-85, 91, 94, 97, 100, 108, 110, 135, 137, 140, 141, 170, 174, 178-181

Formação docente 15, 16, 18, 19, 21, 27, 30, 32, 35, 40, 42, 51, 64, 67, 77, 81, 85, 103, 117, 125, 130, 135, 137, 139, 141, 144, 162, 176, 178, 179, 181, 182

I

Inovação 11-13, 15-18, 20-22, 34, 35, 63, 84, 85, 87-100, 103, 115, 117, 125, 135, 137, 157-159, 161, 162, 164-166, 170, 172, 177-179, 181, 183-185

L

Letras 15, 18, 21, 25, 41, 61, 73, 76, 85, 103, 108-117, 119, 121, 125-128, 130, 137, 138, 142, 155, 157, 162, 170-172, 174-176, 178-185

P

Pesquisa 13, 15-18, 21, 26, 32, 51, 70-72, 74, 76, 77, 79-84, 88, 93, 97, 102-106, 108, 110-117, 121, 123-125, 129-133, 135, 138, 142, 165, 179-181, 186

Práticas educativas 11, 16, 18, 20, 21, 54, 56, 59, 61, 63, 84, 85, 87, 91, 92, 94, 95, 99, 103, 117, 125, 126, 130, 135, 137, 143, 145, 146, 149, 150, 153, 155-159, 162-166, 169-174, 176-185

Práticas inovadoras 17, 95, 185

Práticas pedagógicas 16, 17, 19, 61, 62, 70, 88, 161

Professores 13, 15-20, 22, 24-37, 39-42, 44, 45, 47-52, 54, 55, 57, 58, 63-74, 76-85, 87, 89-92, 94, 97, 100, 107-111, 113, 115, 122, 125, 135, 137, 138, 140, 141, 143-145, 149-154, 157, 160, 170, 171, 174, 178-183, 186

Profissionalismo docente 15, 19, 20, 49, 50, 54, 63-67, 70, 71, 99, 170, 180, 184

R

Resistência 15, 16, 51, 59, 95, 155, 164, 184

N

Neoliberalismo 15, 16, 24, 39, 40, 43, 45, 52, 63, 91, 94, 95, 155, 180, 184